2015衢州统计年鉴

QUZHOUTONGJINIANJIAN

衢州市统计局 QUZHOUSHI TONGJIJU　国家统计局衢州调查队 GUOJIA TONGJIJU QUZHOU DIAOCHA DUI 编 BIAN

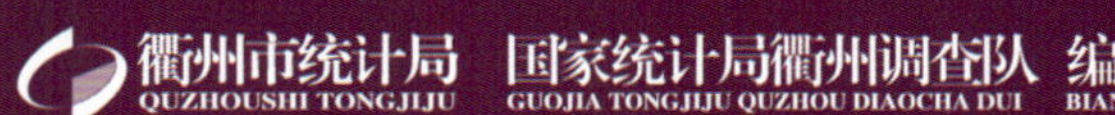

中国统计出版社
China Statistics Press

图书在版编目（C I P）数据

衢州统计年鉴. 2015 / 衢州市统计局, 国家统计局衢州调查队编. -- 北京 : 中国统计出版社, 2015.9
ISBN 978-7-5037-7555-0

Ⅰ. ①衢… Ⅱ. ①衢… ②国… Ⅲ. ①统计资料一衢州市一2015一年鉴 Ⅳ. ①C832.553-54

中国版本图书馆 CIP 数据核字(2015)第 196960 号

衢州统计年鉴-2015

作　　者/ 衢州市统计局　国家统计局衢州调查队
责任编辑/ 陈越月　蒋聪
装帧设计/ 叶小明
出版发行/ 中国统计出版社
地　　址/ 北京市丰台区西三环南路甲 6 号　邮政编码/100073
电　　话/ 邮购（010）63376909　书店（010）68783171
网　　址/ http://csp.stats.gov.cn
印　　刷/ 1-650 册
经　　销/ 新华书店
开　　本/ 890mm×1240mm　1/16
字　　数/ 490 千字
印　　张/ 24.25
版　　别/ 2015 年 9 月第 1 版
版　　次/ 2015 年 9 月第 1 次印刷
定　　价/ 200 元

如有印装差错，由本社发行部调换。

《衢州统计年鉴》编辑委员会

编 者 说 明

一、《衢州统计年鉴—2015》是一部全面反映衢州市经济和社会发展情况的资料性年刊。本书收录了2014年我市经济和社会各方面的大量统计数据，同时还收录了全省各市县和闽浙皖赣毗邻十市2014年经济和社会各方面大量的统计数据，以及衢州市各历史年份的主要统计数据。

二、全书内容共分十五部分：即1. 综合；2. 人口与劳动力；3. 农业；4. 工业；5. 交通与邮电业；6. 固定资产投资与建筑业；7. 国内商业、外贸和外资；8. 人民生活与价格水平；9. 财政与金融；10. 能源消费量与综合利用；11. 文化、卫生和教育事业；12. 城市建设与环境保护；13. 全省各市、县主要经济指标；14. 闽浙皖赣毗邻十市主要经济指标；15. 乡镇社会经济发展基本情况。同时对各篇章的主要内容、资料来源、统计范围、统计方法以及历史的变动情况在篇末均作了简要概述，并附有《主要统计指标解释》。

三、本年鉴的衢州市资料来源大部分来自年度统计报表，一部分来自抽样调查。《衢州统计年鉴—2015》中全省各市县主要经济指标来自省综合年报：市县社会经济基本情况调查表。闽浙皖赣毗邻十市资料来自各统计局交换的统计资料。

四、资料中所使用的度量衡均采用国际统计标准计量。

五、本年鉴部分数据或相对数由于取舍不同而产生的计算误差均未作机械调整。

六、本年鉴各表的注解均在各表下方。

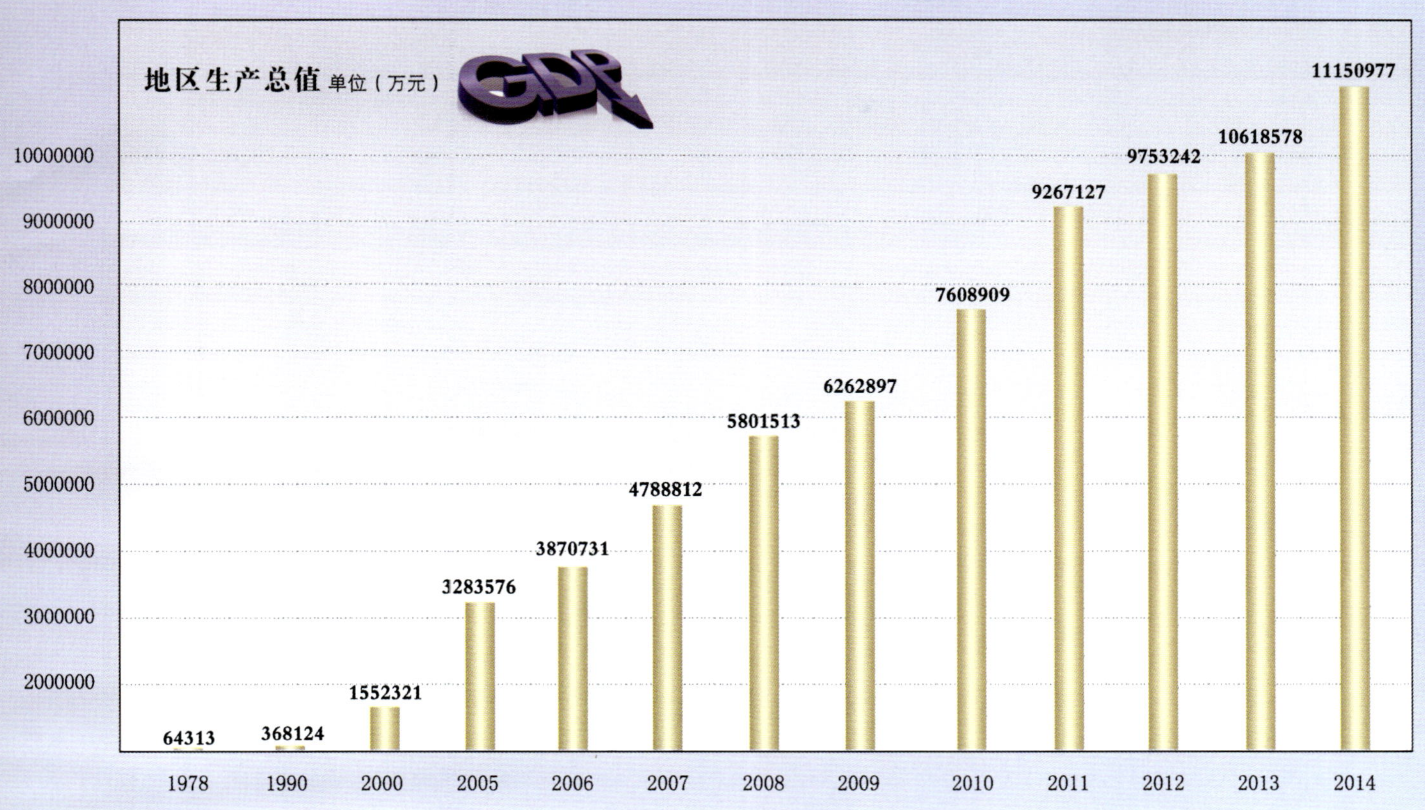
地区生产总值 单位（万元）
GDP
10000000
9000000
8000000
7000000
6000000
5000000
4000000
3000000
2000000
64313
368124
1552321
3283576
3870731
4788812
5801513
6262897
7608909
9267127
9753242
10618578
11150977
1978
1990
2000
2005
2006
2007
2008
2009
2010
2011
2012
2013
2014

全市总人口（户籍）
单位（万人）
农业人口
单位（万人）
300
250
200
150
100
50
208.22
188.96
230.73
201.73
242.60
203.37
245.57
202.59
246.68
196.21
247.74
196.50
248.85
196.89
249.86
197.43
251.24
198.08
252.55
198.90
252.83
199.43
254.21
199.47
255.67
200.27
1978
1990
2000
2005
2006
2007
2008
2009
2010
2011
2012
2013
2014

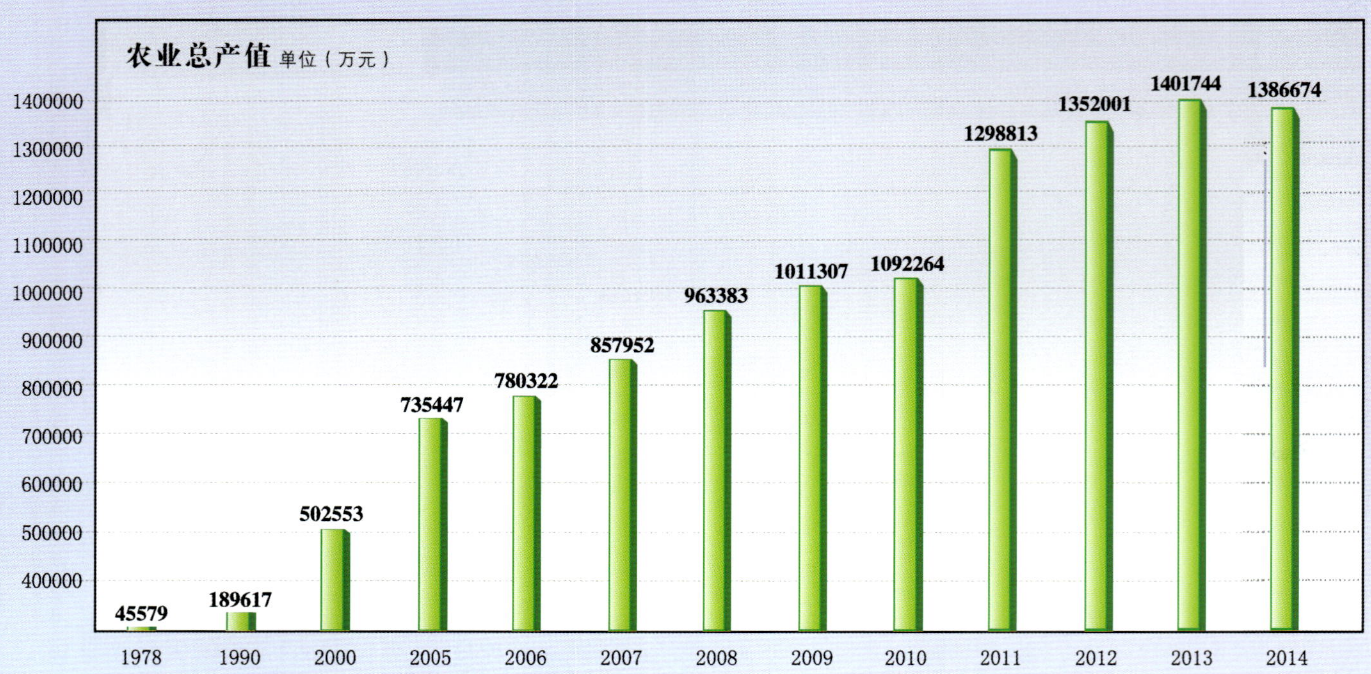
农业总产值 单位（万元）
1400000
1300000
1200000
1100000
1000000
900000
800000
700000
600000
500000
400000
45579
189617
502553
735447
780322
857952
963383
1011307
1092264
1298813
1352001
1401744
1386674
1978
1990
2000
2005
2006
2007
2008
2009
2010
2011
2012
2013
2014

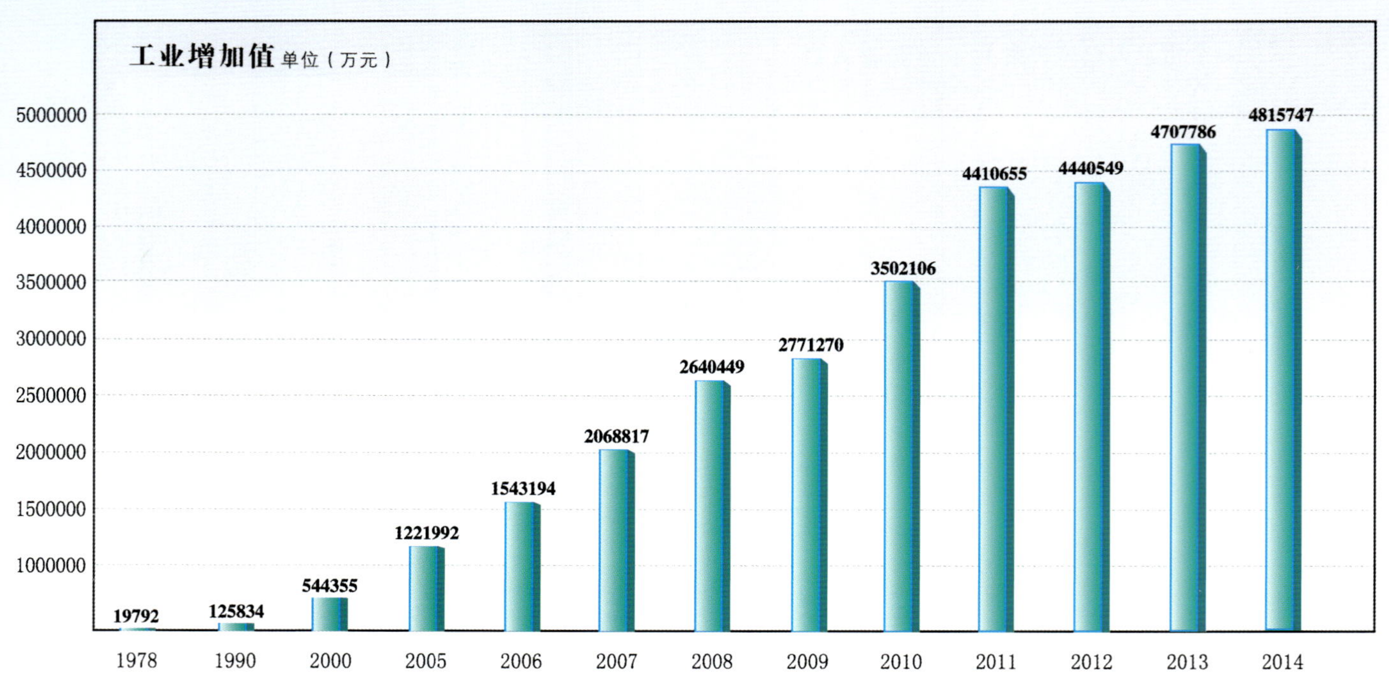
工业增加值 单位（万元）
5000000
4500000
4000000
3500000
3000000
2500000
2000000
1500000
1000000
19792
125834
544355
1221992
1543194
2068817
2640449
2771270
3502106
4410655
4440549
4707786
4815747
1978
1990
2000
2005
2006
2007
2008
2009
2010
2011
2012
2013
2014

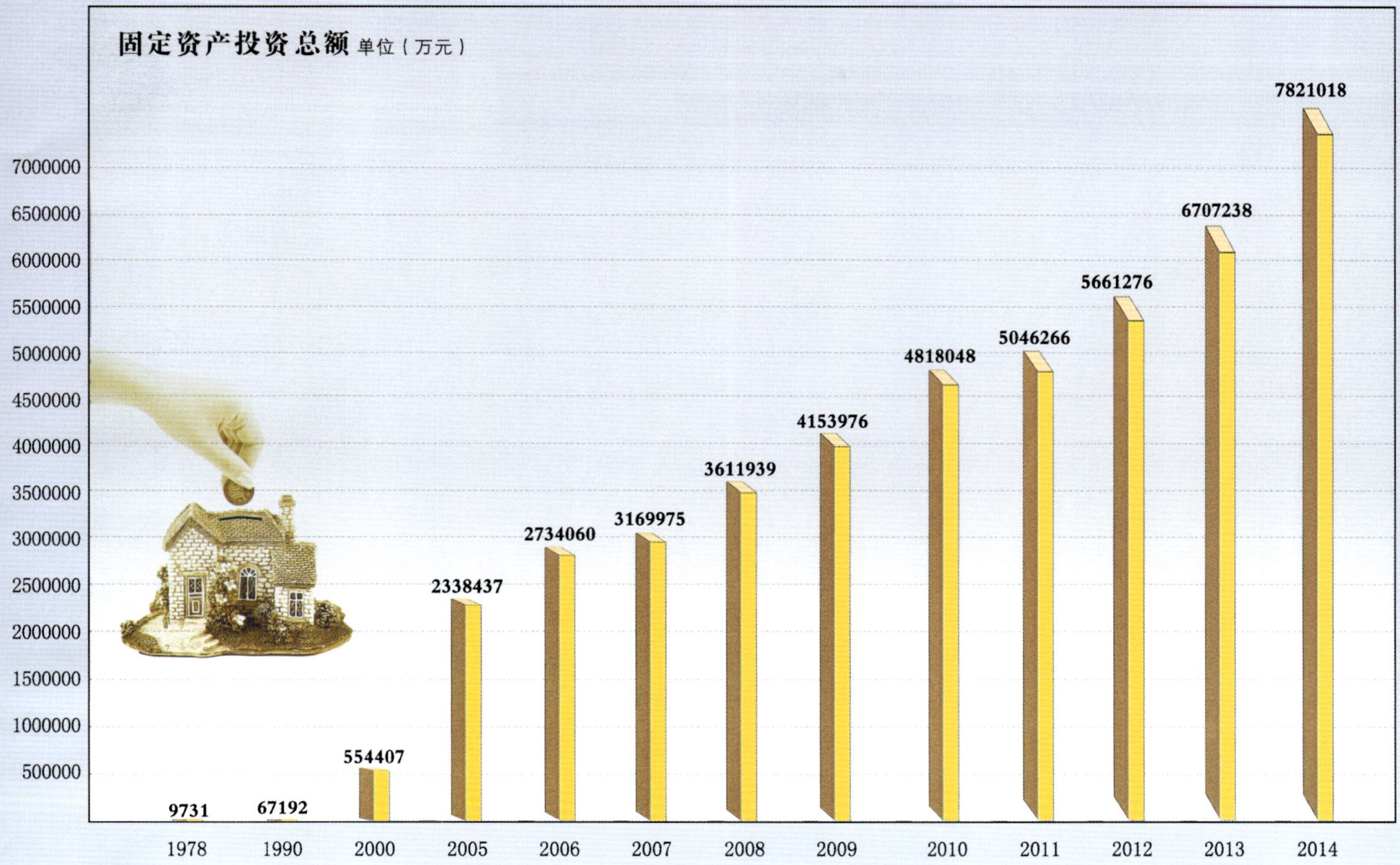

固定资产投资总额 单位（万元）
7000000
6500000
6000000
5500000
5000000
4500000
4000000
3500000
3000000
2500000
2000000
1500000
1000000
500000
9731
67192
554407
2338437
2734060
3169975
3611939
4153976
4818048
5046266
5661276
6707238
7821018
1978
1990
2000
2005
2006
2007
2008
2009
2010
2011
2012
2013
2014

备注：1978-2010年为全社会固定资产投资

社会消费品零售总额 单位（万元）
5000000
4500000
4000000
3500000
3000000
2500000
2000000
1500000
1000000
500000
100000
20212
123702
763074
1347432
1538557
1794513
2156144
2502501
2908244
3443361
3963577
4436693
5037864
1978
1990
2000
2005
2006
2007
2008
2009
2010
2011
2012
2013
2014

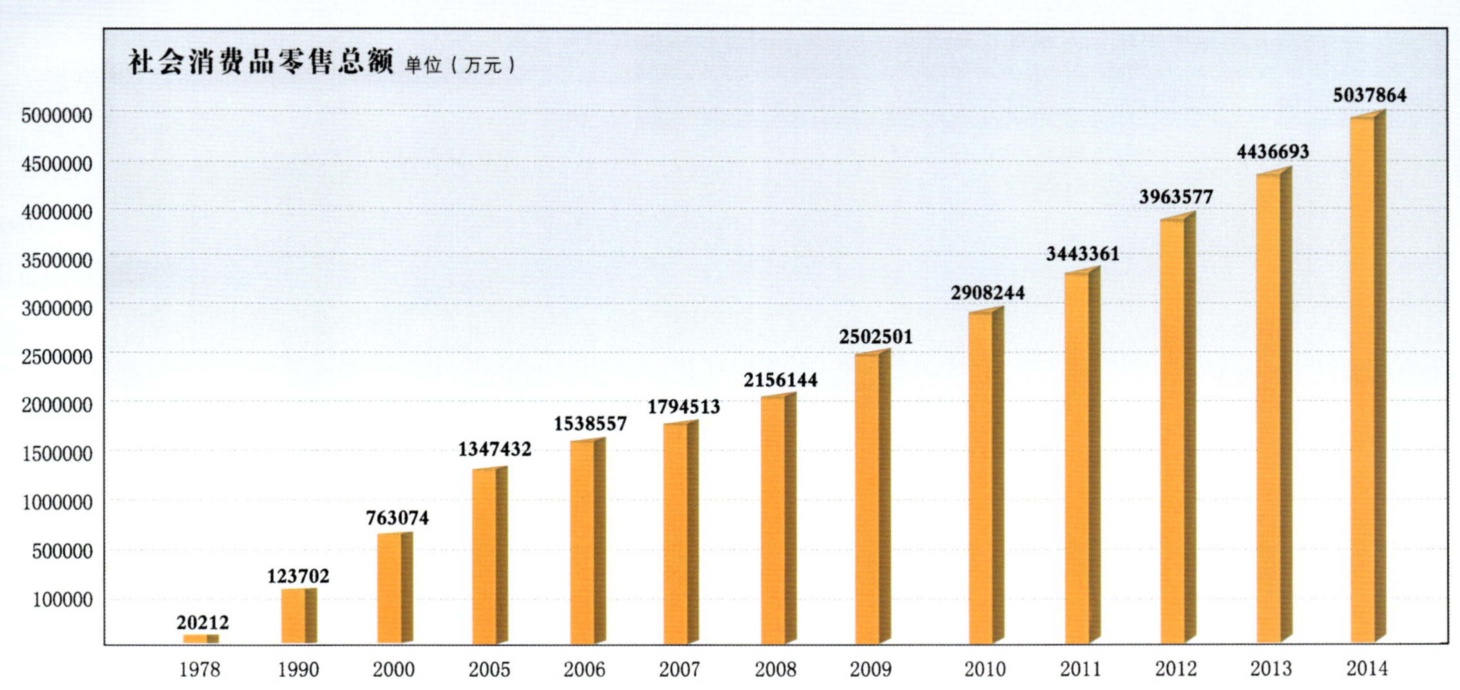

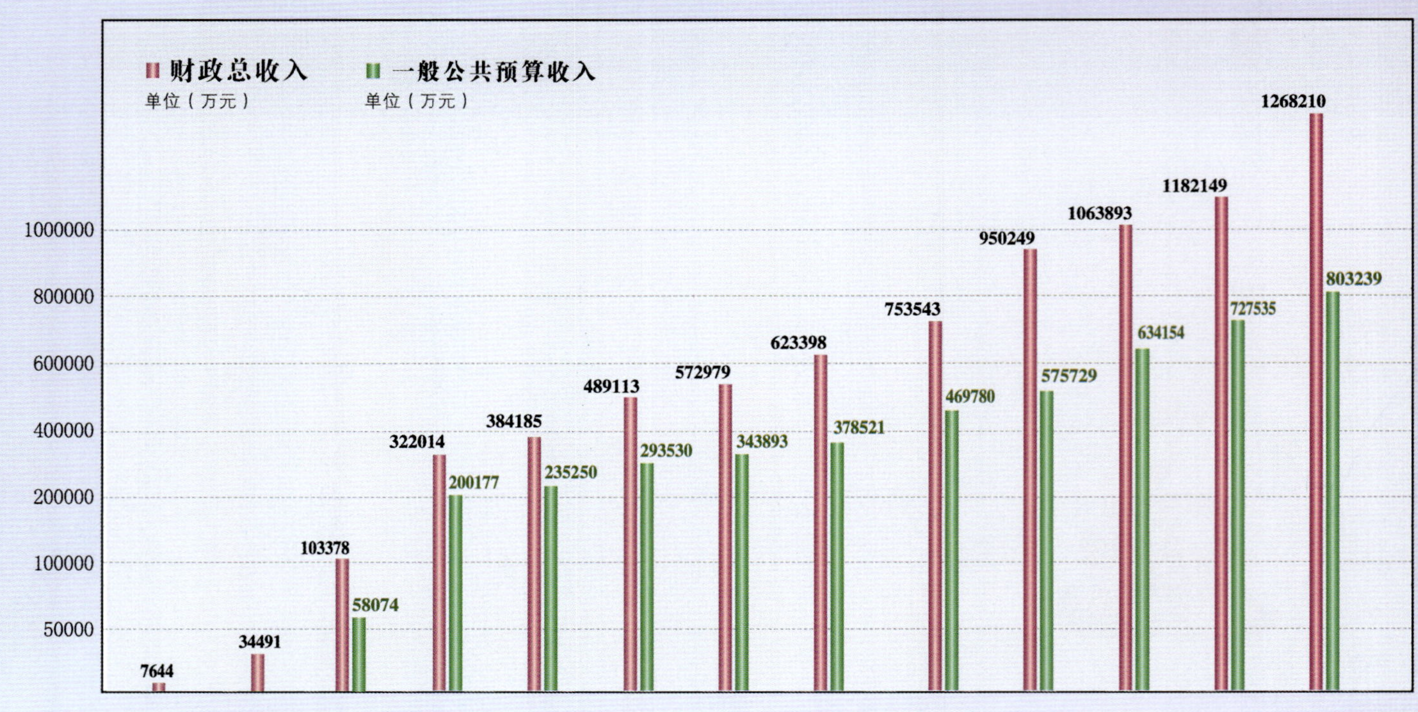

备注：1978-2012年城镇居民人均可支配收入为市区数

目　　录

第一篇　综　　合

第二篇　人口与劳动力

第三篇 农　　业

第四篇 工　　业

第五篇　交通与邮电业

第六篇　固定资产投资与建筑业

第七篇　国内商业、外贸和外资

第八篇 人民生活与价格水平

第九篇 财政与金融

第十篇　能源消费量与综合利用

第十一篇　文化、卫生和教育事业

第十二篇　城市建设与环境保护

第十三篇　全省各市、县主要经济指标

第十四篇　闽浙皖赣毗邻十市主要经济指标

第十五篇　乡镇社会经济发展基本情况

第一篇　综　　合

自然地理与行政区划

1—1

(2014年)

县市名称	镇(个)	乡(个)	街道(个)	村民委员会(个)	土地面积(平方公里)	人口密度(人/平方公里)
全市	**44**	**38**	**19**	**1482**	**8844.55**	**289**
市本级			4	51		
柯城区	2	7	6	170	606.57	725
衢江区	10	8	2	272	1747.53	230
江山市	12	5	2	292	2019.03	303
常山县	6	5	3	180	1097.32	311
开化县	8	6	0	255	2230.77	161
龙游县	6	7	2	262	1143.33	354

分县市乡镇、街道名称

1—2

县市名称	乡镇、街道名称
市本级	白云街道 黄家街道 东港街道 新新街道
柯城区	府山街道 信安街道 荷花街道 双港街道 花园街道 衢化街道 航埠镇 石梁镇 石室乡 七里乡 九华乡 万田乡 沟溪乡 华墅乡 姜家山乡
衢江区	樟潭街道 浮石街道 高家镇 杜泽镇 上方镇 峡川镇 莲花镇 全旺镇 大洲镇 后溪镇 廿里镇 湖南镇 黄坛口乡 岭洋乡 周家乡 云溪乡 灰坪乡 太真乡 双桥乡 举村乡
江山市	虎山街道 双塔街道 上余镇 四都镇 贺村镇 清湖镇 坛石镇 大桥镇 新塘边镇 凤林镇 峡口镇 廿八都镇 长台镇 石门镇 保安乡 大陈乡 碗窑乡 塘源口乡 张村乡
常山县	天马街道 紫港街道 金川街道 辉埠镇 青石镇 白石镇 招贤镇 球川镇 芳村镇 新昌乡 同弓乡 何家乡 东案乡 大桥头乡
开化县	华埠镇 马金镇 村头镇 桐村镇 杨林镇 苏庄镇 齐溪镇 池淮镇 林山乡 音坑乡 中村乡 长虹乡 何田乡 大溪边乡
龙游县	龙洲街道 东华街道 湖镇镇 横山镇 塔石镇 小南海镇 溪口镇 詹家镇 模环乡 石佛乡 社阳乡 罗家乡 庙下乡 大街乡 沐尘畲族乡

衢州市气象情况

1—3　　(2014年)

指　标	市　区	江山市	常山县	开化县	龙游县
温度（℃）					
年平均气温	18	18.2	18	17.1	18
年极端最高气温	37.2	37.5	37	37.3	37.9
出现日期	7月11日	7月20日	7月20日	7月20日	7月11日
年极端最低气温	-4.9	-4.2	-4.5	-6.3	-4.3
出现日期	1月23日	1月23日	1月23日	1月23日	1月23日
降水（mm）					
年降水总量	2113.7	1811.6	2014.2	2021.4	1901.9
年降水天数	148	153	158	158	155
一日最大降水量	135.7	94.1	115.3	105	131.3
出现日期	6月27日	6月22日	8月16日	6月21日	6月22日
日照（小时）					
年日照时数（小时）	1764.9	1677.3	1739.3	1618.9	1822.7
年日照百分率（%）	40	38	39	37	41
年平均相对湿度（%）	77	75	76	80	77
年平均气压 (hpa)	1005.9	1000.6	999.5	997.7	1008.2
年平均风速（m/s）	2.5	2.8	2.2	1.1	1.8
主要气象灾害					
暴雨天数	11	6	6	10	6
雷暴天数	/	48	42	/	/
霾天数	81	41	89	74	213
高温天数	18	20	20	20	24
雾天数	18	7	36	30	33
冰冻天数	30	22	29	31	31
霜					
终霜出现日期	3月15日	2月15日	2月15日	2月22日	2月21日
初霜出现日期	11月19日	12月5日	11月28日	12月5日	12月5日
雪					
终雪出现日期	3月6日	3月6日	3月6日	3月6日	3月6日
初雪出现日期	12月17日	2月9日	2月9日	/	/

注：市区气象统计范围包括柯城区、衢江区。

1—4

指　　标		1978	1990	2000	2005	2006
人口						
年末总人口（户籍）	（万人）	208.22	230.73	242.60	245.57	246.68
年末从业人员数	（万人）	90.48	126.35	140.57	125.46	119.49
全市生产总值	（万元）	64313	368124	1552321	3283576	3870731
第一产业		33791	154821	330519	492700	511500
第二产业		21481	142145	665951	1508339	1877139
其中：工业		19792	125834	544355	1221992	1543194
第三产业		9041	71158	555851	1282537	1482092
人均生产总值（户籍）	（元）	311	1600	6415	13370	15726
人均生产总值（常住）	（元）				15272	18037
交通运输						
旅客运送量	（万人）	1033	2442	3211	5192	6976
货物运输量	（万吨）	552	1009	3571	7648	8743
固定资产投资总额	（万元）	9731	67192	554407	2338437	2734060
财政收支						
财政总收入	（万元）	7644	34491	103378	322014	384185
#一般公共预算收入	（万元）			58074	200177	235250
财政支出	（万元）	3906	26796	116327	373183	442275
贸易						
社会消费品零售总额	（万元）	20212	123702	763074	1347432	1538557
进出口总额	（万美元）		391	12747	40847	63975
#出口总额	（万美元）		391	9268	32390	46350
价格指数						
居民消费价格指数（上年=100）			100.2	100.9	99.9	101.0
城乡居民收入						
城镇居民人均可支配收入	（元）	296	1595	7592	13006	14541
农村居民人均可支配收入	（元）	132	799	2949	4850	5359
教育和卫生						
高等学校在校学生数	（人）	689	343	1520	9633	9182
普通中学在校学生数	（人）	117159	116246	123158	125832	129540
小学在校学生数	（人）	282104	194036	176883	157980	155499
卫生机构数	（个）	339	419	238	619	644
其中：医院	（个）	172	220	213	169	160
医生数	（人）	1543	2935	3332	4048	4091

注：本表价值量指标按当年价格计算。

社 会 发 展 总 量

2007	2008	2009	2010	2011	2012	2013	2014
247.74	248.85	249.86	251.24	252.55	252.83	254.21	255.67
120.97	122.56	125.31	128.13	131.30	133.35	133.60	134.16
4788812	5801513	6262897	7608909	9267127	9753242	10618578	11150977
527500	568608	596169	646776	761548	797519	822777	826352
2481042	3124595	3302789	4115070	5093514	5139863	5437305	5589001
2068817	2640449	2771270	3502106	4410655	4440549	4707786	4815747
1780270	2108310	2363939	2847063	3412065	3815860	4358496	4735624
19371	23365	25116	30369	36789	38597	41885	43740
22362	27142	29341	35754	43690	46017	50040	52500
7362	7532	10974	11282	11511	11726	5536	5397
9382	9840	6658	9112	8561	8737	8584	9201
3169975	3611939	4153976	4818048	5046266	5661276	6707238	7821018
489113	572979	623398	753543	950249	1063893	1182149	1268210
293530	343893	378521	469780	575729	634154	727535	803239
555057	679319	953945	1070865	1254419	1388933	1655099	1919400
1794513	2156144	2502501	2908244	3443361	3963577	4436693	5037864
106083	132528	118364	188920	268686	301819	377607	444769
72187	89935	72966	120461	176074	185928	239023	288476
103.7	105.0	99.2	104.2	105.6	102.4	102.6	102.5
16388	18069	19539	21811	24900	28187	28883	30583
6071	6843	7336	8270	9635	10714	11924	15354
9621	10211	10186	10213	10917	11687	12937	13664
131982	132472	126748	121599	116940	115700	113838	112016
152293	148897	147208	148317	147920	145607	143575	143009
661	623	699	703	785	796	755	735
174	153	162	140	138	136	152	177
4072	4013	4135	4490	4532	4731	4949	5261

历年全市按三产分地区生产总值

1—5 单位：万元、元

年份	全市生产总值	第一产业增加值	第二产业增加值	#工业增加值	建筑业增加值	第三产业增加值	全市人均生产总值
1949	6176	5049	349	348	1	778	61
1950	7283	5873	507	506	1	903	69
1951	8360	6645	670	663	7	1045	75
1952	9649	7661	801	792	9	1187	85
1953	9988	7471	1249	1038	211	1268	86
1954	10920	8148	1363	1240	123	1409	92
1955	10298	7832	1127	995	132	1339	85
1956	10934	8067	1336	1200	136	1531	88
1957	12539	8651	2120	1771	349	1768	98
1958	17014	10714	4122	2925	1197	2178	130
1959	21296	12704	5611	4139	1472	2981	158
1960	23617	12605	7517	5445	2072	3495	169
1961	18013	10720	4627	3469	1158	2666	127
1962	18459	11571	4304	3649	655	2584	129
1963	21154	13946	4521	3994	527	2687	144
1964	23090	16403	5578	4973	605	2909	153
1965	26784	16434	7029	6523	506	3321	172
1966	31655	19023	8738	8285	453	3894	197
1967	26992	16914	6677	6270	407	3401	163
1968	25421	17494	4800	4466	334	3127	150
1969	32774	30096	8680	8092	588	3998	188
1970	37228	22277	10484	9700	784	4467	209
1971	40292	24575	10801	9847	954	4916	220
1972	45783	27618	12717	11718	999	5448	245
1973	47184	28560	13009	11987	1022	5615	247
1974	44119	27418	11578	10669	909	5123	226
1975	43680	27008	11346	10454	892	5326	220
1976	44406	26738	11743	10820	923	5925	220
1977	53209	29964	15736	14499	1237	7509	261
1978	64313	33791	21481	19792	1689	9041	311
1979	75668	41585	23339	21504	1835	10744	362

注：地区生产总值为当年价，指数按可比价计算，下同。

历年全市按三产分地区生产总值

1—5 续表 单位：万元、元

年份	全市生产总值	第一产业增加值	第二产业增加值	#工业增加值	建筑业增加值	第三产业增加值	全市人均生产总值
1980	80512	39575	28733	26833	1900	12204	381
1981	88298	45138	29041	27027	2014	14119	415
1982	104710	55524	32731	30158	2573	16455	486
1983	113629	54242	39773	37097	2676	19614	522
1984	133374	64800	43736	39809	3927	24838	607
1985	162607	75308	54787	48504	6283	32512	735
1986	184114	77344	65050	56882	8168	41720	828
1987	215768	88168	78629	69317	9312	48971	962
1988	274800	99308	111965	100290	11675	63527	1213
1989	316240	114142	130132	116533	13599	71966	1383
1990	368124	154821	142145	125834	16311	71158	1600
1991	396003	142795	168081	146191	21890	85127	1713
1992	455517	135664	216802	188583	28219	103051	1961
1993	630057	169980	314414	271394	43020	145663	2696
1994	864183	256477	396680	343751	52929	211026	3680
1995	1121684	312428	516007	438085	77922	293249	4756
1996	1268892	353496	546584	453073	93511	368812	5350
1997	1297831	359665	529927	451197	78730	408239	5442
1998	1367347	348234	572203	484199	88004	446910	5708
1999	1428545	343105	600326	498461	101865	485114	5934
2000	1552321	330519	665951	544355	121596	555851	6415
2001	1743446	350280	745027	599644	145383	648139	7172
2002	1984120	367728	837151	664262	172889	779241	8136
2003	2384733	391484	1002972	788881	214091	990277	9754
2004	2804550	443756	1253510	987758	265752	1107284	11437
2005	3283576	492700	1508339	1221992	286347	1282537	13370
2006	3870731	511500	1877139	1543194	333945	1482092	15726
2007	4788812	527500	2481042	2068817	412225	1780270	19371
2008	5801513	568608	3124595	2640449	484146	2108310	23365
2009	6262897	596169	3302789	2771270	531518	2363939	25116
2010	7608909	646776	4115070	3502106	612964	2847063	30369
2011	9267127	761548	5093514	4410655	682859	3412065	36789
2012	9753242	797519	5139863	4440549	699314	3815860	38597
2013	10618578	822777	5437305	4707786	730534	4358496	41885
2014	11150977	826352	5589001	4815747	774395	4735624	43740

历年全市按三产分地区生产总值指数

1—6　　　　(以上年为100)　　　　单位：%

年　　份	全市生产总　值	第一产业增加值	第二产业增加值	#工　业增加值	建筑业增加值	第三产业增加值	全市人均生产总值
1949							
1950	117.9	116.3	145.3	145.4	100.0	116.1	113.1
1951	114.8	113.1	132.2	131.0	700.0	115.7	108.7
1952	115.4	115.3	119.6	119.5	128.6	113.6	113.3
1953	99.2	92.6	157.8	133.0	2344.4	102.5	96.5
1954	112.2	113.0	105.5	115.0	58.3	114.5	111.0
1955	97.8	99.0	92.2	90.7	107.3	95.8	95.6
1956	110.1	107.1	125.0	127.6	103.0	114.6	106.9
1957	115.1	110.0	145.1	134.3	256.6	113.1	111.8
1958	124.5	110.0	185.0	155.7	343.0	125.1	122.1
1959	130.1	125.9	136.8	142.5	123.0	136.9	126.0
1960	110.0	98.1	133.1	130.4	140.8	117.6	105.6
1961	72.8	83.0	59.5	60.9	55.9	64.6	71.6
1962	105.5	105.8	94.5	107.8	56.6	126.4	105.8
1963	118.3	125.1	107.4	112.3	80.5	107.8	114.1
1964	108.1	104.7	124.3	125.5	114.8	99.5	105.5
1965	115.7	112.5	126.4	131.6	83.6	111.3	113.0
1966	118.5	115.8	126.2	129.0	89.5	115.9	114.4
1967	84.3	88.4	74.8	74.0	89.9	86.6	81.9
1968	93.8	103.1	71.5	70.8	82.1	91.8	91.4
1969	129.9	115.9	181.5	182.0	176.1	128.4	126.9
1970	113.8	110.9	121.3	120.5	133.3	112.4	110.6
1971	107.9	109.7	103.3	101.8	121.7	110.0	105.7
1972	113.1	112.1	116.9	118.0	104.7	110.1	110.4
1973	103.4	104.0	102.0	102.0	102.3	103.1	100.8
1974	93.6	96.3	88.8	88.8	88.9	91.0	91.9
1975	99.0	98.5	98.0	98.0	98.1	103.9	97.4
1976	101.7	99.0	103.4	103.4	103.5	111.4	100.0
1977	119.6	109.0	139.9	140.5	134.0	126.9	118.2
1978	124.7	117.1	137.8	130.5	227.9	125.9	123.1
1979	115.5	119.4	108.7	108.5	110.0	117.6	114.1

历年全市按三产分地区生产总值指数

1—6 续表 1　　(以上年为 100)　　单位：%

年份	全市生产总值	第一产业增加值	第二产业增加值	#工业增加值	建筑业增加值	第三产业增加值	全市人均生产总值
1980	105.3	97.2	116.8	118.3	106.4	109.7	104.4
1981	105.9	104.5	105.4	105.6	103.6	111.4	105.0
1982	115.7	118.6	111.9	111.0	118.2	115.1	114.5
1983	107.6	93.2	123.3	123.5	121.9	118.4	106.3
1984	111.3	114.3	102.6	105.2	83.0	123.7	110.3
1985	113.4	106.7	119.0	116.5	142.7	118.5	112.9
1986	108.6	99.0	112.6	111.2	123.3	121.1	107.9
1987	109.3	105.9	112.7	113.6	106.3	109.3	108.4
1988	107.4	92.1	121.3	123.2	106.8	107.2	106.4
1989	107.6	110.9	109.3	109.2	109.5	99.4	106.5
1990	103.0	107.5	102.9	100.7	122.2	96.3	102.4
1991	116.7	107.9	126.4	126.8	124.1	116.6	116.2
1992	99.3	75.7	114.8	115.9	106.5	113.4	98.8
1993	114.8	106.3	117.5	118.6	109.0	120.4	114.2
1994	115.7	110.3	115.6	116.0	112.5	122.3	115.1
1995	113.6	107.2	114.0	111.3	137.4	119.7	113.1
1996	110.9	110.1	107.7	106.2	118.6	117.7	110.3
1997	105.3	106.1	102.4	104.5	89.1	110.1	104.7
1998	107.5	99.3	110.5	110.0	114.2	109.9	106.9
1999	109.1	105.6	110.9	110.1	117.0	109.2	108.6
2000	109.1	95.9	112.1	111.0	119.4	114.0	108.5
2001	111.8	106.3	111.9	110.7	117.2	114.8	111.3
2002	112.8	105.5	113.9	113.1	117.5	115.8	112.4
2003	114.4	104.8	117.8	118.1	116.5	115.6	114.5
2004	115.1	105.2	118.2	119.2	114.3	115.9	114.8
2005	113.7	104.0	116.5	118.3	108.4	114.3	113.5
2006	116.3	104.5	121.9	123.3	115.7	114.1	116.0
2007	116.8	105.4	120.9	121.9	116.3	115.7	116.3
2008	113.2	108.0	115.2	117.8	103.2	112.2	112.7
2009	110.6	104.3	112.6	112.5	112.8	109.9	110.2
2010	113.7	104.3	115.7	116.6	111.2	113.6	113.1
2011	111.2	104.4	112.3	114.8	97.9	111.1	110.6
2012	108.2	103.0	108.4	108.9	104.8	109.2	107.9
2013	109.2	101.1	109.7	110.2	106.3	110.1	108.5
2014	107.2	101.4	106.3	106.0	108.1	109.5	106.6

历年全市按三产分地区生产总值指数

1—6 续表 2　　(以 1952 年为 100)　　单位：%

年　　份	全市生产总　　值	第一产业增 加 值	第二产业增 加 值	#工　业增 加 值	建 筑 业增 加 值	第三产业增 加 值	全市人均生产总值
1949							
1950							
1951							
1952	100.0	100.0	100.0	100.0	100.0	100.0	100.0
1953	99.2	92.6	157.8	133.0	2344.4	102.5	96.5
1954	111.4	104.7	166.5	152.9	1366.6	117.4	107.1
1955	108.9	103.6	153.6	138.6	1466.6	112.6	102.4
1956	119.9	110.9	191.9	176.9	1511.0	129.0	109.4
1957	138.0	122.0	278.4	237.5	3877.6	145.9	122.4
1958	171.8	134.2	515.0	369.7	13299.5	182.6	149.4
1959	223.5	169.0	704.6	526.8	16354.5	249.9	188.2
1960	245.7	165.8	937.8	686.8	23020.5	293.9	198.8
1961	178.9	137.6	557.8	417.9	12866.2	189.7	142.4
1962	188.8	145.5	527.1	450.4	7277.1	239.8	150.6
1963	223.3	182.0	565.9	505.8	5855.2	258.4	171.8
1964	241.4	190.6	703.3	634.8	6721.7	257.1	181.2
1965	279.4	214.5	889.1	835.3	5622.1	286.1	204.7
1966	331.1	248.3	1121.7	1077.2	5033.4	331.7	234.2
1967	279.3	219.4	839.1	797.2	4522.5	287.1	191.8
1968	261.9	226.3	599.8	564.4	3711.2	263.4	175.3
1969	340.3	262.3	1088.8	1026.9	6533.5	338.2	222.4
1970	387.4	290.7	1321.2	1237.1	8711.2	380.1	245.9
1971	418.0	318.8	1364.8	1259.7	10599.8	418.0	260.0
1972	472.8	357.2	1595.1	1487.0	11100.1	460.3	287.1
1973	488.7	371.6	1627.2	1516.6	11355.4	474.5	289.5
1974	457.4	357.8	1445.6	1347.2	10099.5	431.6	265.9
1975	452.7	352.5	1416.7	1320.0	9910.6	448.2	258.9
1976	460.2	348.9	1464.9	1364.9	10255.5	499.1	258.9
1977	550.2	380.3	2049.9	1916.9	13744.4	633.2	306.0
1978	686.1	445.4	2824.8	2501.8	31322.1	797.2	376.6
1979	792.5	531.8	3070.5	2715.5	34454.4	937.5	429.7

历年全市按三产分地区生产总值指数

1—6 续表 3　　　　（以 1952 年为 100）　　　　单位：%

年　　份	全市生产总　　值	第一产业增加值	第二产业增加值	#工　业增加值	建筑业增加值	第三产业增加值	全市人均生产总值
1980	834.5	516.9	3586.4	3211.9	36642.2	1028.5	448.7
1981	883.7	540.2	3780.1	3392.7	37943.0	1145.7	471.1
1982	1022.5	640.6	4229.9	3766.9	44837.3	1318.7	539.4
1983	1100.2	597.1	5215.5	4652.1	54670.1	1561.4	573.4
1984	1224.5	682.4	5351.1	4895.0	45348.8	1931.4	632.4
1985	1388.6	728.2	6367.8	5702.6	64703.7	2288.7	714.0
1986	1508.0	720.9	7170.1	6340.7	79747.3	2771.6	770.4
1987	1648.2	763.4	8080.7	7202.4	84747.5	3029.4	835.1
1988	1770.2	703.1	9801.9	8873.4	90476.4	3247.5	888.6
1989	1904.8	779.7	10713.5	9693.3	99080.7	3228.0	946.3
1990	1961.9	838.2	11024.1	9758.3	121056.8	3108.6	969.1
1991	2289.5	904.4	13934.5	12369.6	150267.8	3624.6	1126.0
1992	2273.5	684.7	15996.8	14341.3	160080.3	4110.3	1112.5
1993	2610.0	727.8	18796.3	17001.6	174519.5	4948.8	1270.5
1994	3019.7	802.8	21728.5	19718.4	196334.5	6052.4	1462.4
1995	3430.4	860.6	24768.3	21952.5	269665.4	7244.1	1653.9
1996	3803.2	947.5	26675.5	23313.6	319823.1	8529.8	1824.3
1997	4006.3	1005.3	27315.7	24362.7	284962.4	9389.9	1910.5
1998	4305.9	998.2	30183.8	26799.0	325427.1	10319.9	2042.7
1999	4698.1	1054.1	33473.9	29505.7	380749.7	11267.9	2217.6
2000	5125.6	1010.9	37524.2	32751.3	454615.1	12846.5	2407.0
2001	5727.9	1074.6	41989.6	36255.7	532808.9	14751.4	2678.8
2002	6463.1	1133.7	47826.1	41005.2	626050.5	17082.4	3012.1
2003	7395.9	1188.1	56339.2	48427.1	729348.8	19747.0	3448.9
2004	8511.2	1249.9	66592.9	57725.2	833645.7	22891.3	3957.9
2005	9677.2	1299.9	77580.7	68288.9	903672.0	26164.8	4492.2
2006	11254.6	1358.4	94570.9	84200.2	1045548.5	29854.0	5211.0
2007	13145.4	1431.7	114336.2	102640.0	1215972.9	34541.1	6060.4
2008	14880.6	1546.3	131715.4	120909.9	1254884.0	38755.1	6830.0
2009	16461.8	1612.7	148277.1	136059.0	1415720.6	42610.7	7523.6
2010	18711.3	1681.9	171579.4	158585.6	1573638.5	48397.6	8511.1
2011	20801.8	1756.1	192610.9	182004.5	1540882.7	53788.9	9411.4
2012	22516.8	1807.9	208699.7	198171.1	1614952.0	58746.1	10155.4
2013	24589.6	1828.3	228949.1	218400.4	1716031.9	64669.2	11049.1
2014	26354.7	1854.7	243273.8	231497.2	1855361.0	70808.5	11778.3

历年全市地区生产总值构成

1—7　　单位：%

年　份	地区生产总值	第一产业	第二产业	第三产业
1949	100.0	81.8	5.7	12.5
1950	100.0	80.6	7.0	12.4
1951	100.0	79.5	8.0	12.5
1952	100.0	79.4	8.3	12.3
1953	100.0	74.8	12.5	12.7
1954	100.0	74.6	12.5	12.9
1955	100.0	76.1	10.9	13.0
1956	100.0	73.8	12.2	14.0
1957	100.0	69.0	16.9	14.1
1958	100.0	63.0	24.2	12.8
1959	100.0	59.7	26.3	14.0
1960	100.0	53.4	31.8	14.8
1961	100.0	59.5	25.7	14.8
1962	100.0	62.7	23.3	14.0
1963	100.0	65.9	21.4	12.7
1964	100.0	63.2	24.2	12.6
1965	100.0	61.4	26.2	12.4
1966	100.0	60.1	27.6	12.3
1967	100.0	62.7	24.7	12.6
1968	100.0	68.8	18.9	12.3
1969	100.0	61.3	26.5	12.2
1970	100.0	59.8	28.2	12.0
1971	100.0	61.0	26.8	12.2
1972	100.0	60.3	27.8	11.9
1973	100.0	60.5	27.6	11.9
1974	100.0	62.1	26.2	11.7
1975	100.0	61.8	26.0	12.2
1976	100.0	60.2	26.4	13.4
1977	100.0	56.3	29.6	14.1
1978	100.0	52.5	33.4	14.1
1979	100.0	55.0	30.8	14.2

历年全市地区生产总值构成

1—7 续表 　　　　单位：%

年　　份	地区生产总值	第一产业	第二产业	第三产业
1980	100.0	49.2	35.7	15.1
1981	100.0	51.1	32.9	16.0
1982	100.0	53.0	31.3	15.7
1983	100.0	47.7	35.0	17.3
1984	100.0	48.6	32.8	18.6
1985	100.0	46.3	33.7	20.0
1986	100.0	42.0	35.3	22.7
1987	100.0	40.9	36.4	22.7
1988	100.0	36.1	40.7	23.1
1989	100.0	36.1	41.1	22.8
1990	100.0	42.0	38.6	19.4
1991	100.0	36.1	42.4	21.5
1992	100.0	29.8	47.6	22.6
1993	100.0	27.0	49.9	23.1
1994	100.0	29.7	45.9	24.4
1995	100.0	27.9	46.0	26.1
1996	100.0	27.9	43.1	29.1
1997	100.0	27.7	40.8	31.5
1998	100.0	25.5	41.8	32.7
1999	100.0	24.0	42.0	34.0
2000	100.0	21.3	42.9	35.8
2001	100.0	20.1	42.7	37.2
2002	100.0	18.5	42.2	39.3
2003	100.0	16.4	42.1	41.5
2004	100.0	15.8	44.7	39.5
2005	100.0	15.0	45.9	39.1
2006	100.0	13.2	48.5	38.3
2007	100.0	11.0	51.8	37.2
2008	100.0	9.8	53.9	36.3
2009	100.0	9.5	52.8	37.7
2010	100.0	8.5	54.9	36.6
2011	100.0	8.3	55.6	36.1
2012	100.0	8.2	53.1	38.7
2013	100.0	7.8	51.2	41.0
2014	100.0	7.4	50.1	42.5

历年各县市区生产总值

1—8

单位：万元

年份	全市	市本级	柯城区	衢江区	江山市	常山县	开化县	龙游县
1949	6176	414		1087	1767	815	798	1295
1950	7283	543		1299	2064	997	885	1496
1951	8360	659		1521	2137	1145	988	1910
1952	9649	819		1732	2423	1391	1184	2100
1953	9988	1285		1685	2486	1336	1298	1898
1954	10920	1317		1758	2805	1464	1282	2294
1955	10298	999		1708	2651	1460	1202	2278
1956	10934	1178		1689	2867	1609	1328	2263
1957	12539	1999		1901	3009	1471	1558	2601
1958	17014	2922		3130	3924	1520	1910	3608
1959	21296	4627		3406	4464	2066	2270	4463
1960	23617	6740		3168	5097	2463	2218	3931
1961	18013	4683		2439	4290	1861	2214	2526
1962	18459	4488		2597	4253	1854	2541	2726
1963	21154	4916		2887	5002	2199	2986	3164
1964	23090	6157		3095	5082	2208	3002	3546
1965	26784	8000		3108	5707	2295	2942	4732
1966	31655	9884		3806	7659	2659	2948	4699
1967	26992	6774		3319	6772	3079	2960	4088
1968	25421	3963		3577	7238	3188	3189	4266
1969	32774	8666		3874	8747	3100	3503	4884
1970	37228	11058		4317	9504	2925	4525	4899
1971	40292	10572		5331	10098	3645	4494	6152
1972	45783	12568		5779	11338	4070	5109	6919
1973	47184	12962		5966	11368	4282	5090	7516
1974	44119	10921		6264	10384	3845	5509	7196
1975	43680	9971		6998	10324	3350	5515	7522
1976	44406	9597		7783	9922	3125	5956	8023
1977	53209	12786		8776	12147	4236	6402	8862
1978	64313	16419		9848	13705	6851	8136	9354
1979	75668	18535		12415	15448	8080	10010	11180

历年各县市区生产总值

1—8 续表　　　　单位：万元

年份	全市	市本级	柯城区	衢江区	江山市	常山县	开化县	龙游县
1980	80512	21667		12758	16810	8041	10834	11624
1981	88298	23142		13857	18236	8283	12398	12382
1982	104710	26972		16191	20519	10066	15093	15869
1983	113629	31168		13547	24172	10665	17507	16570
1984	133374	33784		17259	28409	12662	21800	19460
1985	162607	29709	13963	18799	35884	14933	25804	24019
1986	184114	31704	15099	20640	44583	16513	28534	27405
1987	215768	39358	19360	22674	51369	20365	32434	31483
1988	274800	54775	21602	22754	68497	26383	38564	39094
1989	316240	63642	28975	28048	79367	33623	42478	43225
1990	368124	68605	30650	40747	77661	37729	52050	53278
1991	396003	79286	36200	42080	89628	42076	50938	57187
1992	455517	91425	40714	46319	104841	49327	57020	65443
1993	630057	114198	62139	60810	138697	74616	73331	87935
1994	864183	141822	86151	104154	192010	103978	97203	133954
1995	1121684	182765	110052	130200	255930	133526	128553	168468
1996	1268892	204226	131269	152194	282828	149151	146446	191736
1997	1297831	225138	138562	152790	283296	157742	148059	195267
1998	1367347	238732	141354	160704	302585	164856	152824	205537
1999	1428545	252234	144380	169466	326151	170806	159296	219820
2000	1552321	284154	148829	183895	347893	182473	166611	239794
2001	1743446	323687	168743	208455	395557	194179	179962	266654
2002	1984120	379894	181055	236873	447434	209947	198971	307563
2003	2384733	459576	221698	281195	520066	248173	227136	356931
2004	2804550	565643	261182	340563	627339	301944	273063	431741
2005	3283576	654628	314955	387107	738476	350846	320086	502076
2006	3870731	797134	381903	445232	877552	409173	370469	595992
2007	4788812	1014757	470063	528980	1074470	505757	452103	728045
2008	5801513	1249495	568127	617445	1314984	599216	549533	900016
2009	6262897	1326919	658567	673717	1410744	657289	590985	995099
2010	7608909	1650844	800355	827571	1704465	741933	697242	1180093
2011	9267127	1705449	1042684	1016749	2040840	842278	790106	1445964
2012	9753242	1767493	1202204	1119066	2181511	939411	876991	1614254
2013	10618578	1925579	1327584	1221034	2384407	1037822	949017	1777745
2014	11150977	1862784	1494612	1319421	2501740	1070879	983900	1897185

注：柯城区 1949—1984 年地区生产总值统计在市本级内，下同。

历年各县市区生产总值指数

1—9　　(以上年为100)　　单位：%

年　份	全　市	市本级	柯城区	衢江区	江山市	常山县	开化县	龙游县
1949								
1950	117.9	118.3		119.5	116.81	122.1	110.9	115.5
1951	114.8	117.2		117.1	103.5	114.4	111.6	127.7
1952	115.4	120.8		113.9	111.5	122.3	119.8	110.0
1953	99.2	107.4		90.7	108.7	89.1	142.6	130.3
1954	112.2	109.6		88.1	128.2	93.4	112.7	102.8
1955	97.8	95.2		99.6	96.5	101.5	96.9	101.7
1956	110.1	110.3		95.7	104.6	107.0	105.4	95.7
1957	115.1	130.0		107.3	100.5	87.1	110.1	109.6
1958	124.5	136.7		168.3	128.3	102.2	119.8	136.3
1959	130.1	116.5		108.6	104.3	134.7	116.5	123.0
1960	110.0	126.5		91.8	111.6	118.3	94.9	83.0
1961	72.8	77.3		65.6	83.4	67.0	94.2	59.7
1962	105.5	94.4		107.0	99.8	100.3	118.5	108.5
1963	118.3	108.0		114.1	121.1	122.2	123.0	119.8
1964	108.1	115.6		108.4	104.9	102.1	101.8	113.5
1965	115.7	123.6		99.8	110.0	103.0	96.5	133.1
1966	118.5	121.6		118.7	131.8	113.2	97.5	98.0
1967	84.3	77.0		86.6	88.9	116.6	99.5	87.2
1968	93.8	82.1		107.6	106.1	103.5	108.1	104.4
1969	129.9	148.4		108.4	121.2	97.7	109.9	114.6
1970	113.8	121.0		111.7	109.2	94.5	129.5	100.7
1971	107.9	114.5		122.7	106.3	124.2	96.9	125.3
1972	113.1	114.9		107.7	111.9	111.0	111.0	112.0
1973	103.4	103.4		102.9	99.8	105.2	100.2	108.5
1974	93.6	98.0		105.1	91.4	89.8	109.6	95.4
1975	99.0	98.0		111.3	99.0	86.8	101.7	104.4
1976	101.7	100.5		111.3	96.7	93.4	110.7	106.8
1977	119.6	116.8		112.6	122.3	136.3	112.0	110.4
1978	124.7	119.0		164.0	110.4	112.1	118.3	110.1
1979	115.5	111.9		126.7	112.9	118.4	109.2	119.2

历年各县市区生产总值指数

1—9 续表　　（以上年为 100）　　单位：%

年份	全市	市本级	柯城区	衢江区	江山市	常山县	开化县	龙游县
1980	105.3	115.8		102.4	109.4	96.5	98.8	98.4
1981	105.9	106.6		107.9	106.6	105.9	105.7	100.5
1982	115.7	117.5		111.5	110.1	115.9	118.7	121.8
1983	107.6	119.8		85.2	114.1	103.2	109.5	98.5
1984	111.3	97.5		118.9	115.7	112.0	111.1	129.8
1985	113.4	83.7	100.0	124.3	118.3	110.7	113.5	116.1
1986	108.6	101.5	107.6	109.4	115.6	105.6	106.5	110.8
1987	109.3	115.5	111.0	109.9	107.1	111.1	106.2	106.3
1988	107.4	116.7	96.9	95.2	111.5	107.3	105.8	104.4
1989	107.6	106.0	112.0	109.9	113.7	108.5	100.0	103.3
1990	103.0	96.5	103.3	114.5	95.1	105.3	109.8	110.1
1991	116.7	120.6	116.8	115.6	114.6	128.2	105.8	121.9
1992	99.3	104.5	105.0	87.1	105.3	99.3	102.6	96.3
1993	114.8	107.1	119.5	125.9	111.5	132.5	108.2	119.5
1994	115.7	105.6	120.2	124.7	111.9	115.3	101.3	116.1
1995	113.6	110.6	123.3	110.8	116.4	114.7	114.8	110.7
1996	110.9	110.9	117.5	113.6	110.2	111.8	110.2	108.2
1997	105.3	110.2	111.6	102.4	101.7	110.0	103.5	104.8
1998	107.5	109.3	108.6	107.9	108.0	108.3	105.8	107.2
1999	109.1	108.7	108.8	108.1	109.2	109.5	107.5	109.4
2000	109.1	111.1	112.6	107.7	109.6	108.7	105.9	108.6
2001	111.8	112.9	112.0	112.7	112.2	112.0	108.8	112.3
2002	112.8	113.8	110.5	114.3	113.6	114.1	110.1	112.8
2003	114.4	117.3	113.0	114.6	114.8	112.6	111.3	114.8
2004	115.1	117.9	114.6	115.8	116.1	114.3	113.1	115.4
2005	113.7	113.5	116.8	110.9	114.1	114.0	114.0	113.9
2006	116.3	119.2	118.3	113.8	117.3	115.7	114.2	116.9
2007	116.8	117.9	119.6	114.1	116.4	117.1	116.5	115.7
2008	113.2	114.3	121.5	110.4	114.0	112.8	113.4	114.4
2009	110.6	114.8	114.0	111.4	112.0	109.6	111.4	111.6
2010	113.7	116.0	115.2	113.8	114.1	110.6	112.9	114.1
2011	111.2	101.2	114.8	112.3	112.1	109.5	109.7	113.4
2012	108.2	102.4	115.5	110.9	109.1	108.7	109.7	111.3
2013	108.9	108.4	109.8	109.2	109.5	108.4	109.0	110.1
2014	107.2	101.5	108.3	109.5	107.6	106.8	106.8	108.0

历年各县市区第一产业增加值

1—10 单位：万元

年份	全市	市本级	柯城区	衢江区	江山市	常山县	开化县	龙游县
1949	5049	257		999	1477	671	639	1101
1950	5873	326		1192	1703	816	686	1259
1951	6645	383		1394	1758	923	753	1589
1952	7661	443		1592	1994	1146	911	1716
1953	7471	586		1548	1988	1061	961	1507
1954	8148	588		1613	2135	1176	934	1813
1955	7832	463		1569	2068	1133	891	1820
1956	8067	484		1551	2163	1253	952	1744
1957	8651	713		1741	2203	1088	1078	1952
1958	10714	726		2464	2366	1143	1297	2550
1959	12704	998		2682	2616	1425	1473	3136
1960	12605	1069		2582	2644	1587	1336	1730
1961	10720	910		2205	2542	1304	1583	1547
1962	11571	1020		2347	2704	1386	1936	1661
1963	13946	1229		2629	3290	1728	2361	2028
1964	16403	1424		2821	3237	1741	2383	2227
1965	16434	1516		2789	3673	1814	2319	3224
1966	19023	1991		3435	5069	2027	2345	2861
1967	16914	1566		3049	4319	2104	2286	2448
1968	17494	1254		3294	4912	2208	2502	2611
1969	30096	1965		3563	5733	2012	2733	3028
1970	22277	2275		3964	6131	1971	3534	3007
1971	24575	2041		4918	6542	2553	3316	4021
1972	27618	2224		5327	7367	2885	3633	4510
1973	28560	2209		5504	7614	3017	3552	4932
1974	27418	2033		5770	6926	2773	3847	4994
1975	27008	1845		6438	6835	2412	3635	5205
1976	26738	1721		7156	6329	2235	3796	5378
1977	29964	2046		8037	7604	2770	3993	5651
1978	33791	2745		8609	7600	4250	4473	6114
1979	41585	3388		10665	8720	5183	6019	7610

历年各县市区第一产业增加值

1—10 续表　　　　单位：万元

年　份	全　市	市本级	柯城区	衢江区	江山市	常山县	开化县	龙游县
1980	39575	3049		10736	8860	4726	6291	7209
1981	45138	3669		11556	9362	4960	7389	8202
1982	55524	4427		13878	10763	6211	9137	11108
1983	54242	3459		10848	11876	6598	10372	11089
1984	64800	4704		13492	14237	8011	13409	10947
1985	75308	671	10250	14253	16017	8739	14601	11953
1986	77344	772	9994	13784	18223	8109	15308	12305
1987	88168	816	12377	14963	21246	10079	17191	13535
1988	99308	817	12392	16350	27166	11159	18578	14488
1989	114142	1072	16269	17574	29380	15615	20895	16626
1990	154821	1244	17985	28150	32309	18561	27361	25169
1991	142795	1203	18260	26160	34234	18238	25052	22667
1992	135664	1024	15533	21079	35913	18284	23601	22300
1993	169980	1497	22864	29382	35936	24753	26950	27880
1994	256477	1885	28990	50638	52695	37552	43715	40046
1995	312428	1950	39369	58776	72118	45191	49679	46389
1996	353496	2655	43975	70456	80015	50340	52395	50815
1997	359665	4318	41205	67637	83488	50019	51867	52179
1998	348234	3603	38868	67970	87039	46891	50274	53228
1999	343105	3805	38291	66420	88658	43808	50979	54171
2000	330519	3648	36191	60736	90843	38514	51175	55116
2001	350280	4007	41529	68124	92859	40756	51432	56205
2002	367728	3387	45090	74944	95431	41520	53595	59073
2003	391484	2573	51140	84889	100907	43026	57328	62792
2004	443756	2273	59331	98428	108166	46843	63285	66477
2005	492700	2200	62588	107361	121390	51500	69733	73116
2006	511500	4450	65013	111611	124079	53072	72760	80503
2007	527500	3603	70247	115496	127035	54908	74474	81721
2008	568608	4098	60983	128842	141342	54720	86404	92219
2009	596169	3374	64530	135062	149871	57267	89733	96332
2010	646776	3156	70252	147225	162677	61739	97474	104253
2011	761548	3053	82776	176257	191728	71892	111795	124047
2012	797519	3351	87224	187206	198772	75651	114899	130416
2013	822777	6595	85141	194895	206517	76392	118744	134493
2014	826352	1625	83599	200929	207920	77570	121277	133432

历年各县市区第二产业增加值

1—11　　单位：万元

年份	全市	市本级	柯城区	衢江区	江山市	常山县	开化县	龙游县
1949	349	89		20	67	41	58	31
1950	507	129		25	105	57	89	51
1951	670	165		31	112	79	111	82
1952	801	237		31	131	74	127	126
1953	1249	453		31	182	105	172	150
1954	1363	450		34	308	99	183	185
1955	1127	263		31	238	137	155	162
1956	1336	335		32	303	131	190	202
1957	2120	706		40	382	176	260	282
1958	4122	991		469	1056	182	369	596
1959	5611	2109		510	1223	352	479	702
1960	7517	3802		387	1699	511	554	1272
1961	4627	2150		80	1113	282	303	605
1962	4304	2065		87	954	208	249	683
1963	4521	2270		76	1077	193	246	734
1964	5578	3146		79	1205	189	241	872
1965	7029	4772		123	1326	196	258	921
1966	8738	6150		131	1648	305	240	1260
1967	6677	3628		61	1600	587	301	1125
1968	4800	1484		58	1436	588	295	1130
1969	8680	4970		67	1947	710	343	1260
1970	10484	6805		81	2233	603	448	1304
1971	10801	6708		77	2324	647	630	1380
1972	12717	8212		88	2622	701	868	1586
1973	13009	8573		86	2401	755	932	1690
1974	11578	6882		100	2212	654	1001	1338
1975	11346	6336		119	2085	482	1130	1294
1976	11743	6130		137	2214	456	1332	1530
1977	15736	8718		186	2842	873	1513	1970
1978	21481	11271		619	3524	1622	2457	1988
1979	23339	12176		721	3855	1798	2642	2147

历年各县市区第二产业增加值

1—11 续表

单位：万元

年份	全市	市本级	柯城区	衢江区	江山市	常山县	开化县	龙游县
1980	28733	15135		797	4823	1949	2920	2816
1981	29041	15516		902	5296	1868	3017	2442
1982	32731	17614		731	5685	2129	3578	2994
1983	39773	22007		1064	7185	2196	4251	3070
1984	43736	22736		1419	8045	2387	4886	4263
1985	54787	22948	1149	1748	12413	3329	6706	6396
1986	65050	24244	1630	3125	16279	4479	7259	7779
1987	78629	29557	2291	3766	18435	5739	8577	10018
1988	111965	42871	3318	4665	26164	8145	11578	14798
1989	130132	49114	4912	5408	32881	10475	11697	15658
1990	142145	54482	4987	6861	29797	11209	14124	18312
1991	168081	62466	7815	9262	36218	14605	16004	21859
1992	216802	74342	11910	17334	45876	19227	19707	27390
1993	314414	92558	20886	22868	71681	32408	29692	38867
1994	396680	105632	32636	37594	88642	42009	30331	58343
1995	516007	134479	33965	51357	111517	53690	46245	72177
1996	546584	133781	36576	53192	121930	55772	54295	84460
1997	529927	137203	37156	51523	114174	57559	55503	83610
1998	572203	146938	38796	56466	123691	62376	58319	88346
1999	600326	150087	40374	62907	136447	68810	60269	93651
2000	665951	166334	37319	71368	143328	80330	59024	103896
2001	745027	184180	41754	78883	166205	77951	67079	116838
2002	837151	214000	46447	90835	195952	89981	74579	132853
2003	1002972	249795	54495	109343	237092	112653	86521	162148
2004	1253510	309926	66618	136112	299595	144763	109169	203182
2005	1508339	386299	81642	153700	362574	169233	133566	247338
2006	1877139	490977	100059	187247	458170	205690	161127	307946
2007	2481042	668778	122634	236503	593131	269965	212707	404717
2008	3124595	862051	150304	277273	748393	329804	263623	511527
2009	3302789	827555	171761	303099	803752	357251	286895	564000
2010	4115069	1095254	208895	389939	994435	400920	354490	692033
2011	5093514	1114896	274795	492768	1193414	447315	380569	821248
2012	5139863	1196690	261005	537917	1234822	491602	402597	891115
2013	5437305	1319693	271431	587056	1337489	532669	442309	947233
2014	5589001	1207006	355526	640755	1356799	546841	419874	1043140

历年各县市区工业增加值

1—12

单位：万元

年份	全市	市本级	柯城区	衢江区	江山市	常山县	开化县	龙游县
1949	348	89		20	67	41	58	31
1950	506	128		25	104	57	89	51
1951	663	164		31	111	79	111	82
1952	792	236		31	129	74	127	126
1953	1038	399		31	180	105	172	149
1954	1240	422		34	303	99	183	182
1955	995	239		31	231	137	155	160
1956	1200	308		32	296	131	190	200
1957	1771	615		40	375	175	260	278
1958	2925	754		469	758	170	356	541
1959	4139	1724		510	907	310	441	598
1960	5445	3315		387	1167	337	447	954
1961	3469	1831		80	890	219	263	547
1962	3649	1836		87	921	199	225	638
1963	3994	2095		76	1048	171	202	697
1964	4973	2919		79	1173	178	208	827
1965	6523	4592		123	1281	170	223	880
1966	8285	5995		131	1602	246	215	1245
1967	6270	3543		61	1507	529	249	1109
1968	4466	1432		58	1368	505	266	1129
1969	8092	4835		67	1806	634	276	1239
1970	9700	6631		81	2001	540	342	1261
1971	9847	6515		77	2107	565	486	1328
1972	11718	7989		88	2389	638	742	1518
1973	11987	8213		86	2287	710	859	1651
1974	10669	6636		100	2115	616	932	1316
1975	10454	6119		119	1949	448	1064	1278
1976	10820	5913		137	2094	430	1260	1458
1977	14499	8432		186	2624	819	1408	1897
1978	19792	10731		237	3212	1151	2160	1913
1979	21504	11657		321	3298	1294	2348	2055

历年各县市区工业增加值

1—12 续表　　　　单位：万元

年　　份	全　市	市本级	柯城区	衢江区	江山市	常山县	开化县	龙游县
1980	26833	14247		358	4145	1315	2457	2451
1981	27027	15123		494	4478	1405	2772	2340
1982	30158	17230		385	4853	1531	3108	2803
1983	37097	21583		522	6165	1737	3820	2635
1984	39809	22312		857	6704	1830	4046	3390
1985	48504	21540	611	1498	10733	2740	5720	5346
1986	56882	23037	868	2734	14497	3385	6214	6700
1987	69317	28386	1209	3348	15993	4088	7231	8403
1988	100290	41326	1580	4419	23594	6901	9690	12081
1989	116533	46451	2913	5059	29392	8765	10091	13862
1990	125834	45280	2839	5338	26363	8305	11962	15077
1991	146191	57391	4320	6066	32312	11751	14049	18898
1992	188583	67511	6922	13154	41727	15397	17629	23695
1993	271394	81661	12854	17788	65059	27038	26587	32758
1994	343751	92304	21934	30827	80612	35354	26806	50483
1995	438085	117040	21780	40113	99055	43236	39924	62442
1996	453073	113613	27750	42594	104855	44187	47454	73432
1997	451197	121816	29781	43500	99837	50070	48145	73570
1998	484199	131586	31695	46918	107782	53220	49772	76856
1999	498461	130728	31751	51912	118473	58286	51154	81053
2000	544355	139992	27027	58423	123082	66605	48667	88866
2001	599644	147990	29520	62731	143096	60819	52163	95893
2002	664262	168610	31069	72468	167971	69376	56912	104745
2003	788881	191356	37030	86493	201398	85719	65149	131149
2004	987758	246126	45570	106535	255871	107927	78917	163057
2005	1221991	311452	55696	124179	316854	130109	101273	199169
2006	1543194	405665	68076	153641	403742	159635	127969	250657
2007	2068817	573319	83208	190366	524633	211959	173532	338848
2008	2640449	747951	101704	222873	672793	258704	220223	434627
2009	2771270	702898	124076	234665	721220	280938	227668	483011
2010	3502106	969253	155306	305745	896818	317577	273240	604032
2011	4410655	1002539	218939	397375	1081706	356344	285705	724494
2012	4440549	1100120	208112	432820	1116684	395709	296727	782405
2013	4707786	1215118	220939	474684	1212122	427244	318928	841216
2014	4815747	1155606	226686	526849	1230604	440432	292234	924496

历年各县市区第三产业增加值

1—13　　单位：万元

年　份	全　市	市本级	柯城区	衢江区	江山市	常山县	开化县	龙游县
1949	778	68		68	223	103	101	163
1950	903	88		82	256	124	110	186
1951	1045	111		96	267	143	124	239
1952	1187	139		109	298	171	146	258
1953	1268	246		106	316	170	165	241
1954	1409	279		111	362	189	165	296
1955	1339	273		108	345	190	156	296
1956	1531	359		106	401	225	186	317
1957	1768	580		120	424	207	220	367
1958	2178	1205		197	502	195	244	462
1959	2981	1520		214	625	289	318	625
1960	3495	1869		199	754	365	328	929
1961	2666	1623		154	635	275	328	374
1962	2584	1403		163	595	260	356	382
1963	2687	1417		182	635	278	379	402
1964	2909	1587		195	640	278	378	447
1965	3321	1712		196	708	285	365	587
1966	3894	1743		240	942	327	363	578
1967	3401	1580		209	853	388	373	515
1968	3127	1225		225	890	392	392	525
1969	3998	1731		244	1067	378	427	596
1970	4467	1978		272	1140	351	543	588
1971	4916	1823		336	1232	445	548	751
1972	5448	2132		364	1349	484	608	823
1973	5615	2180		376	1353	510	606	894
1974	5123	2006		394	1246	418	661	864
1975	5326	1790		441	1404	456	750	1023
1976	5925	1746		490	1379	434	828	1115
1977	7509	2022		553	1701	593	896	1241
1978	9041	2403		620	2581	979	1206	1252
1979	10744	2971		1029	2873	1099	1349	1423

历年各县市区第三产业增加值

1—13 续表　　单位：万元

年　份	全　市	市本级	柯城区	衢江区	江山市	常山县	开化县	龙游县
1980	12204	3483		1225	3127	1366	1623	1599
1981	14119	3957		1399	3578	1455	1992	1738
1982	16455	4931		1582	4071	1726	2378	1767
1983	19614	5702		1635	5111	1871	2884	2411
1984	24838	6344		2348	6127	2264	3505	4250
1985	32512	6090	2564	2798	7454	2865	4497	5670
1986	41720	6688	3475	3731	10081	3925	5967	7321
1987	48971	8985	4692	3946	11688	4547	6666	7930
1988	63527	11087	5892	5252	15167	7127	8408	9808
1989	71966	13456	7794	5067	17106	7533	9886	10941
1990	71158	12879	7678	5736	15555	7959	10565	9797
1991	85127	15617	10125	6659	19176	9233	11382	12661
1992	103051	16059	13271	7906	23052	11816	13712	15753
1993	145663	20143	18389	8560	31080	17455	16689	21188
1994	211026	34305	24525	15922	50673	24417	23157	35565
1995	293249	46336	36718	20067	72295	34645	32629	49902
1996	368812	67790	50718	28546	80883	43039	39756	56461
1997	408239	83617	60201	33630	85634	50164	40689	59478
1998	446910	88191	63690	36267	91855	55589	44231	63963
1999	485114	98342	65715	40139	101046	58189	48048	71998
2000	555851	114172	75319	51792	113722	63628	56412	80782
2001	648139	135500	85460	61449	136493	75472	61451	93611
2002	779241	162507	89518	71095	156051	78446	70797	115637
2003	990277	207208	116063	86964	182067	92494	83287	131991
2004	1107284	253444	135233	106023	219578	110338	100609	162082
2005	1282537	266129	170725	126046	254512	130113	116787	181622
2006	1482092	301707	216831	146374	295303	150411	136582	207543
2007	1780270	342376	277182	176981	354304	180884	164922	241607
2008	2108310	383346	356840	211330	425249	214692	199506	296270
2009	2363939	495990	422276	235557	457121	242771	214358	334767
2010	2847064	552433	521208	290415	547353	279274	245278	383807
2011	3412064	587499	685113	347724	655698	323071	297742	500669
2012	3815859	567452	853974	393943	747917	372158	359495	592723
2013	4358496	599291	971011	439083	840401	428761	387964	696019
2014	4735624	654153	1055487	477737	937021	446467	442748	720613

历年各县市区人均地区生产总值

1—14 单位：元

年份	全市	市本级	柯城区	衢江区	江山市	常山县	开化县	龙游县
1949	61	46		47	65	62	70	76
1950	69	58		54	73	76	73	81
1951	75	66		60	73	86	75	96
1952	85	80		66	81	101	88	103
1953	86	122		62	82	96	95	91
1954	92	121		63	92	103	92	108
1955	85	90		60	86	100	84	104
1956	88	103		57	93	107	91	100
1957	98	168		62	96	95	103	112
1958	130	237		99	124	96	122	153
1959	158	365		102	140	131	133	188
1960	169	510		91	150	153	115	171
1961	127	349		71	123	109	110	115
1962	129	335		75	125	104	125	120
1963	144	355		82	144	120	144	131
1964	153	438		86	143	117	140	142
1965	172	565		85	156	118	132	184
1966	197	689		100	201	132	128	177
1967	163	459		85	172	148	125	149
1968	150	260		89	180	150	132	150
1969	188	564		94	213	142	141	167
1970	209	717		103	225	128	179	161
1971	220	677		123	232	155	176	196
1972	245	775		131	254	169	196	217
1973	247	772		133	249	173	190	231
1974	226	635		138	222	152	202	223
1975	220	566		153	217	130	198	223
1976	220	538		168	205	119	210	236
1977	261	717		186	247	158	222	257
1978	311	915		206	275	252	278	268
1979	362	1007		259	307	292	338	317

历年各县市区人均地区生产总值

1—14 续表　　　　单位：元

年份	全市	市本级	柯城区	衢江区	江山市	常山县	开化县	龙游县
1980	381	1127		265	332	287	361	328
1981	415	1203		287	357	294	408	346
1982	486	1397		331	398	352	490	438
1983	522	1593		275	464	367	560	452
1984	607	1704		347	542	433	693	526
1985	735		2147	494	681	509	816	646
1986	828		2239	542	843	557	895	734
1987	962		2755	593	965	682	1006	838
1988	1213		3514	587	1277	875	1181	1006
1989	1383		4185	722	1471	1103	1287	1125
1990	1600		4409	1040	1433	1228	1567	1378
1991	1713		5066	1071	1645	1366	1595	1475
1992	1961		5688	1177	1917	1593	1715	1679
1993	2696		7412	1539	2524	2395	2208	2240
1994	3680		9418	2627	3482	3322	2915	3402
1995	4756		11940	3276	4626	4250	3839	4266
1996	5350		13398	3817	5092	4736	4354	4831
1997	5442		14235	3818	5075	5003	4392	4899
1998	5708		14669	4006	5395	5204	4529	5132
1999	5934		15015	4217	5799	5373	4708	5459
2000	6415		16033	4575	6161	5709	4904	5938
2001	7172		17887	5188	6977	6044	5275	6592
2002	8136		14057	5908	7867	6516	5814	7577
2003	9754		16947	7045	9111	7676	6618	8768
2004	11437		20390	8537	10921	9308	7957	10618
2005	13370		23776	9740	12758	10755	9308	12452
2006	15726		28768	11197	15073	12469	10715	14877
2007	19371		35978	13232	18361	15320	13008	18146
2008	23365		43751	15398	22360	18260	15736	22366
2009	25116		47539	16741	23846	20007	16874	24687
2010	30369		57736	20694	28810	22450	19848	29275
2011	36789		63658	25559	34019	25306	22374	35827
2012	38597		68553	28097	36231	28049	24735	39971
2013	41885		74760	30646	39416	30769	25747	44024
2014	43740		76600	32954	41051	31504	27355	46949

历年各县市区人均生产总值指数

1—15　　(以上年为100)　　单位：%

年份	全市	市本级	柯城区	衢江区	江山市	常山县	开化县	龙游县
1949								
1950	113.1	113.2		114.9	112.3	122.1	104.3	106.6
1951	108.7	111.0		111.1	100.0	112.3	102.7	118.5
1952	113.3	117.8		110.0	109.6	118.8	117.3	107.3
1953	96.5	103.9		87.9	107.5	87.7	140.9	128.2
1954	111.0	105.9		86.2	126.7	91.5	110.5	100.0
1955	95.6	93.4		96.0	96.3	98.9	94.2	99.2
1956	106.9	107.1		91.7	102.9	103.3	103.1	92.4
1957	111.8	124.9		104.6	100.0	85.0	106.0	106.6
1958	122.1	131.7		163.0	126.9	100.0	116.3	134.9
1959	126.0	113.6		102.7	103.7	135.2	106.7	121.8
1960	105.6	121.2		88.3	105.6	115.8	84.0	85.4
1961	71.6	76.2		66.2	80.7	63.1	89.8	62.4
1962	105.8	94.4		106.7	101.7	96.2	117.4	105.3
1963	114.1	104.7		112.5	118.7	118.5	120.7	112.6
1964	105.5	114.0		105.6	101.4	99.4	98.4	109.7
1965	113.0	122.7		98.3	106.8	100.0	92.9	129.3
1966	114.4	120.0		114.3	127.9	109.0	94.7	94.7
1967	81.9	74.8		84.4	86.1	112.9	96.3	84.4
1968	91.4	79.6		105.6	104.0	103.2	106.4	101.3
1969	126.9	147.0		105.3	118.2	92.5	106.6	110.4
1970	110.6	120.5		110.0	106.5	91.4	127.1	97.1
1971	105.7	113.1		118.2	103.1	120.9	96.0	121.8
1972	110.4	110.6		105.1	108.9	108.2	108.8	110.5
1973	100.8	100.0		101.2	97.7	102.4	97.5	105.9
1974	91.9	95.6		104.8	89.6	87.9	107.4	93.6
1975	97.4	95.6		110.3	96.9	85.3	99.6	103.2
1976	100.0	99.3		109.4	94.9	91.7	109.0	105.7
1977	118.2	116.7		110.5	120.4	133.5	110.1	108.8
1978	123.1	118.3		162.1	109.0	109.8	115.8	108.8
1979	114.1	109.1		126.6	112.0	116.7	107.8	118.0

历年各县市区人均生产总值指数

1—15 续表　　（以上年为 100）　　单位：%

年份	全市	市本级	柯城区	衢江区	江山市	常山县	开化县	龙游县
1980	104.4	112.3		101.7	108.5	95.7	97.7	97.9
1981	105.0	105.2		139.6	105.8	104.9	104.4	99.7
1982	114.5	117.0		110.3	109.1	114.2	116.6	120.2
1983	106.3	118.2		84.6	113.0	101.7	108.3	97.2
1984	110.3	96.1		117.7	114.9	111.1	110.8	128.8
1985	112.9		100.0	124.1	117.8	111.0	112.5	115.4
1986	107.9		100.8	109.5	115.2	103.9	105.6	110.2
1987	108.4		111.7	109.4	106.4	110.2	104.8	105.6
1988	106.4		107.7	94.7	110.6	106.3	104.4	103.2
1989	106.5		105.9	109.1	113.0	107.4	99.2	102.2
1990	102.4		97.0	113.9	94.7	104.6	109.4	109.5
1991	116.2		117.9	109.7	114.0	127.6	105.5	121.6
1992	98.8		102.7	91.4	104.9	98.8	102.8	95.8
1993	114.2		108.2	125.4	111.0	131.9	107.7	118.6
1994	115.1		108.4	124.2	111.5	114.7	101.0	115.8
1995	113.1		113.7	110.7	116.0	114.2	114.2	110.3
1996	110.3		111.0	113.2	109.8	111.6	109.8	107.7
1997	104.7		108.5	102.0	101.2	109.8	103.5	104.4
1998	106.9		107.5	107.6	107.5	107.8	105.6	106.7
1999	108.6		106.7	107.8	108.9	109.1	107.1	108.8
2000	108.5		109.3	107.7	109.2	108.1	105.4	108.3
2001	111.3		110.5	112.7	111.7	111.4	108.5	112.1
2002	112.4		111.8	114.6	113.2	113.8	109.7	112.4
2003	114.5		115.0	115.1	114.4	112.3	111.1	114.4
2004	114.8		115.8	116.0	115.4	113.8	113.4	115.5
2005	113.5		113.9	111.2	113.2	113.6	113.8	114.9
2006	116.0		118.3	113.7	116.6	115.2	113.6	117.6
2007	116.3		117.7	113.5	115.8	116.5	115.9	115.5
2008	112.7		115.9	110.1	113.4	112.5	112.9	114.0
2009	110.2		113.4	110.0	111.4	109.0	111.1	111.4
2010	113.1		113.4	114.5	113.2	109.9	112.6	114.1
2011	110.6		112.9	112.9	110.5	108.7	109.2	113.3
2012	107.9		115.1	110.8	108.7	108.1	109.3	111.2
2013	108.5		109.3	109.2	109.0	107.6	108.7	110.1
2014	106.6		107.5	109.0	106.8	106.0	106.2	108.0

全 市 生 产 总 值 按 行 业 分

1—16　　　　单位：亿元

行　　业　　名　　称	2 0 1 4 年	2 0 1 3 年	2014 年为 2013 年%
地区生产总值	**1115.10**	**1061.86**	**107.2**
农、林、牧、渔业	83.73	83.26	101.5
#农、林、牧、渔服务业	1.09	0.98	109.6
工业	481.57	470.78	106.0
#开采辅助活动	0.00	0.00	0.0
#金属制品、机械和设备修理业	0.11	0.10	114.2
建筑业	77.44	73.05	108.1
批发和零售业	111.67	105.38	108.1
交通运输、仓储和邮政业	37.92	35.15	109.0
住宿和餐饮业	30.65	30.08	106.1
信息传输、软件和信息技术服务业	7.40	6.87	111.8
金融业	72.67	65.16	111.9
房地产业	51.69	48.22	107.0
租赁和商务服务业	13.31	11.72	110.2
科学研究和技术服务业	6.02	6.11	99.1
水利、环境和公共设施管理业	3.42	2.75	122.9
居民服务、修理和其他服务业	27.35	24.48	110.1
教育	32.38	27.62	115.4
卫生和社会工作	20.34	17.14	115.2
文化、体育和娱乐业	6.27	5.44	115.6
公共管理、社会保障和社会组织	51.30	48.66	107.6
第一产业	82.64	82.28	101.4
第二产业	558.90	543.73	106.3
第三产业	473.56	435.85	109.5

注：地区生产总值 2013 年起按新国民经济行业分类。

市区生产总值按行业分

1—17 单位：亿元

行业名称	2014年	2013年	2014年为2013年%
地区生产总值	**467.68**	**447.42**	**105.7**
农、林、牧、渔业	28.98	28.94	101.7
#农、林、牧、渔服务业	0.37	0.28	122.2
工业	190.91	191.07	102.9
#开采辅助活动	0.00	0.00	0.0
#金属制品、机械和设备修理业	0.02	0.02	109.2
建筑业	29.43	26.76	112.5
批发和零售业	56.21	52.09	109.7
交通运输、仓储和邮政业	16.22	15.03	108.5
住宿和餐饮业	14.45	13.43	108.1
信息传输、软件和信息技术服务业	3.91	3.71	104.6
金融业	35.20	31.91	107.8
房地产业	22.16	20.52	109.8
租赁和商务服务业	5.44	5.16	105.3
科学研究和技术服务业	3.74	3.59	101.6
水利、环境和公共设施管理业	1.01	0.85	115.8
居民服务、修理和其他服务业	12.43	11.52	107.5
教育	12.24	10.42	113.4
卫生和社会工作	9.79	8.19	111.8
文化、体育和娱乐业	2.79	2.34	115.0
公共管理、社会保障和社会组织	22.76	21.88	103.2
第一产业	28.62	28.66	101.5
第二产业	220.33	217.82	104.0
第三产业	218.74	200.94	108.3

柯城区生产总值按行业分

1—18 单位：亿元

行业名称	2014年	2013年	2014年为2013年%
地区生产总值	**149.46**	**132.76**	**108.3**
农、林、牧、渔业	8.66	8.71	99.8
#农、林、牧、渔服务业	0.30	0.19	155.1
工业	22.67	22.09	106.9
#开采辅助活动	0.00	0.00	0.0
#金属制品、机械和设备修理业	0.02	0.02	109.2
建筑业	12.90	5.07	116.0
批发和零售业	44.75	41.18	108.9
交通运输、仓储和邮政业	4.48	4.12	109.2
住宿和餐饮业	11.58	10.84	107.8
信息传输、软件和信息技术服务业	0.87	0.81	107.0
金融业	5.12	4.72	107.6
房地产业	11.57	11.19	105.9
租赁和商务服务业	4.43	4.10	105.8
科学研究和技术服务业	1.06	0.98	106.3
水利、环境和公共设施管理业	0.32	0.29	107.2
居民服务、修理和其他服务业	9.00	8.35	108.3
教育	3.92	3.34	115.0
卫生和社会工作	1.26	0.67	143.0
文化、体育和娱乐业	2.05	1.70	116.8
公共管理、社会保障和社会组织	4.84	4.61	102.8
第一产业	8.36	8.51	98.6
第二产业	35.55	27.14	109.7
第三产业	105.55	97.10	108.6

衢江区生产总值按行业分

1—19 单位：亿元

行业名称	2014年	2013年	2014年为2013年%
地区生产总值	**131.94**	**122.10**	**109.5**
农、林、牧、渔业	20.16	19.53	103.2
#农、林、牧、渔服务业	0.06	0.04	147.0
工业	52.68	47.47	112.7
#开采辅助活动	0.00	0.00	0.0
#金属制品、机械和设备修理业	0.00	0.00	0.0
建筑业	11.39	11.24	107.6
批发和零售业	11.46	10.91	112.0
交通运输、仓储和邮政业	5.06	4.85	105.4
住宿和餐饮业	2.87	2.58	109.6
信息传输、软件和信息技术服务业	0.19	0.14	110.4
金融业	5.25	4.25	113.8
房地产业	3.86	3.64	109.8
租赁和商务服务业	1.01	1.06	103.1
科学研究和技术服务业	0.63	0.59	105.6
水利、环境和公共设施管理业	0.04	0.04	104.9
居民服务、修理和其他服务业	3.44	3.18	105.5
教育	3.47	2.90	109.8
卫生和社会工作	1.47	1.22	104.8
文化、体育和娱乐业	0.22	0.17	112.0
公共管理、社会保障和社会组织	8.74	8.34	106.9
第一产业	20.09	19.49	103.1
第二产业	64.08	58.71	111.8
第三产业	47.77	43.91	109.0

江山市生产总值按行业分

1—20　　单位：亿元

行业名称	2014年	2013年	2014年为2013年%
地区生产总值	**250.17**	**238.44**	**107.6**
农、林、牧、渔业	21.02	20.88	102.4
#农、林、牧、渔服务业	0.23	0.23	99.9
工业	123.06	121.21	107.2
#开采辅助活动	0.00	0.00	
#金属制品、机械和设备修理业	0.12	0.11	107.2
建筑业	12.74	12.64	107.7
批发和零售业	22.41	20.04	110.8
交通运输、仓储和邮政业	9.08	8.58	106.1
住宿和餐饮业	5.57	5.32	102.3
信息传输、软件和信息技术服务业	1.22	1.12	108.9
金融业	14.90	13.12	112.0
房地产业	9.06	8.68	97.7
租赁和商务服务业	3.48	2.49	136.1
科学研究和技术服务业	1.19	1.12	104.0
水利、环境和公共设施管理业	1.00	0.94	104.0
居民服务、修理和其他服务业	6.10	5.47	108.1
教育	7.57	6.50	114.0
卫生和社会工作	3.63	3.12	115.0
文化、体育和娱乐业	1.31	0.95	136.1
公共管理、社会保障和社会组织	6.84	6.26	107.0
第一产业	20.79	20.65	102.4
第二产业	135.68	133.75	107.3
第三产业	93.70	84.04	109.5

常山县生产总值按行业分

1—21　　单位：亿元

行业名称	2014年	2013年	2014年为2013年%
地区生产总值	**107.09**	**103.78**	**106.8**
农、林、牧、渔业	8.04	7.91	101.6
#农、林、牧、渔服务业	0.28	0.27	103.9
工业	44.04	42.72	106.9
#开采辅助活动	0.00	0.00	100.0
#金属制品、机械和设备修理业	0.00	0.00	100.0
建筑业	10.64	10.54	107.0
批发和零售业	10.66	10.95	107.8
交通运输、仓储和邮政业	3.37	3.21	106.1
住宿和餐饮业	3.40	3.42	108.9
信息传输、软件和信息技术服务业	1.02	1.01	107.5
金融业	6.28	5.58	115.0
房地产业	4.63	4.26	99.5
租赁和商务服务业	0.80	0.74	103.1
科学研究和技术服务业	0.56	0.54	114.7
水利、环境和公共设施管理业	0.44	0.42	104.8
居民服务、修理和其他服务业	2.37	2.30	104.0
教育	3.22	2.90	112.0
卫生和社会工作	1.52	1.32	111.0
文化、体育和娱乐业	0.59	0.50	107.1
公共管理、社会保障和社会组织	5.49	5.44	105.1
第一产业	7.76	7.64	101.5
第二产业	54.68	53.27	106.9
第三产业	44.65	42.88	107.7

开化县生产总值按行业分

1—22　　　　　　　　　　　　　　　　　　　　单位：亿元

行业名称	2014年	2013年	2014年为 2013年%
地区生产总值	**98.39**	**94.90**	**106.8**
农、林、牧、渔业	12.21	11.96	101.7
#农、林、牧、渔服务业	0.09	0.08	102.5
工业	29.22	31.89	99.9
#开采辅助活动	0.00	0.00	0.0
#金属制品、机械和设备修理业	0.00	0.00	105.0
建筑业	12.77	12.34	110.1
批发和零售业	8.78	7.87	110.2
交通运输、仓储和邮政业	2.59	2.43	106.8
住宿和餐饮业	3.78	3.36	111.4
信息传输、软件和信息技术服务业	0.61	0.55	110.4
金融业	6.76	5.53	120.5
房地产业	5.83	5.18	112.2
租赁和商务服务业	0.83	0.73	115.0
科学研究和技术服务业	0.34	0.32	114.0
水利、环境和公共设施管理业	0.31	0.29	113.0
居民服务、修理和其他服务业	2.56	2.25	115.0
教育	3.45	2.98	113.4
卫生和社会工作	2.20	1.89	113.9
文化、体育和娱乐业	1.08	0.60	177.3
公共管理、社会保障和社会组织	5.08	4.73	113.0
第一产业	12.13	11.87	101.7
第二产业	41.99	44.23	102.5
第三产业	44.27	38.80	114.1

龙游县生产总值按行业分

1—23 单位：亿元

行业名称	2014年	2013年	2014年为2013年%
地区生产总值	**189.72**	**177.77**	**108.0**
农、林、牧、渔业	13.47	13.58	102.2
#农、林、牧、渔服务业	0.13	0.13	100.9
工业	92.45	84.12	108.1
#开采辅助活动	0.00	0.00	0.0
#金属制品、机械和设备修理业	0.00	0.00	108.5
建筑业	11.87	10.60	108.0
批发和零售业	15.14	14.66	107.3
交通运输、仓储和邮政业	5.86	5.64	105.3
住宿和餐饮业	4.76	4.48	112.5
信息传输、软件和信息技术服务业	0.94	0.94	106.8
金融业	9.53	9.18	111.8
房地产业	8.00	8.41	107.5
租赁和商务服务业	2.69	2.62	118.7
科学研究和技术服务业	0.68	0.63	111.7
水利、环境和公共设施管理业	0.26	0.25	102.3
居民服务、修理和其他服务业	4.23	4.13	113.6
教育	5.19	4.40	108.4
卫生和社会工作	2.90	2.42	110.3
文化、体育和娱乐业	0.50	0.42	103.7
公共管理、社会保障和社会组织	11.24	11.29	110.9
第一产业	13.34	13.45	102.2
第二产业	104.31	94.72	108.1
第三产业	72.06	69.60	109.2

全市全社会用电量情况

1—24 单位：万千瓦时

行业名称	2014年	2013年	2014年为2013年%
全社会用电量	1282967	1257867	102.0
1、衢州客服中心	410740	397940	103.2
2、江山供电所	212291	211340	100.4
3、常山供电所	122391	118260	103.5
4、开化供电所	55978	53986	103.7
5、龙游供电所	201608	195557	103.1
6、巨化集团公司	269062	277812	96.9
全行业用电合计	1162204	1136747	102.2
其中：第一产业	9631	9745	98.8
第二产业	1045135	1026415	101.8
第三产业	107439	100587	106.8
1、农、林、牧、渔业	9631	9745	98.8
2、工业合计	1033404	1014465	101.9
其中：轻工业	225324	211225	106.7
重工业	808080	803240	100.6
3、建筑业	11731	11950	98.2
4、交通运输、仓储、邮政业	20868	19762	105.6
5、信息传输、计算机服务和软件业	9845	8183	120.3
6、商业、住宿和餐饮业	35933	34678	103.6
7、金融、房地产、商务及居民服务业	9647	8924	108.1
8、公共事业及管理组织	31146	29041	107.2
城乡生活用电	120762	121120	99.7
其中：城市	51340	53057	96.8
乡村	69422	68063	102.0

注：用电量合计中包括线损数。

一、综合主要统计指标解释

国内（地区）生产总值：是按市场价格计算的国内生产总值的简称。它是一个国家（地区）所有常住单位生产活动的最终成果。国内生产总值有三种表现形态，即价值形态、收入形态和产品形态。从价值形态看，它是所有常住单位在一定时期内所生产的全部货物和服务的价值超过同期投入的全部非固定资产货物和服务价值的差额，即所有常住单位的增加值之和；从收入形态看，它是所有常住单位在一定时期内所创造并分配给常住单位和非常住单位的初次分配收入之和；从产品形态看，它是最终使用的货物和服务加上净出口的货物和服务，包括总消费（城乡居民消费、社会消费）、总投资（固定资产形成、存货增加）、出口和进口的差额。在实际核算中，国内生产总值的三种表现形态表现为三种计算方法，即生产法、收入法和支出法。三种方法分别从不同的方面反映国内生产总值及其构成。在实际工作中，用生产法与收入法核算国内生产总值的生产额，用支出法来核算国内生产总值的使用额。

三次产业：是根据社会生产活动历史发展的顺序对国民经济部门的一种划分。产品直接取自自然界的部门称为第一产业，对初级产品进行再加工的部门称为第二产业，为生产和消费提供各种服务的部门称为第三产业。它是世界上通用的产业结构分类，但各国的划分不尽一致。我国的三次产业划分是：

第一产业：农业（包括种植业、林业、牧业和渔业）和农林牧渔服务业。

第二产业：工业（包括采掘业、制造业、电力、燃气及水的生产和供应业）和建筑业。

第三产业：除了第一产业、第二产业外的其他产业，包括交通运输仓储及邮政业、信息传输计算机服务和软件业、批发和零售业、住宿和餐饮业、金融业、房地产业、租赁和商务服务业、科学研究技术服务和地质勘查业、水利环境和公共设施管理业、居民服务和其他服务业、教育、卫生社会保障和社会福利业、文化体育娱乐业、公共管理和社会组织等行业。

当年价格：指报告期的实际价格，如工厂的出厂价格、农产品的收购价格、商业的零售价格等。按当年价格计算，是指一些以货币表现的物量指标，如工农业总产值、国内生产总值等，按照当年的实际价格来计算总量。使用当年价格计算的数字，是为了使国民经济各项指标相互衔接，便于考察当年社会经济效益，便于对生产和流通、生产和分配、生产和消费进行经济核算和综合平衡。

可比价格：指在不同时期的价值指标对比时，扣除了价格变动的因素，以确切表示物量的变化。按可比价格计算有两种方法：一种是直接按产品产量乘以不变价格计算；一种是用价格指数换算。

不变价格：指用同类产品的年平均价格作为固定价格，来计算各个时期的产品价值。按不变价格计算的产品价值消除了价格变动因素，不同时期对比可以反映生产发展速度。目前使用的是2005年不变价格。

本《年鉴》所列“国内（地区）生产总值指数”、“农业总产值指数”就是按可比价格计算的。如计算有关年份增长情况，可用指数直接进行对比。

平均每年增长速度：在我国计算平均增长速度有两种方法，一种是习惯上经常使用的“水平法”，又称几何平均法，是以间隔期最后一年的水平同基期水平对比来计算平均每年增长（或下降）速度。另一种是“累计法”，又称代数平均法或方程法，是以间隔期内各年水平的总和同基期水平对比来计算平均每年增长（或下降）速度。

在一般正常情况下，两种方法计算的平均每年增长速度比较接近，但在经济发展不平衡，出现大起大落时，两种方法计算结果差别较大。

第二篇　人口与劳动力

历年全市年末户数与人口情况

2—1

年　　份	总户数（万户）	总人口（万人）	按性别分（万人）		按农业与非农业分（万人）	
			男　　性	女　　性	农业人口	非农业人口
1949	23.00	101.06	53.98	47.08	92.17	8.89
1950	27.06	110.05	58.43	51.62	98.56	11.49
1951	27.99	112.41	59.67	52.74	101.52	10.89
1952	28.60	115.10	61.66	53.44	105.38	9.72
1953	28.45	117.40	62.71	54.69	104.17	13.23
1954	29.14	120.09	64.01	56.08	106.85	13.24
1955	30.15	122.19	65.63	56.56	110.62	11.57
1956	30.61	125.67	67.02	58.65	111.50	14.17
1957	30.90	129.84	68.95	60.89	113.77	16.07
1958	30.95	131.40	69.68	61.72	113.55	17.85
1959	31.44	137.53	73.45	64.08	117.82	19.71
1960	32.04	143.30	77.69	65.61	116.25	27.05
1961	33.00	140.85	75.65	65.20	120.05	20.80
1962	32.77	144.72	73.84	70.88	123.53	21.19
1963	33.38	149.46	79.82	69.64	132.23	17.23
1964	33.74	152.42	81.22	71.20	135.79	16.63
1965	34.33	157.77	83.87	73.90	140.54	17.23
1966	34.86	162.94	86.68	76.26	146.68	16.26
1967	35.48	167.50	89.18	78.32	150.54	16.96
1968	36.16	171.38	91.16	80.22	154.21	17.17
1969	37.09	176.36	93.83	82.53	159.89	16.47
1970	38.99	180.46	96.06	84.40	163.71	16.75
1971	39.45	185.04	98.55	86.49	167.12	17.92
1972	40.06	189.10	100.59	88.51	170.43	18.67
1973	40.98	193.39	102.70	90.69	174.28	19.11
1974	42.07	196.76	104.38	92.38	177.97	18.79
1975	42.98	199.93	106.09	93.84	180.97	18.96
1976	44.00	202.85	107.42	95.43	183.67	19.18
1977	45.14	205.56	108.94	96.62	186.71	18.85
1978	45.98	208.22	110.85	97.37	188.96	19.26
1979	46.23	210.25	111.26	98.99	189.60	20.65

历年全市年末户数与人口情况

2—1 续表

年份	总户数（万户）	总人口（万人）	按性别分（万人）		按农业与非农业分（万人）	
			男性	女性	农业人口	非农业人口
1980	46.94	211.87	112.40	99.47	190.77	21.10
1981	48.83	213.90	113.02	100.88	191.66	22.24
1982	50.69	216.74	114.61	102.13	193.61	23.13
1983	52.02	218.97	115.91	103.06	195.36	23.61
1984	53.76	220.48	116.70	103.78	195.80	24.68
1985	56.09	221.74	117.18	104.56	193.83	27.91
1986	58.78	223.15	117.94	105.21	196.16	26.99
1987	61.80	225.32	118.82	106.50	197.81	27.51
1988	64.35	227.81	120.26	107.55	199.78	28.03
1989	65.87	229.53	121.16	108.36	200.81	28.72
1990	66.95	230.73	121.86	108.87	201.73	29.00
1991	67.68	231.61	122.18	109.43	202.29	29.32
1992	68.45	232.93	122.80	110.12	201.99	30.93
1993	69.46	234.40	123.63	110.77	202.35	32.05
1994	70.83	235.27	124.20	111.07	202.59	32.68
1995	71.92	236.39	124.71	111.68	202.70	33.69
1996	72.99	237.97	125.92	112.05	202.80	35.17
1997	74.14	238.97	126.35	112.62	202.90	36.07
1998	74.67	240.13	126.37	113.76	203.27	36.86
1999	75.08	241.35	127.41	113.94	203.51	37.84
2000	76.07	242.60	127.99	114.61	203.37	39.23
2001	76.9	243.57	128.56	115.01	202.94	40.63
2002	77.74	244.15	128.58	115.57	202.81	41.34
2003	78.27	244.83	128.76	116.07	203.03	41.8
2004	79.53	245.61	128.8	116.81	203.27	42.35
2005	80.47	245.57	127.99	117.58	202.59	42.98
2006	81.81	246.68	128.27	118.41	196.21	50.47
2007	82.79	247.74	128.55	119.19	196.5	51.24
2008	84.04	248.85	128.90	119.95	196.89	51.95
2009	85.17	249.86	129.23	120.63	197.43	52.43
2010	86.29	251.24	129.73	121.51	198.08	53.16
2011	87.53	252.55	130.15	122.40	198.90	53.65
2012	87.47	252.83	130.06	122.77	199.43	53.40
2013	88.31	254.21	130.55	123.66	199.47	54.74
2014	90.22	255.67	131.09	124.58	200.27	55.40

历年全市人口变动情况

2—2

年份	按城乡人口分(万人)		人口出生率(‰)	人口死亡率(‰)	人口自然增长率(‰)	平均人口(万人)
	市镇人口	乡村人口				
1949	15.06	86.00	43.27	32.80	10.47	100.99
1950	16.13	93.92	41.42	30.95	10.47	105.56
1951	16.19	96.22	45.47	24.51	20.96	111.24
1952	17.08	98.02	49.89	25.38	24.51	113.80
1953	17.63	99.77	43.79	20.92	22.87	116.26
1954	18.58	101.51	53.33	20.26	33.07	118.76
1955	19.17	103.02	37.26	15.77	21.49	121.16
1956	20.23	105.44	36.98	14.42	22.56	123.95
1957	21.55	108.29	33.76	11.14	22.62	127.78
1958	22.97	108.43	31.43	11.76	19.67	130.63
1959	24.62	112.91	29.31	11.82	17.49	134.48
1960	26.63	116.67	22.61	11.27	11.34	140.11
1961	24.23	116.62	20.71	11.04	9.67	140.77
1962	22.48	122.24	36.45	9.43	27.02	142.81
1963	23.10	126.36	40.80	8.67	32.13	147.10
1964	21.92	130.50	39.42	10.14	29.28	151.24
1965	22.45	135.32	38.46	9.15	29.31	155.38
1966	22.62	140.32	36.42	8.35	28.07	160.36
1967	23.62	143.88	32.60	7.92	24.68	165.23
1968	23.90	147.48	30.77	7.15	23.62	169.46
1969	23.91	152.45	31.59	6.68	24.91	173.89
1970	24.05	156.41	28.65	6.77	21.88	178.42
1971	24.83	160.21	27.88	6.95	20.93	182.76
1972	25.63	163.47	27.37	6.90	20.47	187.08
1973	26.25	167.14	27.46	6.80	20.66	191.26
1974	26.69	170.07	23.76	6.68	17.08	195.09
1975	27.13	172.80	23.19	6.57	16.62	198.36
1976	27.40	175.45	20.72	6.25	14.47	201.41
1977	27.36	178.20	19.33	6.66	12.67	204.21
1978	27.98	180.24	16.72	5.42	11.30	206.90
1979	28.94	181.31	16.52	6.11	10.41	209.21

历年全市人口变动情况

2—2 续表

年份	按城乡人口分（万人）		人口出生率（‰）	人口死亡率（‰）	人口自然增长率（‰）	平均人口（万人）
	市镇人口	乡村人口				
1980	29.65	182.22	16.24	6.84	9.40	211.08
1981	29.68	184.22	15.88	6.10	9.78	212.89
1982	29.95	186.79	17.97	6.20	11.77	215.33
1983	30.56	188.41	15.42	6.37	9.05	217.86
1984	36.37	184.11	12.99	6.25	6.74	219.73
1985	61.92	159.82	11.63	5.98	5.65	221.11
1986	74.26	148.89	12.41	5.84	6.57	222.45
1987	121.63	103.69	13.32	6.04	7.28	224.23
1988	124.44	103.37	12.89	6.10	6.79	226.56
1989	125.46	104.07	12.40	6.02	6.38	228.67
1990	126.53	104.20	12.26	6.01	6.25	230.13
1991	130.26	101.35	11.28	5.81	5.47	231.17
1992	170.75	62.18	11.64	5.98	5.66	232.28
1993	172.02	62.38	12.38	6.00	6.38	233.66
1994	175.05	60.22	11.56	5.95	5.61	234.83
1995	176.09	60.30	11.81	6.34	5.47	235.83
1996	174.88	63.09	11.62	6.15	5.47	237.18
1997	176.86	62.11	10.94	5.81	5.13	238.47
1998	177.96	62.17	10.06	6.09	3.97	239.55
1999	178.70	62.65	10.53	5.77	4.76	240.74
2000	180.41	62.19	12.53	6.86	5.67	241.97
2001	181.42	62.15	10.23	5.69	4.54	243.09
2002	200.93	43.22	10.01	5.48	4.53	243.86
2003	188.68	56.15	10.42	5.96	4.46	244.49
2004			11.92	7.70	4.22	245.22
2005			10.15	5.35	4.80	245.59
2006			10.92	6.64	4.28	246.13
2007			10.10	6.21	3.89	247.21
2008			9.94	6.50	3.44	248.30
2009			9.70	6.81	2.89	249.36
2010			10.80	7.25	3.55	250.55
2011			9.91	6.56	3.35	251.90
2012			10.60	6.13	4.47	252.69
2013			10.86	5.77	5.09	253.52
2014			11.95	6.39	5.56	254.94

历年各县市区年末总人口

2—3　　单位：万人

年　　份	全　市	市本级	柯城区	衢江区	江山市	常山县	开化县	龙游县
1949	101.06		8.97	23.07	27.38	13.06	11.43	17.15
1950	110.05		9.82	25.25	29.11	13.10	12.93	19.84
1951	112.41		10.04	25.83	29.61	13.53	13.26	20.14
1952	115.10		10.33	26.58	30.11	13.88	13.54	20.66
1953	117.40		10.72	27.58	30.32	14.03	13.81	20.94
1954	120.09		11.03	28.38	30.51	14.38	14.20	21.59
1955	122.19		11.21	28.83	30.78	14.82	14.41	22.14
1956	125.67		11.66	29.98	31.11	15.24	14.63	23.05
1957	129.84		12.18	31.32	31.61	15.75	15.54	23.44
1958	131.40		12.49	32.10	31.69	15.81	15.67	23.64
1959	137.53		12.84	34.81	31.97	15.66	18.51	23.74
1960	143.30		13.60	34.98	35.82	16.54	20.09	22.27
1961	140.85		13.23	34.02	33.97	17.62	20.22	21.79
1962	144.72		13.56	34.87	34.18	18.01	20.45	23.65
1963	149.46		14.14	35.60	35.50	18.67	20.90	24.65
1964	152.42		13.98	36.23	35.80	19.16	21.85	25.40
1965	157.77		14.31	37.31	37.51	19.83	22.67	26.14
1966	162.94		14.37	38.90	38.75	20.56	23.32	27.04
1967	167.50		15.15	39.59	39.79	21.18	23.93	27.86
1968	171.38		15.29	40.35	40.56	21.77	24.56	28.85
1969	176.36		15.42	41.76	41.61	22.52	25.29	29.76
1970	180.46		15.42	42.44	42.96	23.13	25.25	31.26
1971	185.04		15.82	44.01	44.22	23.77	25.71	31.51
1972	189.10		16.62	44.39	45.16	24.35	26.42	32.16
1973	193.39		16.93	45.23	46.18	25.09	27.03	32.93
1974	196.76		17.47	45.58	47.21	25.43	27.56	33.51
1975	199.93		17.76	46.17	48.07	25.97	28.13	33.83
1976	202.85		17.91	46.72	48.86	26.51	28.61	34.24
1977	205.56		17.77	47.49	49.59	27.00	29.03	34.68
1978	208.22		18.12	47.90	50.06	27.49	29.43	35.22
1979	210.25		18.67	48.07	50.49	27.83	29.82	35.37

注：市本级人口统计在柯城区内，下同。

历年各县市区年末总人口

2—3 续表　　　　　　　　　　　　　　　　　　　　　　　　　　　　　　　　　　单位：万人

年　　份	全　市	市本级	柯城区	衢江区	江山市	常山县	开化县	龙游县
1980	211.87		19.28	48.06	50.80	28.01	30.18	35.54
1981	213.90		19.18	48.60	51.25	28.36	30.54	35.97
1982	216.74		19.44	49.09	51.83	28.84	31.07	36.47
1983	218.97		19.70	49.52	52.28	29.21	31.41	36.85
1984	220.48		19.96	49.94	52.63	29.32	31.50	37.13
1985	221.74		20.73	49.75	52.72	29.53	31.77	37.24
1986	223.15		21.08	49.87	53.04	29.71	32.02	37.43
1987	225.32		21.55	50.11	53.46	29.98	32.45	37.77
1988	227.81		21.92	50.53	53.88	30.35	32.87	38.26
1989	229.53		22.34	50.82	54.00	30.61	33.15	38.61
1990	230.73		22.67	50.97	54.38	30.72	33.26	38.73
1991	231.61		22.92	51.11	54.56	30.88	33.36	38.78
1992	232.93		23.54	51.22	54.83	31.04	33.14	39.16
1993	234.40		24.04	51.49	55.08	31.16	33.28	39.35
1994	235.27		24.37	51.61	55.20	31.30	33.40	39.39
1995	236.39		24.68	51.71	55.44	31.42	33.56	39.58
1996	237.97		25.40	51.94	55.64	31.49	33.71	39.79
1997	238.97		25.70	52.11	56.00	31.53	33.71	39.92
1998	240.13		26.12	52.20	56.17	31.68	33.78	40.18
1999	241.35		26.71	52.27	56.32	31.79	33.89	40.36
2000	242.60		27.30	52.27	56.61	31.96	34.06	40.40
2001	243.57		27.76	52.23	56.79	32.13	34.17	40.49
2002	244.15		40.00	40.00	56.97	32.22	34.28	40.69
2003	244.83		40.40	39.83	57.19	32.33	34.36	40.72
2004	245.61		40.70	39.89	57.69	32.46	34.28	40.59
2005	245.57		40.86	39.60	58.08	32.48	34.50	40.05
2006	246.68		41.11	39.93	58.36	32.55	34.66	40.07
2007	247.74		41.43	40.03	58.67	32.58	34.86	40.17
2008	248.85		41.66	40.17	58.94	32.77	34.99	40.31
2009	249.86		41.87	40.31	59.38	32.93	35.06	40.31
2010	251.24		43.04	39.67	59.86	33.16	35.20	40.31
2011	252.55		43.30	39.89	60.13	33.41	35.43	40.41
2012	252.83		43.34	39.77	60.29	33.58	35.48	40.37
2013	254.21		43.69	39.92	60.69	33.88	35.63	40.40
2014	255.67		43.97	40.16	61.19	34.10	35.82	40.42

历年各县市区年末非农业人口

2—4　　　　单位：万人

年份	全市	市本级	柯城区	衢江区	江山市	常山县	开化县	龙游县
1949	8.89		3.44	0.55	1.45	1.56	0.55	1.34
1950	11.49		3.80	0.69	2.62	1.47	0.57	2.34
1951	10.89		3.87	0.67	2.66	0.81	0.62	2.26
1952	9.72		3.82	0.06	1.68	1.08	0.67	2.41
1953	13.23		4.12	0.67	4.69	0.74	0.79	2.22
1954	13.24		4.36	1.17	4.18	1.13	0.72	1.68
1955	11.57		4.33	0.77	2.41	1.20	0.88	1.98
1956	14.17		4.67	1.49	2.85	1.47	1.03	2.66
1957	16.07		5.03	2.21	2.29	2.13	1.67	2.74
1958	17.85		5.51	3.64	2.53	1.89	1.69	2.59
1959	19.71		4.86	3.99	2.88	1.78	2.11	4.09
1960	27.05		6.30	5.22	6.32	2.50	3.08	3.63
1961	20.80		5.82	3.83	3.62	2.45	2.55	2.53
1962	21.19		5.82	3.31	5.25	1.64	1.85	3.32
1963	17.23		5.97	2.22	3.35	1.83	1.48	2.38
1964	16.63		5.57	1.86	2.65	1.63	1.48	3.44
1965	17.23		5.99	1.71	2.89	1.69	1.49	3.46
1966	16.26		5.58	2.18	2.98	1.78	1.37	2.37
1967	16.96		5.98	2.02	3.08	1.89	1.45	2.54
1968	17.17		6.07	1.81	2.96	1.96	1.43	2.94
1969	16.47		5.91	2.00	2.67	1.94	1.61	2.34
1970	16.75		5.80	2.23	2.83	2.04	1.78	2.07
1971	17.92		5.94	2.70	2.81	2.19	1.84	2.44
1972	18.67		6.56	2.33	3.24	2.09	1.95	2.50
1973	19.11		6.69	2.41	3.16	2.31	1.93	2.61
1974	18.79		7.05	2.03	3.06	2.13	1.89	2.63
1975	18.96		6.91	0.79	3.09	2.23	1.93	4.01
1976	19.18		7.21	1.99	3.17	2.24	1.99	2.58
1977	18.85		6.91	2.08	3.15	2.20	2.00	2.51
1978	19.26		7.19	2.02	3.16	2.35	2.05	2.49
1979	20.65		7.74	2.15	3.42	2.40	2.25	2.69

历年各县市区年末非农业人口

2—4 续表　　单位：万人

年份	全市	市本级	柯城区	衢江区	江山市	常山县	开化县	龙游县
1980	21.10		8.15	1.99	3.58	2.36	2.24	2.78
1981	22.24		8.24	2.30	3.99	2.47	2.34	2.90
1982	23.13		8.33	2.34	4.29	2.47	2.53	3.17
1983	23.61		8.44	2.16	4.42	2.67	2.62	3.30
1984	24.68		8.67	2.34	4.49	2.63	2.65	3.90
1985	27.91		9.65	2.75	5.10	2.95	3.17	4.29
1986	26.99		9.95	2.28	4.65	2.94	3.17	4.00
1987	27.51		10.29	2.24	4.71	2.94	3.23	4.10
1988	28.03		10.57	2.20	4.85	2.95	3.26	4.20
1989	28.72		10.95	2.21	4.90	3.00	3.35	4.31
1990	29.00		11.24	2.03	5.04	3.00	3.34	4.35
1991	29.32		11.44	1.99	5.14	3.03	3.32	4.40
1992	30.93		12.13	2.14	5.50	3.18	3.11	4.87
1993	32.05		12.74	2.15	5.68	3.23	3.18	5.07
1994	32.68		13.19	2.13	5.81	3.30	3.22	5.03
1995	33.69		13.59	2.09	5.99	3.44	3.28	5.30
1996	35.17		14.04	2.10	6.13	3.51	3.45	5.94
1997	36.07		14.38	2.15	6.37	3.57	3.53	6.07
1998	36.86		15.11	2.19	6.55	3.79	3.61	5.61
1999	37.84		15.59	2.16	6.76	3.84	3.75	5.74
2000	39.23		16.02	2.17	7.28	3.98	3.94	5.84
2001	40.63		16.55	2.14	7.80	4.09	4.07	5.98
2002	41.34		17.18	1.77	8.07	4.15	4.09	6.08
2003	41.80		17.21	1.74	8.41	4.19	4.15	6.10
2004	42.35		17.45	1.72	8.69	4.21	4.14	6.14
2005	42.98		17.62	1.85	8.96	4.22	4.14	6.19
2006	50.47		22.44	3.99	9.32	4.23	4.20	6.29
2007	51.24		22.72	4.03	9.59	4.22	4.30	6.38
2008	51.95		22.93	4.07	9.87	4.26	4.37	6.46
2009	52.43		23.16	4.13	9.90	4.33	4.39	6.52
2010	53.16		23.94	3.65	10.10	4.43	4.46	6.57
2011	53.65		24.15	3.70	10.26	4.47	4.46	6.61
2012	53.40		24.13	3.62	10.31	4.45	4.38	6.51
2013	54.74		25.69	3.57	10.30	4.40	4.34	6.43
2014	55.40		26.48	3.60	10.30	4.35	4.31	6.36

历年全市全社会年末从业人员数

2—5 单位：万人

年份	全社会从业人员	第一产业	第二产业	第三产业	从业人员中：职工
1949	37.80	33.32	1.92	2.56	1.67
1950	38.95	34.28	2 20	2.47	1.91
1951	40.00	35.18	2.44	2.38	2.14
1952	42.87	36.74	3.10	3.03	2.69
1953	43.58	37.48	3.49	2.61	3.03
1954	45.57	39.30	4.15	2.12	3.60
1955	46.18	39.61	4.70	1.87	4.08
1956	47.42	39.79	5.85	1.78	5.08
1957	50.77	41.69	6.71	2.37	5.82
1958	54.15	42.18	10.40	1.57	9.02
1959	52.52	40.85	10.44	1.23	9.06
1960	53.82	41.25	11.36	1.21	11.59
1961	51.88	40.42	10.12	1.34	8.77
1962	47.62	38.45	7.64	1.53	6.62
1963	50.43	41.15	7.42	1.86	6.44
1964	53.47	43.39	8.15	1.93	6.63
1965	52.49	42.67	7.79	2.03	6.76
1966	55.93	45.78	8.07	2.08	7.00
1967	57.94	47.29	8.56	2.09	7.43
1968	60.48	49.55	8.80	2.13	7.63
1969	64.36	53.00	9.10	2.26	7.90
1970	68.46	56.07	9.93	2.46	8.61
1971	71.44	58.32	10.65	2.47	9.24
1972	73.70	59.62	11.57	2.51	10.04
1973	75.65	60.77	11.33	3.55	9.83
1974	77.94	63.68	11.65	2.61	10.10
1975	78.96	64.60	11.73	2.63	10.18
1976	80.59	65.41	12.38	2.80	10.74
1977	84.21	67.91	12.75	3.55	11.06
1978	90.48	70.85	15.16	4.47	13.15
1979	92.13	71.50	15.38	5.25	13.34

历年全市全社会年末从业人员数

2—5 续表　　　　单位：万人

年　份	全社会从业人员	第一产业	第二产业	第三产业	从业人员中：职工
1980	93.98	71.79	16.43	5.76	14.25
1981	96.11	74.08	17.48	6.55	14.85
1982	100.66	75.79	17.48	7.39	15.17
1983	104.53	78.30	17.48	8.75	15.16
1984	108.46	79.67	17.97	10.82	15.59
1985	112.60	80.97	18.81	12.82	16.32
1986	116.04	86.50	17.27	12.27	17.21
1987	120.12	84.70	22.47	12.95	18.21
1988	123.61	86.08	23.43	14.10	19.21
1989	126.82	94.20	19.29	13.33	19.07
1990	126.35	88.75	23.52	14.08	19.47
1991	131.08	82.80	23.78	14.50	20.38
1992	133.45	90.42	23.76	19.27	20.64
1993	133.92	85.50	23.37	25.05	21.21
1994	142.06	84.33	28.13	29.60	21.52
1995	146.35	81.84	32.75	31.76	21.26
1996	143.34	83.87	28.50	30.97	20.72
1997	141.59	77.90	31.55	32.14	19.52
1998	141.32	78.63	28.75	33.94	18.05
1999	141.54	77.97	28.13	35.44	16.44
2000	140.57	73.46	27.57	39.54	14.87
2001	140.04	70.69	28.65	40.70	13.38
2002	121.18	66.23	29.13	25.82	12.32
2003	120.34	62.45	30.35	27.54	12.23
2004	124.30	61.17	33.43	29.70	13.36
2005	125.46	60.01	34.45	31.00	12.84
2006	119.49	55.70	35.16	28.63	13.04
2007	120.97	55.20	35.42	30.35	13.62
2008	122.56	55.05	35.34	32.17	13.77
2009	125.31	54.99	36.31	34.01	14.66
2010	128.13	55.12	37.13	35.88	15.38
2011	131.30	54.24	39.12	37.94	16.41
2012	133.35	53.12	40.17	40.06	16.93
2013	133.60	53.22	40.25	40.14	19.60
2014	134.16	52.66	40.22	41.28	19.68

注：1、2002 年起按常住人口统计。

2、2006 年-2009 年已根据市六次人口普查有关数据作调整。

历年全市常住人口情况

2—6

年　　份	总　人　口 (万人)	按城乡划分分（万人）	
		城镇人口	乡村人口
1990（四普）	226.02	49.23	176.79
2000（五普）	212.93	62.96	149.97
2006	214.40	83.19	131.21
2007	213.90	86.22	127.68
2008	213.60	87.56	126.04
2009	213.30	87.67	125.63
2010	212.27	93.68	118.59
2011	211.90	94.93	116.97
2012	212.00	98.79	113.21
2013	212.40	101.32	111.08
2014	212.40	104.08	108.32

各县市区年末总户数和总人口数

2—7

(2014 年)

年　　份	总户数(万户)	总人口(万人)	按性别分(人)		按农业与非农业人口分(万人)	
			男性	女性	农业人口	非农业人口
全　　市	**90.22**	**255.67**	**1310902**	**1245825**	**200.27**	**55.40**
市　　区	31.98	84.13	428951	412342	54.05	30.08
#:柯城区	17.47	43.97	222360	217366	17.49	26.48
衢江区	14.52	40.16	206591	194976	36.56	3.60
江山市	19.84	61.19	314949	296980	50.89	10.30
常山县	10.87	34.10	177037	163999	29.75	4.35
开化县	11.52	35.82	184897	173338	31.51	4.31
龙游县	16.01	40.42	205068	199166	34.07	6.36

各县市区年末人口自然变动情况

2—8

(2014 年)

年　　份	出生人数(人)	出生率(‰)	死亡人数(人)	死亡率(‰)	自然增长人数(人)	自然增长率(‰)
全　　市	**30468**	**11.95**	**16303**	**6.39**	**14165**	**5.56**
市　　区	9458	11.28	4770	5.69	4688	5.59
#:柯城区	4588	10.47	1972	4.50	2616	5.97
衢江区	4870	12.16	2798	6.99	2072	5.18
江山市	8153	13.38	3843	6.31	4310	7.07
常山县	4833	14.22	2600	7.65	2233	6.57
开化县	4209	11.78	2135	5.98	2074	5.80
龙游县	3815	9.44	2955	7.31	860	2.13

各县市区分行业城镇单位(不含私营)在岗职工年末人数

2—9 续表　　(2014 年)　　单位：人

行　业　名　称	江 山 市	常 山 县	开 化 县	龙 游 县
总　　计	**26635**	**14273**	**13391**	**32289**
一、按机构类型分组				
1、企业	13465	6059	5235	21100
2、事业	7278	4863	5087	6063
3、机关	3915	3291	3018	4681
4、民间非营利组织	148	5	1	208
5、其他	1829	55	50	237
二、按国民经济行业分组				
1、农林牧渔业	4	0	242	
2、采矿业		0	0	326
3、制造业	9106	1896	2115	12626
4、电力煤气及水的生产和供应业	1281	399	480	583
5、建筑业	992	2180	797	4412
6、批发和零售业	259	163	208	1064
其中：零售业	104	102	34	697
7、交通运输、仓储和邮政业	56	239	635	699
8、住宿和餐饮业	395	742	35	
9、信息传输、软件和信息技术服务业	11	98	7	45
10、金融业	632	313	370	545
其中：银行业	632	313	356	545
11、房地产业	75	67	99	58
12、租赁与商务服务业	202	207	185	732
13、科学研究技术服务与地质勘查	344	176	95	325
14、水利环境和公共设施管理业	269	132	173	163
15、居民服务和其他服务业	17	11	7	33
16、教育	4937	2473	2586	3454
其中：初等教育	2238	1192	1285	1533
中等教育	2412	1153	1146	1783
17、卫生社会保障和社会福利业	2665	1285	1541	1695
其中：卫生	2638	1263	1516	1680
18、文化体育与娱乐业	279	187	245	172
19、公共管理与社会组织	5111	3705	3571	5357

各县市区分行业城镇国有单位在岗职工年末人数

2—10　　(2014年)　　单位：人

行业名称	全市	市本级	柯城区	衢江区
总　计	**80154**	**12984**	**15091**	**9940**
一、按机构类型分组				
1、企业	12348	3945	3402	112
2、事业	40019	3902	9219	4788
3、机关	27481	5117	2419	5040
4、民间非营利组织	57		3	
5、其他	249	20	48	
二、按国民经济行业分组				
1、农林牧渔业	246			
2、采矿业	0			
3、制造业	314			34
4、电力煤气及水的生产和供应业	3540	1428		46
5、建筑业	11			
6、批发和零售业	1145		734	
其中：零售业	0			
7、交通运输、仓储和邮政业	2092	1100	195	275
8、住宿和餐饮业	278		243	
9、信息传输、软件和信息技术服务业	159		103	
10、金融业	2236	1735	54	
其中：银行业	2236	1735	54	
11、房地产业	279	39	69	
12、租赁与商务服务业	2034		1065	
13、科学研究技术服务与地质勘查	1602		668	111
14、水利环境和公共设施管理业	941	28	403	64
15、居民服务和其他服务业	93		0	26
16、教育	20261	2786	3376	3002
其中：初等教育	8541	371	1454	1233
中等教育	9291	1288	1286	1608
17、卫生社会保障和社会福利业	12026	8	4695	955
其中：卫生	11863		4643	941
18、文化体育与娱乐业	1568	408	473	31
19、公共管理与社会组织	31329	5452	3013	5396

各县市区分行业城镇国有单位在岗职工年末人数

2—10 续表　　(2014 年)　　单位：人

行业名称	江山市	常山县	开化县	龙游县
总计	**12045**	**8146**	**9045**	**12903**
一、按机构类型分组				
1、企业	1338	448	1044	2059
2、事业	6739	4402	4983	5986
3、机关	3915	3291	3018	4681
4、民间非营利组织	0	5		49
5、其他	53			128
二、按国民经济行业分组				
1、农林牧渔业	4		242	0
2、采矿业				0
3、制造业			88	192
4、电力煤气及水的生产和供应业	874	347	416	429
5、建筑业		11		0
6、批发和零售业	87	8	83	233
其中：零售业		0		
7、交通运输、仓储和邮政业		169	165	188
8、住宿和餐饮业			35	0
9、信息传输、软件和信息技术服务业	11			45
10、金融业				447
其中：银行业				447
11、房地产业	75	33	47	16
12、租赁与商务服务业	141	113		715
13、科学研究技术服务与地质勘查	323	176	95	229
14、水利环境和公共设施管理业	132	132	99	83
15、居民服务和其他服务业	16	11	7	33
16、教育	3077	2334	2482	3204
其中：初等教育	1620	1192	1181	1490
中等教育	1325	1014	1146	1624
17、卫生社会保障和社会福利业	2178	975	1541	1674
其中：卫生	2151	953	1516	1659
18、文化体育与娱乐业	125	187	225	119
19、公共管理与社会组织	5002	3650	3520	5296

各县市区分行业城镇集体单位在岗职工年末人数

2—11　　(2014年)　　单位：人

行业名称	全市	市本级	柯城区	衢江区
总计	**1810**		**181**	**148**
一、按机构类型分组				
1、企业	1053		141	7
2、事业	525		40	
3、机关	0			
4、民间非营利组织	0			
5、其他	232			141
二、按国民经济行业分组				
1、农林牧渔业				
2、采矿业				
3、制造业				
4、电力煤气及水的生产和供应业				
5、建筑业	63			
6、批发和零售业	24			7
其中：零售业				
7、交通运输、仓储和邮政业	163		136	
8、住宿和餐饮业				
9、信息传输、软件和信息技术服务业				
10、金融业	637			
其中：银行业	637			
11、房地产业	23			
12、租赁与商务服务业	40		5	
13、科学研究技术服务与地质勘查	96			
14、水利环境和公共设施管理业	19			
15、居民服务和其他服务业				
16、教育	134			
其中：初等教育	43			
中等教育				
17、卫生社会保障和社会福利业	611		40	141
其中：卫生	611		40	141
18、文化体育与娱乐业				
19、公共管理与社会组织				

各县市区分行业城镇集体单位在岗职工年末人数

2—11 续表　　(2014 年)　　单位：人

行业名称	江山市	常山县	开化县	龙游县
总　计	**317**	**643**	**356**	**165**
一、按机构类型分组				
1、企业	127	321	356	101
2、事业	99	322		64
3、机关				
4、民间非营利组织				
5、其他	91			
二、按国民经济行业分组				
1、农林牧渔业				
2、采矿业				
3、制造业				
4、电力煤气及水的生产和供应业				
5、建筑业	63			
6、批发和零售业		5	12	
其中：零售业			0	
7、交通运输、仓储和邮政业	22			5
8、住宿和餐饮业				
9、信息传输、软件和信息技术服务业				
10、金融业		293	344	
其中：银行业		293	344	
11、房地产业		23		
12、租赁与商务服务业	23	12		
13、科学研究技术服务与地质勘查				96
14、水利环境和公共设施管理业	19			
15、居民服务和其他服务业				
16、教育	91			43
其中：初等教育				43
中等教育				
17、卫生社会保障和社会福利业	99	310		21
其中：卫生	99	310		21
18、文化体育与娱乐业				
19、公共管理与社会组织				

各县市区分行业城镇其他单位(不含私营)在岗职工年末人数

2—12　　(2014年)　　单位：人

行业名称	全市	市本级	柯城区	衢江区
总计	**107707**	**44496**	**14946**	**5297**
一、按机构类型分组				
1、企业	104324	44202	14800	5257
2、事业	864	99	69	
3、机关		0		
4、民间非营利组织	508	195	5	
5、其他	2011	0	72	40
二、按国民经济行业分组				
1、农林牧渔业				
2、采矿业	326			
3、制造业	66304	36709	1062	3070
4、电力煤气及水的生产和供应业	1201	493		31
5、建筑业	15228		6888	33
6、批发和零售业	4875		3165	444
其中：零售业	2813		1531	345
7、交通运输、仓储和邮政业	3463		1279	1104
8、住宿和餐饮业	1717		580	
9、信息传输、软件和信息技术服务业	2105	1808	169	23
10、金融业	6790	5094	434	486
其中：银行业	4701	3027	426	486
11、房地产业	336	98	53	80
12、租赁与商务服务业	615		280	13
13、科学研究技术服务与地质勘查	658		637	
14、水利环境和公共设施管理业	467		195	
15、居民服务和其他服务业	1			
16、教育	2513	294		
其中：初等教育	722			
中等教育	1679	294		
17、卫生社会保障和社会福利业	473		85	
其中：卫生	468		80	
18、文化体育与娱乐业	274		47	
19、公共管理与社会组织	361		72	13

各县市区分行业城镇其他单位(不含私营)在岗职工年末人数

2—12 续表　　(2014 年)　　单位：人

行业名称	江山市	常山县	开化县	龙游县
总计	**14273**	**5484**	**3990**	**19221**
一、按机构类型分组				
1、企业	12000	5290	3835	18940
2、事业	440	139	104	13
3、机关		0	0	0
4、民间非营利组织	148	0	1	159
5、其他	1685	55	50	109
二、按国民经济行业分组				
1、农林牧渔业				
2、采矿业				326
3、制造业	9106	1896	2027	12434
4、电力煤气及水的生产和供应业	407	52	64	154
5、建筑业	929	2169	797	4412
6、批发和零售业	172	150	113	831
其中：零售业	104	102	34	697
7、交通运输、仓储和邮政业	34	70	470	506
8、住宿和餐饮业	395	742		
9、信息传输、软件和信息技术服务业		98	7	
10、金融业	632	20	26	98
其中：银行业	632	20	12	98
11、房地产业		11	52	42
12、租赁与商务服务业	38	82	185	17
13、科学研究技术服务与地质勘查	21			
14、水利环境和公共设施管理业	118		74	80
15、居民服务和其他服务业	1			
16、教育	1769	139	104	207
其中：初等教育	618		104	
中等教育	1087	139	0	159
17、卫生社会保障和社会福利业	388			
其中：卫生	388			
18、文化体育与娱乐业	154		20	53
19、公共管理与社会组织	109	55	51	61

各县市区分行业私营单位在岗职工年末人数

2—13　(2014年)　单位：人

行业名称	全市	市本级	柯城区	衢江区
总计	**224740**	**16828**	**30686**	**23131**
二、按国民经济行业分组				
1、农林牧渔业	5			
2、采矿业	75			45
3、制造业	83064	9759	3994	10866
4、电力煤气及水的生产和供应业	590		12	305
5、建筑业	121138	6389	21932	10082
6、批发和零售业	7196		2363	852
其中：零售业	4814		1136	495
7、交通运输、仓储和邮政业	3275		361	381
8、住宿和餐饮业	1894		839	125
9、信息传输、软件和信息技术服务业	38		15	
10、金融业	234		22	33
其中：银行业	207		22	23
11、房地产业	2972	680	504	363
12、租赁与商务服务业	1321		233	61
13、科学研究技术服务与地质勘查	326		108	
14、水利环境和公共设施管理业	1320			
15、居民服务和其他服务业	409		114	18
16、教育	296		55	
其中：初等教育				
中等教育	105		55	
17、卫生社会保障和社会福利业	386		76	
其中：卫生	386		76	
18、文化体育与娱乐业	201		58	
19、公共管理与社会组织				

注：本表“私营单位”包括规模以上（限额以上）加规模以下（限额以下）100人以上私营单位。

各县市区分行业私营单位在岗职工年末人数

2—13 续表　　(2014 年)　　单位：人

行业名称	江山市	常山县	开化县	龙游县
总　　计	**56870**	**27374**	**32933**	**36918**
二、按国民经济行业分组				
1、农林牧渔业	5			
2、采矿业				30
3、制造业	23020	12178	5449	17798
4、电力煤气及水的生产和供应业	25	186		62
5、建筑业	27802	12850	25523	16560
6、批发和零售业	1906	753	631	691
其中：零售业	1553	582	577	471
7、交通运输、仓储和邮政业	1734	565	51	183
8、住宿和餐饮业	83		397	450
9、信息传输、软件和信息技术服务业	17		6	
10、金融业	43	95	34	7
其中：银行业	43	95	17	7
11、房地产业	607	245	211	362
12、租赁与商务服务业	210	331	26	460
13、科学研究技术服务与地质勘查	139		42	37
14、水利环境和公共设施管理业	793		354	173
15、居民服务和其他服务业	131		94	52
16、教育	105	73	63	
其中：初等教育				
中等教育		50		
17、卫生社会保障和社会福利业	159	98		53
其中：卫生	159	98		53
18、文化体育与娱乐业	91		52	
19、公共管理与社会组织				

注：本表“私营单位”包括规模以上（限额以上）加规模以下（限额以下）100 人以上私营单位。

各县市区分行业城镇单位(不含私营)在岗职工年末人数

2—9　　(2014年)　　单位：人

行业名称	全市	市本级	柯城区	衢江区
总计	**189671**	**57480**	**30218**	**15385**
一、按机构类型分组				
1、企业	117725	48147	18343	5376
2、事业	41408	4001	9328	4788
3、机关	27481	5117	2419	5040
4、民间非营利组织	565	195	8	0
5、其他	2492	20	120	181
二、按国民经济行业分组				
1、农林牧渔业	246	0	0	0
2、采矿业	326	0	0	0
3、制造业	66618	36709	1062	3104
4、电力煤气及水的生产和供应业	4741	1921	0	77
5、建筑业	15302	0	6888	33
6、批发和零售业	6044	0	3899	451
其中：零售业	2813	0	1531	345
7、交通运输、仓储和邮政业	5718	1100	1610	1379
8、住宿和餐饮业	1995	0	823	0
9、信息传输、软件和信息技术服务业	2264	1808	272	23
10、金融业	9663	6829	488	486
其中：银行业	7574	4762	480	486
11、房地产业	638	137	122	80
12、租赁与商务服务业	2689	0	1350	13
13、科学研究技术服务与地质勘查	2356	0	1305	111
14、水利环境和公共设施管理业	1427	28	598	64
15、居民服务和其他服务业	94	0	0	26
16、教育	22908	3080	3376	3002
其中：初等教育	9306	371	1454	1233
中等教育	10970	1582	1286	1608
17、卫生社会保障和社会福利业	13110	8	4820	1096
其中：卫生	12942	0	4763	1082
18、文化体育与娱乐业	1842	408	520	31
19、公共管理与社会组织	31690	5452	3085	5409

各县市区城镇单位(不含私营)工业、建筑业企业在岗职工年末人数

2—14　(2014 年)　单位：人

行业名称	全市	市本级	柯城区	衢江区
总计	**189671**	**57480**	**30218**	**15385**
一、采矿业	326			
有色金属矿采选业	0			
二、制造业	66618	36709	1062	3104
农副食品加工业	642			67
食品制造业	336		68	56
酒、饮料和精制茶制造业	1776	1064		172
纺织业	4502	883		47
纺织服装、服饰业	3853	3043		
皮革毛皮羽绒及其制品业	980	980		
木材加工及木竹藤棕草制品业	344	43		
家具制造业	1914		341	
造纸及纸品业	2724	163		1030
印刷业、记录媒介的复制	308		80	
文教、美工、体育和娱乐用品制造业	461			201
化学原料及化学制品制造业	18603	15369	151	32
医药制造业	767	174		148
化学纤维制造业	246			
橡胶和塑料制品业	256	27	23	116
非金属矿物制品业	5282	216	240	150

各县市区城镇单位(不含私营)工业、建筑业企业在岗职工年末人数

2—14 续表 1　　(2014 年)　　单位：人

行　业　名　称	江山市	常山县	开化县	龙游县
总　计	**26635**	**14273**	**13391**	**32289**
一、采矿业				326
有色金属矿采选业				
二、制造业	9106	1896	2115	12626
农副食品加工业	81		51	443
食品制造业	73			139
酒、饮料和精制茶制造业	220		320	
纺织业	1399	126		2047
纺织服装、服饰业	128	53		629
皮革毛皮羽绒及其制品业				
木材加工及木竹藤棕草制品业	251			50
家具制造业		268		1305
造纸及纸品业				1531
印刷业、记录媒介的复制				228
文教、美工、体育和娱乐用品制造业	32			228
化学原料及化学制品制造业	1336	141	1216	358
医药制造业			445	
化学纤维制造业				246
橡胶和塑料制品业			20	70
非金属矿物制品业	1897	700		2079

各县市区城镇单位(不含私营)工业、建筑业企业在岗职工年末人数

2—14 续表 2　　　　(2014 年)　　　　单位：人

行业名称	全市	市本级	柯城区	衢江区
黑色金属冶炼及压延加工业	8186	7718		258
有色金属冶炼及压延加工业	1448	1261	94	
金属制品业	1145			85
通用设备制造业	5410	4382		409
专用设备制造业	1177	660		
汽车制造业	119			65
铁路、船舶、航空航天和其他运输设备制造业	111			111
电气机械及器材制造业	4155	522	65	47
计算机、通信和其他电子设备制造业	1184	204		110
仪器仪表及文化、办公用机械制造业	93			
其他制造业	497			
废弃资源综合利用业	99			
三、电力煤气热水的生产和供应业	4741	1921		77
电力、热力生产和供应业	3890	1509		31
燃气生产和供应业	82	82		
水的生产和供应业	769	330		46
四、建筑业	15302		6888	33
房屋建筑业	8776		5446	
土木工程建筑业	3517		1390	33
建筑安装业	501			
建筑装饰和其他建筑业	2508		52	

各县市区城镇单位(不含私营)工业、建筑业企业在岗职工年末人数

2—14 续表 3　　(2014 年)　　单位：人

行业名称	江山市	常山县	开化县	龙游县
黑色金属冶炼及压延加工业		44		166
有色金属冶炼及压延加工业		37		56
金属制品业				1060
通用设备制造业	92	527		
专用设备制造业				517
汽车制造业				54
铁路、船舶、航空航天和其他运输设备制造业				
电气机械及器材制造业	3405		63	53
计算机、通信和其他电子设备制造业	85			785
仪器仪表及文化、办公用机械制造业	93			
其他制造业				497
废弃资源综合利用业	14			85
三、电力煤气热水的生产和供应业	1281	399	480	583
电力、热力生产和供应业	1084	347	416	503
燃气生产和供应业				
水的生产和供应业	197	52	64	80
四、建筑业	992	2180	797	4412
房屋建筑业		36		3294
土木工程建筑业	992	202		900
建筑安装业		97	186	218
建筑装饰和其他建筑业		1845	611	

二、人口与劳动力主要统计指标解释

人口数：指一定时点全市行政管辖范围内的有生命的个人的总和。年度统计的年末人口数是指 12 月 31 日 24 时常住户口和未落户口的人口数。

出生率（又称粗出生率）：指一定时期内（通常为一年）平均每千人所出生的人数的比率，一般以千分率表示。计算公式：

出生率=全年出生人数/年平均人数×1000‰

出生人数指活产婴儿，即胎儿脱离母体时（不管怀孕月数），有过呼吸或其他生命现象。

年平均人数是年初、年未人口数的平均数，也可用年中人口数代替。

死亡率（又称粗死亡率）：指一定时期内（通常为一年）一定地区的死亡人数与同期平均人数（或期中人数）之比，一般以千分率表示。计算公式：

死亡率=全年死亡人数/年平均人数×1000‰

人口自然增长率=指一定时期内（通常为一年）人口自然增加数（出生人数减死亡人数）与该时期平均人数（或期中人数）之比，一般以千分率表示。计算公式：人口自然增长率=（年内出生人数一年内死亡人数）/年平均人数×1000‰。或：

人口自然增长率=人口出生率一人口死亡率

人口密度：指在一定时点一定地区的人口数与该地区的面积数之比，即一定时点的单位土地面积上的人口数，通常以每平方公里的居民人数来表示。计算公式：

人口密度=人口数/土地面积数

从业人员：指从事一定社会劳动并取得劳动报酬或经营收入的人员。包括国有经济单位、城镇集体经济单位、其他各种经济类型单位的全部职工，再就业的离退休人员，私营业主，个体户主，私营和个体从业人员，乡镇企业从业人员，农村从事农业或家庭经营副业其收入相当于当地一个从业人员最低收入水平或参加社会劳动累计在三个月以上的乡、村从业人员，其他从业人员（包括民办教师、宗教职业者，现役军人等）。单位从业人员。是指在各级国家机关、政党机关、社会团体及企业、事业单位中工作，并取得劳动报酬的全部人员。包括：在岗职工、再就业的离退休人员、民办教师以及在各单位中工作的外方人员和港澳台方人员、兼职人员、聘用的外单位下岗人员、借用的外单位人员和第二职业者。不包括离开本单位仍保留劳动关系的职工。

在岗职工：是指在本单位工作并由单位支付劳动报酬的职工。包括由单位派出学习、劳务及病伤产假且仍由单位支付劳动报酬的人员。

第三篇　农　　业

历年各县市区耕地面积

3—1　　　　　　　　　　　　　　　　　　　　单位：千公顷

年份	全市	市本级	柯城区	衢江区	江山市	常山县	开化县	龙游县
1949	117.19	10.00		30.01	26.26	12.24	14.25	24.43
1950	125.54	10.00		30.01	26.29	14.07	14.23	30.94
1951	125.85	9.69		29.08	26.26	14.23	14.82	31.77
1952	125.46	9.79		29.39	26.28	13.91	14.76	31.33
1953	125.51	9.81		29.43	26.46	13.53	14.74	31.54
1954	125.16	9.77		29.33	26.25	13.51	14.87	31.43
1955	125.23	9.85		29.55	26.53	13.75	14.69	30.86
1956	126.80	10.31		30.91	26.28	13.81	14.63	30.86
1957	126.50	10.31		30.83	26.22	13.63	14.75	30.76
1958	122.31	9.63		28.87	24.91	13.56	14.49	30.85
1959	115.40	9.19		27.57	24.76	12.11	14.32	27.45
1960	112.24	8.77		26.32	24.65	12.07	14.36	26.07
1961	112.30	8.77		26.30	24.69	12.15	14.22	26.17
1962	114.75	8.94		26.82	25.32	12.33	14.83	26.51
1963	114.01	8.78		26.35	25.03	12.33	14.56	26.96
1964	113.07	8.87		26.61	24.64	12.29	14.63	26.03
1965	112.41	8.72		26.14	24.44	12.21	14.59	26.31
1966	108.53	8.42		25.27	23.77	12.11	14.22	24.74
1967	108.89	8.42		25.25	24.37	12.07	14.07	24.71
1968	109.33	8.51		25.53	24.33	11.95	14.14	24.87
1969	106.92	8.29		24.85	24.09	11.81	13.77	24.11
1970	107.00	8.26		24.77	24.14	11.88	13.82	24.13
1971	106.63	8.26		24.75	23.97	11.85	13.80	24.00
1972	106.28	8.17		24.53	23.92	11.85	13.82	23.99
1973	106.54	8.25		24.73	23.89	11.85	13.83	23.99
1974	106.60	8.25		24.77	23.90	11.86	13.83	23.99
1975	106.36	8.18		24.54	23.94	11.87	13.84	23.99
1976	106.38	8.19		24.55	23.97	11.87	13.81	23.99
1977	106.47	8.20		24.59	24.00	11.87	13.84	23.97
1978	106.16	8.35		24.09	24.09	11.86	13.83	23.94
1979	106.03	8.32		24.08	24.02	11.84	13.76	24.01

历年各县市区耕地面积

3—1 续表　　　　　　单位：千公顷

年　份	全　市	市本级	柯城区	衢江区	江山市	常山县	开化县	龙游县
1980	105.60	8.30		24.00	23.78	11.82	13.69	24.01
1981	105.57	8.30		24.00	23.74	11.81	13.67	24.05
1982	105.46	8.27		23.96	23.72	11.79	13.66	24.06
1983	105.30	8.22		23.96	23.71	11.79	13.63	23.99
1984	104.86	8.15		23.96	23.65	11.79	13.52	23.79
1985	102.70	1.22	6.57	23.37	23.31	11.55	13.25	23.43
1986	101.85	1.16	6.44	23.13	23.19	11.51	13.15	23.27
1987	101.58	1.16	6.37	23.08	23.21	11.51	13.10	23.15
1988	101.30	1.14	6.33	23.00	23.21	11.49	13.09	23.04
1989	101.15	1.13	6.25	22.95	23.23	11.46	13.11	23.02
1990	100.35	1.12	6.13	22.30	23.29	11.48	13.08	22.95
1991	100.44	1.13	6.09	22.30	23.46	11.49	13.10	22.87
1992	99.23	1.09	5.86	21.53	23.58	11.47	13.05	22.65
1993	98.39	1.06	5.87	21.06	23.61	11.41	12.96	22.42
1994	97.19	1.02	5.70	20.50	23.48	11.34	12.90	22.25
1995	97.36	1.10	5.64	20.49	23.43	11.30	12.89	22.51
1996	97.59	1.10	5.60	20.59	23.46	11.29	12.89	22.66
1997	97.79	1.46	5.24	20.62	23.47	11.33	12.92	22.75
1998	97.81	1.45	5.16	20.62	23.56	11.36	12.89	22.77
1999	97.57	1.43	5.23	20.43	23.38	11.34	12.89	22.87
2000	98.28	1.35	5.36	20.36	23.57	11.31	12.94	23.39
2001	98.9	1.3	5.66	20.38	23.46	11.54	12.9	23.66
2002	100.47	1.39	9.11	17.3	23.58	12.13	12.92	24.04
2003	100.66	1.38	9.06	17.37	23.84	12.23	12.92	23.85
2004	100.73	1.38	9.06	17.38	23.85	12.26	12.95	23.85
2005	101.76	1.49	9.16	17.34	24.29	12.34	13.01	24.13
2006	102.39	1.47	9.14	17.43	24.29	12.34	13.01	24.13
2007	103.87	1.46	9.44	17.96	24.55	12.47	13.36	24.63

注：柯城区 1949—1984 年耕地面积统计在市本级内。耕地面积统计到 2007 年为止。

历年全市农林牧渔业总产值

3—2 (当年价) 单位：万元

指　　标	合　　计	农　　业	林　　业	牧　　业	渔　　业
1949	7426	5441	555	1338	92
1950	8452	6300	638	1413	101
1951	9545	7364	703	1382	96
1952	10879	8181	897	1700	101
1953	9942	7294	929	1623	96
1954	10625	7800	1094	1631	100
1955	10368	7786	1114	1362	106
1956	10559	7832	1102	1522	103
1957	10768	7720	1365	1545	138
1958	11775	8166	1772	1673	164
1959	13502	9755	2037	1553	157
1960	11331	8243	1684	1163	241
1961	12396	9223	1456	1531	186
1962	13814	9913	1834	1815	252
1963	17065	11978	2198	2711	178
1964	17407	11533	2383	3360	131
1965	18961	12396	2434	3968	163
1966	22049	14697	2294	4858	200
1967	20108	12547	2377	5031	153
1968	22477	15447	2300	4570	160
1969	23878	16523	2235	4953	167
1970	26559	18073	2388	5888	210
1971	29620	19333	2281	7855	151
1972	32595	21689	3101	7622	183
1973	32893	22154	2431	8156	152
1974	34371	23211	2698	8342	120
1975	35113	23621	2550	8776	166
1976	35591	24890	2128	8436	137
1977	39177	27994	2307	8716	160
1978	45579	31756	3213	10455	155
1979	59161	40553	4402	13993	213

历年全市农林牧渔业总产值

3—2 续表　　（当年价）　　单位：万元

指　　标	合　　计	农　　业	林　　业	牧　　业	渔　　业
1980	59150	39644	4126	15121	259
1981	63094	43151	5278	14413	252
1982	74535	53987	4754	15481	313
1983	73672	52287	4565	16471	349
1984	87807	62506	6431	18344	526
1985	100860	67563	7609	24797	891
1986	105072	69351	6573	28141	1007
1987	122529	82559	8199	30549	1222
1988	142224	87279	11308	41852	1785
1989	162625	99354	12947	47839	2485
1990	189617	122548	12913	51531	2625
1991	200839	129660	15472	52106	3601
1992	193002	113813	16624	58490	4075
1993	246463	156443	21792	63271	4957
1994	375235	238207	29125	101158	6745
1995	459619	299693	36470	115117	8339
1996	511347	341657	35856	123938	9896
1997	511018	331428	38201	130830	10559
1998	517031	319062	35459	151212	11298
1999	512666	325421	38943	135350	12952
2000	502553	296454	38988	152145	14966
2001	538205	313093	45214	163552	16346
2002	541151	297665	48758	175887	18841
2003	594850	323597	48029	199525	23699
2004	673262	368728	49227	225033	26951
2005	735447	400835	56391	242874	29707
2006	780322	448315	62844	230896	32323
2007	857952	441264	70602	314776	25005
2008	963383	449296	77833	399445	29978
2009	1011307	484185	72367	414161	33789
2010	1092264	515743	82795	446400	38174
2011	1298813	578492	98222	566944	45449
2012	1352001	612959	104932	572062	51715
2013	1401744	642881	110767	578457	58034
2014	1386674	676946	112315	521433	62754

历年各县市区农林牧渔业总产值

3—3　　（当年价）　　单位：万元

年　份	全　市	市本级	柯城区	衢江区	江山市	常山县	开化县	龙游县
1949	7426	534		1645	2093	893	928	1333
1950	8452	615		1900	2396	1069	977	1495
1951	9545	694		2145	2487	1230	1073	1916
1952	10879	795		2456	2881	1467	1255	2025
1953	9942	710		2195	2748	1285	1284	1720
1954	10625	756		2332	2775	1437	1249	2076
1955	10368	741		2288	2742	1324	1179	2094
1956	10559	724		2238	2912	1506	1266	1913
1957	10768	764		2357	2776	1327	1407	2137
1958	11775	766		2366	3088	1377	1601	2577
1959	13502	789		2439	3412	1430	1932	3500
1960	11331	754		2271	3520	1255	1729	1802
1961	12396	821		2467	4009	1376	2099	1624
1962	13814	971		2897	4075	1602	2536	1733
1963	17065	1129		3437	4887	2395	3065	2152
1964	17407	1175		3640	4756	2388	3076	2372
1965	18961	1178		3601	5352	2439	2978	3413
1966	22049	1520		4660	7367	2562	2951	2989
1967	20108	1341		4212	6697	2280	2891	2687
1968	22477	1509		4685	7704	2484	3182	2913
1969	23878	1605		4968	8358	2288	3507	3152
1970	26559	1765		5449	8979	2360	4705	3301
1971	29620	2233		6854	7950	3286	4361	4936
1972	32595	2349		7378	8976	3776	4709	5407
1973	32893	2339		7353	9142	3922	4538	5599
1974	34371	2502		7888	9069	4028	4907	5977
1975	35113	2828		8867	9127	3723	4716	5852
1976	35591	3203		9931	8436	3423	4911	5687
1977	39177	3585		11163	9313	3997	5194	5925
1978	45579	3908		12252	10649	5825	5883	7062
1979	59161	4924		15501	14911	7119	8124	8582

注：柯城区 1949—1985 年农业总产值统计在市本级内。

历年各县市区农林牧渔业总产值

3—3 续表　　(当年价)　　单位：万元

年　份	全　市	市本级	柯城区	衢江区	江山市	常山县	开化县	龙游县
1980	59150	4840		15308	15518	6091	7546	9847
1981	63094	4804		15535	16020	6502	9116	11117
1982	74535	5911		18527	16319	8208	10759	14811
1983	73672	5285		16576	17343	8677	10568	15223
1984	87807	6928		19871	19656	10184	16479	14689
1985	100860	1080	6576	25723	21508	11558	18065	16350
1986	105072	1057	6822	25538	24593	11121	18729	17212
1987	122529	1205	8590	29158	29012	14087	21755	18722
1988	142224	1166	9181	33162	38100	15518	24237	20860
1989	162625	1228	11946	36299	41401	20901	27145	23705
1990	189617	1563	13128	47537	45708	23239	30006	28436
1991	200839	1694	13258	50836	48152	25599	30854	30446
1992	193002	1803	10439	41154	50846	26199	31237	31324
1993	246463	2027	15077	57968	55884	33128	39038	43341
1994	375235	3377	22771	91349	81676	49704	62467	63891
1995	459619	3320	30792	105050	110001	62685	70148	77623
1996	511347	3174	33542	124259	119252	68756	73960	88404
1997	511018	5475	29020	127681	124509	69025	73434	81874
1998	517031	5301	27008	130602	131532	64278	73396	84914
1999	512666	5456	26495	124037	133510	59031	74171	88966
2000	502553	4882	24986	117036	134845	51699	77238	91867
2001	538205	4755	28605	137181	135737	55191	80727	96009
2002	541151	4335	60713	125549	143187	46570	74595	86202
2003	594850	3543	70100	140696	150845	51486	78642	99538
2004	673262	3893	81255	159690	170402	60931	86903	110188
2005	735447	6986	84217	171062	189186	67496	96454	120046
2006	780322	6912	89533	180091	198496	75262	102993	127035
2007	857952	6534	97763	205126	219886	80214	107981	140448
2008	963383	7658	91952	238300	248607	84783	126290	165793
2009	1011307	6013	97194	248625	266037	88417	131561	173460
2010	1092264	5852	105019	269264	287307	94606	142880	187336
2011	1298813	5306	124460	328886	342518	110357	163065	224221
2012	1352001	5951	130170	343954	352919	115994	167711	235302
2013	1401744	4843	136804	354459	366203	120408	174296	244731
2014	1386674	3051	120114	355387	368176	121775	177482	240689

历年各县市区农林牧渔业总产值

3—4　　（可比价）　　单位：万元

年　　份	全　市	市本级	柯城区	衢江区	江山市	常山县	开化县	龙游县
1949	12056	963		2969	1983	1572	1669	2900
1950	13617	1100		3397	2250	1892	1717	3261
1951	15698	1250		3865	2353	2216	1847	4167
1952	17445	1399		4320	2661	2556	2126	4383
1953	16015	1269		3923	2580	2282	2222	3739
1954	17445	1365		4214	2633	2544	2185	4504
1955	17105	1348		4164	2620	2395	2024	4554
1956	17189	1313		4058	2772	2717	2169	4160
1957	18719	1483		4577	2831	2572	2631	4625
1958	19392	1419		4381	3004	2491	2763	5334
1959	21667	1433		4430	3255	2555	3406	6588
1960	17593	1327		3996	3254	2316	2969	3731
1961	16859	1261		3788	3233	2094	3122	3361
1962	18070	1392		4153	3068	2305	3567	3585
1963	22596	1656		5042	3765	3290	4432	4411
1964	23963	1771		5486	3765	3470	4609	4862
1965	26677	1794		5484	4281	3623	4498	6997
1966	29653	2315		7097	5893	3803	4457	6088
1967	26836	2043		6415	5357	3172	4377	5472
1968	29892	2298		7137	6163	3610	4752	5932
1969	31950	2445		7565	6686	3607	5228	6419
1970	34067	2688		8299	7183	3738	5437	6722
1971	36886	2888		8862	7719	4387	6066	6964
1972	40567	3037		9541	8715	5079	6567	7628
1973	40429	3025		9509	8877	5293	6171	7554
1974	42417	3235		10200	8806	5402	6709	8065
1975	41069	3157		9898	8862	4981	6417	7754
1976	39622	3070		9516	8245	4566	6704	7521

历年各县市区农林牧渔业总产值

3—4 续表　　　　　　　　　　　　（可比价）　　　　　　　　　　　　单位：万元

年　　份	全　　市	市本级	柯城区	衢江区	江山市	常山县	开化县	龙游县
1977	42549	3198		9962	9099	5372	7082	7836
1978	47863	3488		10937	10216	5959	7915	9348
1979	57418	4420		13914	11807	7203	8998	11076
1980	56100	4346		13746	12157	6256	8276	11319
1981	57916	4285		13859	12825	6847	8983	11117
1982	67210	5027		15757	15517	8132	10230	12547
1983	64602	4509		14145	16096	8240	9808	11804
1984	71650	5472		15695	17345	8970	10819	13349
1985	75532	708	4739	17156	18208	9263	11291	14167
1986	77020	699	4704	17491	19095	8698	11731	14602
1987	80698	741	4710	18297	20096	9378	12709	14767
1988	77369	698	4308	16341	20478	8666	12588	14290
1989	84328	716	4777	18596	22101	9792	13288	15058
1990(80价)	89935	708	5239	20726	22708	11030	13740	15784
1990(90价)	213708	1698	13384	51487	49929	25662	35450	36098
1991	227224	1804	13846	54021	51911	31023	36656	37963
1992	203137	1395	10451	38007	51878	29559	34212	37635
1993	236872	1563	15212	55560	52084	33025	36514	42914
1994	263724	1743	17566	63276	54498	36003	41143	49495
1995	286576	1899	19070	68135	58655	39514	44603	54700
1996	307600	1573	20243	75309	63231	43100	46019	58125
1997	318676	2844	19879	78455	65548	44470	47464	60016
1998	314549	2887	17410	78284	69479	41081	45106	60302
1999	337015	3376	19359	83032	73056	44575	49015	64602
2000	324795	2626	16549	69238	77598	37307	57188	64289
2001	371586	2874	20230	93035	82181	44154	59817	69295
2002	365398	2374	48556	75660	93713	34683	53170	57242
2003	401694	1912	53664	80084	103466	40395	58415	63758

注：历年各县市区农林牧渔业总产值(可比价)统计到2003年止。

历年各县市区农林牧渔业总产值指数

3—5　　　　单位：%

年份	全市	市本级	柯城区	衢江区	江山市	常山县	开化县	龙游县
1949								
1950	113.0	114.2		114.4	113.5	120.4	102.9	112.4
1951	115.3	113.6		113.8	104.6	117.1	107.6	127.8
1952	111.1	111.9		111.8	113.1	115.3	115.1	105.2
1953	91.8	90.7		90.8	97.0	89.3	104.5	85.3
1954	108.9	107.6		107.4	102.1	111.5	98.3	120.5
1955	98.1	98.8		98.8	99.5	94.1	92.6	101.1
1956	100.5	97.4		97.5	105.8	113.4	107.2	91.3
1957	108.9	113.0		112.8	102.1	94.7	121.3	111.2
1958	103.6	95.7		95.7	106.1	96.9	105.0	115.3
1959	111.7	101.0		101.1	108.4	102.6	123.3	123.5
1960	81.2	92.6		90.2	100.0	90.6	87.2	56.6
1961	95.8	95.0		94.8	99.4	90.4	105.2	90.1
1962	107.2	110.4		109.6	94.9	110.1	114.3	106.7
1963	125.1	119.0		121.4	122.7	142.7	124.3	123.0
1964	106.1	106.9		108.8	100.0	105.5	104.0	110.2
1965	111.3	101.3		100.0	113.7	104.4	97.6	143.9
1966	111.2	129.0		129.4	137.7	105.0	99.1	87.0
1967	90.5	88.3		90.4	90.9	83.4	98.2	89.9
1968	111.4	112.5		111.3	115.1	113.8	108.6	108.4
1969	106.9	106.4		106.0	108.5	99.9	110.0	108.2
1970	106.6	109.9		109.7	107.4	103.6	104.0	104.7
1971	108.3	107.4		106.8	107.5	117.4	111.6	103.6
1972	110.0	105.2		107.7	112.9	115.8	108.3	109.5
1973	99.7	99.6		99.7	101.9	104.2	94.0	99.0
1974	104.9	106.9		107.3	99.2	102.1	108.7	106.8
1975	96.8	97.6		97.0	100.6	92.2	95.7	96.1
1976	96.5	97.2		96.1	93.0	91.7	104.5	97.0
1977	107.4	104.2		104.7	110.4	117.7	105.6	104.2
1978	112.5	109.1		109.8	112.3	110.9	111.8	119.3
1979	120.0	126.7		127.2	115.6	120.9	113.7	118.5

历年各县市区农林牧渔业总产值指数

3—5 续表　　　　　　　　单位：%

年　　份	全　市	市本级	柯城区	衢江区	江山市	常山县	开化县	龙游县
1980	97.7	98.3		98.8	103.0	86.9	92.0	102.2
1981	103.2	98.6		100.8	105.5	109.4	108.5	98.2
1982	116.1	117.3		113.7	121.0	118.8	113.9	112.9
1983	96.1	89.7		89.8	103.7	101.3	95.9	94.1
1984	110.9	121.4		111.0	107.8	108.9	110.3	113.1
1985	105.4	12.9		109.3	105.0	103.3	104.4	106.1
1986	102.0	98.7	99.3	102.0	104.9	93.9	103.9	103.1
1987	104.8	106.0	100.1	104.6	105.2	107.8	108.3	101.1
1988	95.9	94.2	91.5	89.3	101.9	92.4	99.0	96.8
1989	109.0	102.6	110.9	113.8	107.9	113.0	105.6	105.4
1990	106.7	98.9	109.7	111.5	102.8	112.6	103.4	104.8
1991	106.3	106.2	103.5	104.9	104.0	120.9	103.4	105.2
1992	89.4	77.3	75.5	70.4	99.9	95.3	93.3	99.1
1993	116.6	112.0	145.6	146.2	100.4	111.7	106.7	114.0
1994	111.3	111.5	115.5	113.9	104.6	109.0	112.7	115.3
1995	108.7	109.0	108.6	107.7	107.6	109.8	108.4	110.5
1996	107.3	82.8	106.2	110.5	107.8	109.1	103.2	106.3
1997	103.6	180.8	98.2	104.2	103.7	103.2	103.1	103.3
1998	98.7	101.5	87.6	99.8	106.0	92.4	95.0	100.5
1999	107.1	116.9	111.2	106.1	105.2	108.5	108.7	107.1
2000	96.4	77.8	85.5	83.4	106.2	83.7	116.7	99.5
2001	114.4	109.4	122.2	134.4	105.9	118.4	104.6	107.8
2002	113.3	82.6	126.0	120.5	114.0	104.6	107.6	108.6
2003	109.9	80.5	110.5	105.8	110.4	116.5	109.9	111.4
2004	113.2	109.9	115.9	113.5	113.0	118.3	110.5	110.7
2005	109.2	179.5	103.6	107.1	111.0	110.8	111.0	108.9
2006	106.1	98.9	106.3	105.3	104.9	111.5	106.8	105.8
2007	109.9	94.5	109.2	113.9	110.8	106.6	104.8	110.6
2008	112.3	117.2	94.1	116.2	113.1	105.7	117.0	118.1
2009	105.0	78.5	105.7	104.3	107.0	104.3	104.2	104.6
2010	108.0	97.3	108.1	108.3	108.0	107.0	108.6	108.0
2011	118.9	90.7	118.5	122.1	119.2	116.6	114.1	119.7
2012	104.1	112.2	104.6	104.6	103.0	105.1	102.8	104.9
2013	103.7	81.4	105.1	103.1	103.8	103.8	103.9	104.0
2014	98.9	40.7	92.0	99.2	100.5	101.1	101.8	98.3

历年全市农业主要农产品产量

3—6 单位：吨

年份	粮食	油菜籽	棉花	柑桔	茶叶	蚕茧产量
1949	255428	2449	99	5348	290	3
1950	300784	3770	115	6306	250	6
1951	352202	5929	108	6119	330	6
1952	376204	7079	101	11066	404	3
1953	350222	6302	96	8769	421	5
1954	371115	4276	97	11764	467	8
1955	396971	2664	25	5361	568	6
1956	368901	2409	12	10663	695	2
1957	386734	2240	16	6537	691	14
1958	372250	2471	2	11265	951	64
1959	384660	1081	948	7766	1199	86
1960	333290	967	1050	8656	939	103
1961	329756	276	472	2365	411	61
1962	365616	1679	423	4658	356	44
1963	469419	2297	975	3385	432	49
1964	445750	4555	1854	4668	550	70
1965	514937	3040	1871	6826	569	91
1966	543744	2578	1485	4126	620	121
1967	441505	3407	1124	1340	711	140
1968	529300	3611	1621	920	833	223
1969	579935	4644	1157	2119	994	329
1970	595466	5063	1215	1484	1155	359
1971	626586	5311	869	1322	1452	450
1972	712409	5540	1159	3115	1704	546
1973	682454	4814	1068	2715	1937	581
1974	694854	5945	1228	5033	2401	644
1975	666494	6847	1439	3714	2417	716
1976	675125	4927	1168	3471	2963	682
1977	731660	5886	1145	2586	3311	650
1978	822556	12754	1230	3772	3751	646
1979	938379	16102	1617	10921	4218	769

历年全市农业主要农产品产量

3—6 续表　　　　单位：吨

年份	粮食	油菜籽	棉花	柑桔	茶叶	蚕茧产量
1980	845160	17517	3828	5251	4918	965
1981	885562	21161	3967	12967	5614	1062
1982	1106629	25009	4293	15855	6351	1186
1983	1040482	20215	3266	23712	5816	1164
1984	1155719	22925	4587	23918	5724	1478
1985	1090056	26101	4451	47567	5691	2197
1986	1014438	30765	3393	57949	5978	2747
1987	1035872	17492	3594	104575	6910	3216
1988	948424	23232	2392	60918	7844	3441
1989	1013992	17045	1721	184944	7353	3519
1990	1070768	28349	2115	250010	7387	3450
1991	1093784	28510	2473	326091	7145	3549
1992	987747	31007	3139	77254	7183	3870
1993	897296	25597	2940	349339	6763	3523
1994	952015	28638	3641	436025	5623	3836
1995	951657	34213	3892	500755	5409	3407
1996	1034935	37584	4547	565666	5433	1206
1997	1018291	39313	4598	593932	5783	1018
1998	944385	33231	4448	490104	6253	1084
1999	985314	37383	2755	620570	6356	918
2000	892406	41929	2417	178788	5717	942
2001	803563	39425	2209	433749	6312	1117
2002	744790	32479	1638	562481	6451	1163
2003	655158	31550	1395	635928	6669	1032
2004	779100	32955	1734	776264	6854	1081
2005	814219	36074	1695	455234	7334	1080
2006	833308	36243	1971	624917	7423	1290
2007	728733	33950	1919	763045	8041	1258
2008	725451	46542	2434	911660	7493	1754
2009	761040	55632	2613	724738	7250	1830
2010	761480	44291	3494	618691	6090	1166
2011	793552	53206	3533	620335	6504	1068
2012	796868	58902	3694	625968	6847	890
2013	799195	59954	3456	640655	6231	833
2014	706750	65025	3307	675503	6904	763

历年各县市区粮食总产量

3—7 单位：吨

年份	全市	市本级	柯城区	衢江区	江山市	常山县	开化县	龙游县
1949	255428	22068		64167	58395	26915	29425	54458
1950	300784	25701		74729	68580	34670	34040	63064
1951	352202	26296		76459	79045	43570	41755	85077
1952	376204	28556		83029	84670	44475	47075	88399
1953	350222	27659		80421	80130	40055	47155	74802
1954	371115	27976		81344	82860	43855	45435	89645
1955	396971	28681		83394	98890	45620	48450	91936
1956	368901	25603		74442	91585	49060	51355	76856
1957	386734	28150		81850	89400	47020	52680	87634
1958	372250	28111		81734	85930	37015	55280	84180
1959	384660	28295		82270	86080	46935	57765	83315
1960	333290	23029		66961	82285	41735	44355	74925
1961	329756	24190		70335	79740	40880	56405	58206
1962	365616	26872		78133	88180	45115	56785	70531
1963	469419	36809		107026	106970	55590	66645	96379
1964	445750	37523		109102	92930	49830	61145	95220
1965	514937	43131		125409	114510	58780	62080	111027
1966	543744	46647		135633	119560	60395	59415	122094
1967	441505	36187		105218	91015	47390	52785	108910
1968	529300	44215		128560	113875	56510	68015	118125
1969	579935	48613		141347	121080	63430	72475	132990
1970	595466	50286		146214	129745	63405	72215	133601
1971	626586	51790		150585	133965	70995	85875	133376
1972	712409	58459		169976	157030	75100	93995	157849
1973	682454	55959		162706	148890	69110	89630	156159
1974	694854	58021		168704	147210	72910	88590	159419
1975	666494	55580		161605	147245	67475	86560	148029
1976	675125	56217		163458	141700	69375	93230	151145
1977	731660	61630		179195	158720	74160	96250	161705
1978	822556	70950		206295	175075	82520	102760	184956
1979	938379	77798		231202	209045	94340	119440	206554

历年各县市区粮食总产量

3—7 续表　　　　单位：吨

年份	全市	市本级	柯城区	衢江区	江山市	常山县	开化县	龙游县
1980	845160	66032		207358	194085	85475	97400	194810
1981	885562	68365		214195	203805	94740	104990	199467
1982	1106629	83790		273420	253850	119685	125520	250364
1983	1040482	72670		238500	264510	119175	122250	223377
1984	1155719	85245		273605	275110	134590	136080	251089
1985	1090056	7274	68408	253316	264595	129795	132200	234468
1986	1014438	8123	60078	234153	250672	114395	129485	217532
1987	1035872	7861	61071	246318	258055	117824	132278	212465
1988	948424	3269	56649	217225	250624	99321	121659	199677
1989	1013992	7708	56649	228373	261767	110489	128951	220055
1990	1070768	8694	59640	241662	267784	120311	136287	236390
1991	1093784	8299	59528	248036	267965	122147	138548	249261
1992	987747	7362	51942	209610	260276	121331	133107	204119
1993	897296	5852	43482	185783	231604	116821	126789	186965
1994	952015	7125	45017	190993	246786	122725	128077	211292
1995	951657	7129	43528	202763	244768	119958	120044	213467
1996	1034935	6372	47204	226412	259678	127524	134068	233677
1997	1018291	10906	37893	223526	261036	126549	132644	225737
1998	944385	9989	30823	200531	245818	118189	117826	221209
1999	985314	10511	34582	210803	257435	121571	126151	224261
2000	892406	8247	28488	182795	246348	112106	114162	200260
2001	803563	6087	24092	171863	230300	93622	104395	173204
2002	744790	5111	29222	159498	213185	74565	96774	166435
2003	655158	3448	23719	150299	181123	55982	93326	147261
2004	779100	4970	22320	178252	219460	70400	93966	189732
2005	814219	4596	19674	182651	234941	75047	108412	188898
2006	833308	3903	20944	180739	243546	81345	107751	195080
2007	722216	4125	17968	154676	207827	71846	95886	169888
2008	725451	4956	18157	161316	207512	72272	95563	165675
2009	761040	5011	22664	167287	219317	76759	93491	176511
2010	761480	4701	22779	168660	220992	78275	98273	167800
2011	793552	4963	24168	179176	227541	79343	101337	177024
2012	796868	5056	24783	178904	228233	79776	101253	178863
2013	799195	4508	24437	178506	231758	80188	99861	179937
2014	706750	2208	16873	158112	199805	70580	97622	161550

历年各县市区柑桔总产量

3—8 单位：吨

年份	全市	市本级	柯城区	衢江区	江山市	常山县	开化县	龙游县
1949	5348	491		1849	5	3000		3
1950	6306	525		1975	6	3800		
1951	6119	444		1668	7	4000		
1952	11066	1313		4940	5	4805		3
1953	8769	809		3045	6	4905		4
1954	11764	1313		4941	6	5500		4
1955	5361	648		2440	6	2263		4
1956	10663	1187		4465	6	5000		5
1957	6537	793		2985	6	2750		3
1958	11265	1155		4345	9	5750	1	5
1959	7766	788		2962	11	4000	4	1
1960	8656	869		3267	15	4500	5	
1961	2365	282		1059	28	993	3	
1962	4658	610		2297	29	1719	3	
1963	3385	426		1602	63	1291	1	2
1964	4668	574		2161	70	1860	2	1
1965	6826	749		2819	88	3167	1	2
1966	4126	470		1769	6	1880	1	
1967	1340	194		731	5	409	1	
1968	920	136		512	4	267	1	
1969	2119	251		944	4	919	1	
1970	1484	223		838	5	417	1	
1971	1322	238		895	3	185	1	
1972	3115	573		2153	7	377	1	4
1973	2715	419		1578	32	657	4	25
1974	5033	842		3169	18	950	6	48
1975	3714	631		2374	43	582	11	73
1976	3471	605		2275	44	475	16	56
1977	2586	441		1657	18	415	37	18
1978	3772	481		2943	24	281	28	15
1979	10921	1874		7529	286	914	194	124

注：柯城区 1949—1984 年柑桔产量统计在市本级内。

历年各县市区柑桔总产量

3—8 续表　　　　单位：吨

年　份	全　市	市本级	柯城区	衢江区	江山市	常山县	开化县	龙游县
1980	5251	618		3832	152	494	81	74
1981	12967	1623		8954	258	1488	256	388
1982	15855	3154		9665	550	1493	583	410
1983	23712	4715		13228	1145	2690	962	972
1984	23918	4363		13405	1386	2665	1423	676
1985	47567	1452	5238	30184	1871	5829	1480	1513
1986	57949	2040	7526	31603	2850	8706	2537	2687
1987	104575	2815	13539	59370	5240	13649	5113	4849
1988	60918	703	10205	37275	2013	6391	2213	2118
1989	184944	3634	25081	106544	9941	22652	7464	9628
1990	250010	2370	39523	137796	12171	35026	8696	14428
1991	326091	3689	46871	168794	17294	49048	13191	27204
1992	77254	630	16277	34801	1428	12721	70	11327
1993	349339	2252	59693	192923	8057	50500	2538	33376
1994	436025	2252	78479	219289	15313	72201	5962	42529
1995	500755	3382	81086	235444	21873	94335	9440	55195
1996	565666	1984	83291	273094	27584	109968	9770	59975
1997	593932	6445	84165	254623	31086	131560	19599	66454
1998	490104	4607	57829	229945	24341	104491	10308	58583
1999	620570	7003	66959	294346	35198	132116	19870	65078
2000	178788	1032	14861	91273	18469	27999	2332	22822
2001	433749	3398	44942	223915	22772	93544	13322	31856
2002	562481	3520	224675	139796	28270	110961	15437	39822
2003	635928	3645	247639	155226	23618	145297	14008	46495
2004	776264	4266	306168	174766	31755	185932	20001	53376
2005	455234	3660	165103	104502	25291	106195	5483	45000
2006	624917	4355	228389	180866	27151	132244	5787	46125
2007	763045	5359	283217	215434	26978	151984	11294	68779
2008	911660	8992	359002	248784	28712	172511	9798	83861
2009	724738	6785	260288	206521	27060	138885	10419	74780
2010	618691	5413	258776	161631	26905	85427	4687	75852
2011	620335	4419	238566	158930	26672	102172	5156	84420
2012	625968	4218	241687	153498	26440	119937	4946	75242
2013	640655	2900	247023	156167	25598	129707	4663	74597
2014	675503	1619	260550	164203	25123	136832	5319	81857

历年全市畜牧业生产与农村能源等情况

3—9

年份	猪年末存栏数（万头）	猪牛羊肉产量（吨）	水产品产量（吨）	农业机械总动力（万千瓦）	化肥施用量（吨.折纯）	农村用电量（万千瓦时）
1949	16.56	4980	1189			
1950	15.91	4878	1415			
1951	16.59	5116	1606			
1952	22.58	5883	1750		26	
1953	26.70	8734	1559		106	
1954	22.27	9412	1897		211	
1955	14.71	5597	1529		328	
1956	19.07	5526	1429		365	
1957	36.67	6487	1811		439	
1958	26.85	10706	2649	0.12	855	
1959	24.59	6306	2173	0.21	1214	
1960	25.09	5745	2844	0.31	1712	
1961	16.16	3649	1826	0.55	1169	
1962	27.89	5409	2007	0.97	1841	
1963	42.08	10391	1015	1.36	8373	248
1964	51.97	16421	834	1.82	9880	577
1965	54.54	18863	921	2.17	11676	649
1966	58.40	19045	1033	2.70	9929	896
1967	51.23	25264	1989	3.10	8482	1272
1968	47.12	19709	1736	3.55	5630	1427
1969	52.20	20720	934	3.89	10441	1463
1970	67.41	22131	635	4.67	12440	1840
1971	87.88	29425	846	5.37	13558	2812
1972	83.76	33849	1131	6.21	20146	2413
1973	89.09	32280	1421	7.54	20699	2635
1974	88.00	34449	1091	9.31	14628	3218
1975	84.11	32639	1034	10.84	13716	3096
1976	75.03	29474	1197	13.02	13781	3225
1977	80.81	27017	1309	15.27	22943	4054
1978	95.44	33460	1452	18.57	29641	5537
1979	107.34	43813	1923	22.97	31602	6958

历年全市畜牧业生产与农村能源等情况

3—9 续表

年　份	猪年末存栏数（万头）	猪牛羊肉产量（吨）	水产品产量（吨）	农业机械总动力（万千瓦）	化肥施用量（吨.折纯）	农村用电量（万千瓦时）
1980	101.51	48265	1881	25.89	41093	6950
1981	98.24	45297	1908	28.31	41281	8578
1982	103.42	44986	2262	29.09	49011	10657
1983	104.26	50542	2456	29.74	43987	10455
1984	102.40	52500	3371	31.80	40441	11394
1985	108.19	67202	4489	33.96	41772	13405
1986	115.27	64721	5098	36.62	41724	16004
1987	110.39	63271	5889	38.60	51257	16351
1988	103.16	64783	6321	42.93	61320	20604
1989	101.82	63183	7896	43.60	68512	23055
1990	100.93	65028	8201	44.92	69556	27833
1991	99.71	65062	8502	46.34	72198	29836
1992	103.90	72631	9316	45.03	73923	29495
1993	100.39	71698	10499	44.60	64297	30036
1994	102.27	77666	11903	47.93	66252	37913
1995	103.92	81040	13200	51.13	70079	44047
1996	104.48	79092	14585	52.66	70789	43889
1997	126.44	86784	15953	53.01	72789	41812
1998	121.02	99006	16849	53.97	71375	40731
1999	113.75	91494	18339	57.03	72458	42478
2000	123.29	103037	19912	57.51	67332	43624
2001	140.51	131893	22395	58.94	67399	45370
2002	143.55	148411	25310	63.37	77611	47713
2003	145.07	150987	28617	67.16	80186	58662
2004	159.47	156137	30905	76.03	86918	62419
2005	171.17	172413	32372	82.35	87739	66014
2006	160.66	164005	35410	137.05	86898	71077
2007	185.79	196014	32723	139.09	83859	76500
2008	220.94	200797	41764	152.14	87521	81315
2009	241.31	223271	44747	155.89	81614	86144
2010	251.49	244461	48195	158.66	74551	89631
2011	274.93	269355	50910	162.04	76157	92098
2012	282.3	280565	54087	164.42	75478	95447
2013	237.34	306061	56844	163.92	75160	98539
2014	161.58	237625	59072	162.95	71496	99754

全市农村基本情况

3—10

(2014年)

指　　　　标	单　　位	2014年	2013年	2014年为2013年%
一、农村人口与从业人员				
农村户数	万户	65.61	63.27	103.7
农村人口	万人	200.68	198.25	101.2
1. 男	万人	103.36		
2. 女	万人	97.32		
农村劳动力资源数	万人	133.78	131.71	101.6
1. 男	万人	70.85		
2. 女	万人	62.93		
农村从业人员	万人	124.51	124.11	100.3
1. 男	万人	66.41		
其中：从事农业人员	万人	29.14		
2. 女	万人	58.1		
其中：从事农业人员	万人	23.29		
二、农村基础设施				
自来水受益村数	个	1263	1184	106.7
通有线电视村数	个	1478		
通宽带村数	个	1480	1478	100.1

全市农林牧渔业总产值分行业

3—11　　(2014 年)(现行价)

指　　标	单　位	2014 年	2013 年	2014 年为 2013 年%
农林牧渔业总产值	**万元**	**1386674**	**1401744**	**98.9**
一、农　业	万元	676946	642881	105.3
粮　食	万元	170400	177568	96.0
油　料	万元	25556	25828	98.9
棉　花	万元	3823	3873	98.7
麻　类	万元	3	6	50.0
甘　蔗	万元	3100	2734	113.4
蔬　菜	万元	156971	146674	107.0
食用菌	万元	98224	101470	96.8
花卉园艺	万元	46021	40809	112.8
茶　叶	万元	32998	25028	131.8
桑　叶	万元	154	162	95.1
水　果	万元	112131	93655	119.7
其中：柑　桔	万元	74563	62787	118.8
其　他	万元	37568	30868	121.7
坚　果	万元	8716	7361	118.4
其它农作物	万元	6080	5117	118.8
二、林　业	万元	112315	110767	101.4
采集野生植物	万元	17193	16722	102.8
三、牧　业	万元	521433	578457	90.1
1. 牲畜	万元	416938	477911	87.2
2. 家禽饲养	万元	44589	48014	92.9
3. 活的畜禽产品	万元	14976	15328	97.7
4. 捕猎野兽野禽	万元	1881	1569	119.9
5. 其他动物饲养	万元	43049	35635	120.8
四、渔　业	万元	62754	58034	108.1
五、农林牧渔服务业	万元	13226	11605	114.0

全市农作物播种面积

3—12

(2014年)

指　　标	单　位	2014年	2013年	2014年为2013年%
农作物播种面积总计	**公顷**	**207116**	**230844**	**89.7**
一、粮　食	公顷	110458	134015	82.4
(一) 稻　谷	公顷	76464	94880	80.6
1. 早　稻	公顷	18393	34057	54.0
2. 单季晚稻	公顷	44852	34435	130.3
3. 连作晚稻	公顷	13219	26388	50.1
(二) 小　麦	公顷	1159	1654	70.1
(三) 大　麦	公顷	222	250	88.8
(四) 玉　米	公顷	8940	7586	117.8
(五) 其他谷物	公顷	662	631	104.9
(六) 豆　类	公顷	13525	15991	84.6
大　豆	公顷	10897	12416	87.8
蚕(豌)豆	公顷	1575	1848	85.2
(七) 薯　类	公顷	9486	13023	72.8
二、油　料	公顷	38425	39308	97.8
油菜籽	公顷	35783	36712	97.5
三、棉　花	公顷	1857	2039	91.1
四、麻　类	公顷	10	10	100.0
五、甘　蔗	公顷	506	470	107.7
六、烟　叶	公顷	1		
七、药　材	公顷	803	690	116.4
八、蔬菜(含菜用瓜)	公顷	36766	36588	100.5
九、果用瓜	公顷	5230	5186	100.8
西　瓜	公顷	4182	4052	103.2
十、花卉苗木	公顷	5106	4378	116.6
十一、其他作物	公顷	7954	8160	97.5
绿　肥	公顷	3621	3906	92.7

全市农作物总产量

3—13 (2014年)

指标	单位	2014年	2013年	2014年为2013年%
农作物总产量				
一、粮食	吨	706750	799195	88.4
(一) 稻谷	吨	616468	647135	95.3
1. 早稻	吨	113285	202810	55.9
2. 单季晚稻	吨	360742	264359	136.5
3. 连作晚稻	吨	91855	179966	51.0
(二) 小麦	吨	3019	3932	76.8
(三) 大麦	吨	721	793	90.9
(四) 玉米	吨	44171	35444	124.6
(五) 其他谷物	吨	2675	2472	108.2
(六) 豆类	吨	33107	37292	88.8
大豆	吨	27636	30350	91.1
蚕(豌)豆	吨	3208	3431	93.5
(七) 薯类	吨	57175	72127	79.3
二、油料	吨	65025	65133	99.8
油菜籽	吨	59734	59954	99.6
三、棉花	吨	3307	3456	95.7
四、麻类	吨	13	22	59.1
五、甘蔗	吨	21897	20408	107.3
六、烟叶	吨	1	1	100.0
七、药材	吨	3748	3112	120.4
八、蔬菜(含菜用瓜)	吨	962853	916194	105.1
九、果用瓜	吨	146416	142783	102.5
西瓜	吨	125357	121869	102.9
十、花卉苗木	吨			
十一、其他作物	吨			
绿肥	吨			

全 市 农 作 物 单 产

3—14 (2014年)

指标	单位	2014年	2013年	2014年为2013年%
农作物单产				
一、粮食	公斤/公顷	6398	5963	107.3
(一) 稻谷	公斤/公顷	7050	6821	103.4
1. 早稻	公斤/公顷	7401	5955	124.3
2. 单季晚稻	公斤/公顷	6159	7677	80.2
3. 连作晚稻	公斤/公顷	8043	6820	117.9
(二) 小麦	公斤/公顷	6949	2377	292.3
(三) 大麦	公斤/公顷	2605	3172	82.1
(四) 玉米	公斤/公顷	3248	4672	69.5
(五) 其他谷物	公斤/公顷	4941	3918	126.1
(六) 豆类	公斤/公顷	4041	2332	173.3
大豆	公斤/公顷	2448	2444	100.1
蚕(豌)豆	公斤/公顷	2536	1857	136.6
(七) 薯类	公斤/公顷	6027	5538	108.8
二、油料	公斤/公顷	1692	1657	102.1
油菜籽	公斤/公顷	1669	1633	102.2
三、棉花	公斤/公顷	1781	1695	105.1
四、麻类	公斤/公顷	1300	2200	59.1
五、甘蔗	公斤/公顷	43275	43421	99.7
六、烟叶	公斤/公顷	1000		
七、药材	公斤/公顷	4667	4510	103.5
八、蔬菜(含菜用瓜)	公斤/公顷	26189	25041	104.6
九、果用瓜	公斤/公顷	27995	27532	101.7
西瓜	公斤/公顷	29975	30076	99.7
十、花卉苗木	公斤/公顷			
十一、其他作物	公斤/公顷			
绿肥	公斤/公顷			

全市蚕茧、茶叶和水果生产情况

3—15

（2014 年）

指　　　　标	单　　位	2014 年	2013 年	2014 年为 2013 年%
一、桑园总面积	公顷	1131	1183	95.6
二、饲养蚕种张数	张	16716	18023	92.7
1. 春　　蚕	张	9843	10467	94.0
2. 夏　　蚕	张	1472	1710	86.1
3. 秋　　蚕	张	5401	5846	92.4
三、蚕茧总产量	吨	763	833	91.6
1. 春　　茧	吨	448	515	87.0
2. 夏　　茧	吨	72	73	98.6
3. 秋　　茧	吨	243	245	99.2
四、茶园总面积	公顷	11695	10087	115.9
茶叶总产量	吨	6904	6231	110.8
1. 春　　茶	吨	3830	3893	98.4
2. 夏　　茶	吨	1782	1174	151.8
3. 秋　　茶	吨	1292	1164	111.0
五、果园面积合计	公顷	34424	36533	94.2
#1. 柑 桔 园	公顷	28698	31329	91.6
2. 梨　　园	公顷	461	483	95.4
3. 桃　　园	公顷	313	332	94.3
4. 杨 梅 园	公顷	596	669	89.1
5. 枇 杷 园	公顷	580	573	101.2
六、水果总产量	吨	879748	824763	106.7
# 1. 柑　　桔	吨	675503	640655	105.4
2. 梨　　头	吨	6180	5440	113.6
3. 桃　　子	吨	2711	2594	104.5
4. 杨　　梅	吨	1953	1780	109.7
5. 枇　　杷	吨	4802	4188	114.7

全市畜牧业和水产生产情况

3—16

(2014年)

指　标	单　位	2014年	2013年	2014年为2013年%
一、年末存栏数				
1. 生　猪	万头	161.58	237.34	68.1
#能繁殖的母猪	万头	17.23	28.56	60.3
2. 牛	头	19324	21244	91.0
3. 羊	万只	4.53	4.4	103.0
4. 家　禽	万只	1143.06	1270.32	90.0
5. 兔	万只	7.55	7.52	100.4
6. 养蜂箱数	箱	257157	258765	99.4
二、年内出栏数				
1. 生　猪	万头	400.45	448.41	89.3
2. 牛	头	13553	14746	91.9
3. 羊	万只	4.8	5.16	93.0
4. 家　禽	万只	2750.29	2971.26	92.6
三、畜产品产量				
1. 肉类产量	吨	270832	306061	88.5
#猪　肉	吨	234851	268173	87.6
牛　肉	吨	2001	2154	92.9
羊　肉	吨	773	841	91.9
禽　肉	吨	33042	34707	95.2
兔　肉	吨	165	168	98.2
2. 禽蛋产量	吨	22268	22987	96.9
3. 蜂蜜产量	吨	28002	22735	123.2
4. 蜂皇浆产量	公斤	820518	553570	148.2
5. 牛奶产量	吨	365	661	55.2
四、水产品产量	吨	59072	56844	103.9

全市农业现代化情况

3—17　　　　　　　　　　　　　　(2014 年)

指　　　　　　　　　　标	单　　位	2014 年	2013 年	2014 年为 2013 年%
一、农业机械化情况				
1、当年机械耕地面积	公顷	68669	76260	90.0
2、机械收获面积	公顷	80892	77333	104.6
二、农村电气化情况				
农村用电量	万千瓦时	99754	98539	101.2
三、农村化学化情况				
1、化肥使用情况				
实物量合计	吨	263113	278228	94.6
氮　　肥	吨	119447	124636	95.8
磷　　肥	吨	47235	49903	94.7
钾　　肥	吨	20964	21802	96.2
复 合 肥	吨	75467	81887	92.2
折纯合计	吨	71496	75160	95.1
氮　　肥	吨	38398	39473	97.3
磷　　肥	吨	8623	9007	95.7
钾　　肥	吨	7977	8491	93.9
复 合 肥	吨	16498	18189	90.7
2、农膜使用量	吨	2577	2473	104.2
# 地膜使用量	吨	1895	1831	103.5
地膜覆盖面积	公顷	6915	6844	101.0
3、农用柴油	吨	16477	15522	106.2
4、农药使用量	吨	6206	6539	94.9

各县市区农村基本情况

3—18 (2014年)

指标	单位	全市	市本级	柯城区	衢江区
一、农村人口与从业人员					
农村户数	万户	65.61	1.29	7.73	12.05
农村人口	万人	200.68	3.28	22.1	35.83
1. 男	万人	103.36	1.63	11.24	18.57
2. 女	万人	97.32	1.65	10.86	17.26
农村劳动力资源数	万人	133.78	2.22	13.61	23.88
1. 男	万人	70.85	1.18	7.14	12.82
2. 女	万人	62.93	1.04	6.47	11.06
农村从业人员	万人	124.51	1.23	12.66	21.99
1. 男	万人	66.41	0.65	6.72	12.01
其中：从事农业人员	万人	29.14	0.4	3	6.6
2. 女	万人	58.1	0.58	5.94	9.98
其中：从事农业人员	万人	23.29	0.13	2.5	5.17
二、农村基础设施					
自来水受益村数	个	1263	33	123	160
通有线电视村数	个	1478	37	182	272
通宽带村数	个	1480	37	182	272

各县市区农村基本情况

3—18 续表　　(2014 年)

指　　标	单　位	江山市	常山县	开化县	龙游县
一、农村人口与从业人员					
农村户数	万户	15.13	8.55	8.83	12.03
农村人口	万人	48.57	27.48	29.96	33.46
1. 男	万人	25.17	14.35	15.16	17.24
2. 女	万人	23.4	13.13	14.8	16.22
农村劳动力资源数	万人	32.5	18.53	20.84	22.2
1. 男	万人	17.17	9.93	10.84	11.77
2. 女	万人	15.33	8.6	10	10.43
农村从业人员	万人	30.61	17.65	19.78	20.59
1. 男	万人	16.19	9.48	10.29	11.07
其中：从事农业人员	万人	4.98	3.4	5.19	5.57
2. 女	万人	14.42	8.17	9.49	9.52
其中：从事农业人员	万人	4.16	2.82	4.13	4.38
二、农村基础设施					
自来水受益村数	个	289	160	255	243
通有线电视村数	个	290	180	255	262
通宽带村数	个	292	180	255	262

各县市区农林牧渔业总产值分行业

3—19　(2014年)(现行价)

指　标	单　位	全　市	市本级	柯城区	衢江区
农林牧渔业总产值	万元	1386674	3051	120114	355387
一、农　业	万元	676946	1749	73285	151322
粮　食	万元	170400	536	3632	32231
油　料	万元	25556	141	1429	3983
棉　花	万元	3823		5	35
麻　类	万元	3			3
甘　蔗	万元	3100		15	316
蔬　菜	万元	156971	666	18770	48860
食用菌	万元	98224		370	8677
花卉园艺	万元	46021	78	8609	14887
茶　叶	万元	32998		213	3326
桑　叶	万元	154			
水　果	万元	112131	312	38874	28179
其中：柑　桔	万元	74563	210	33012	14450
其　他	万元	37568	102	5862	13729
坚　果	万元	8716		37	3634
其它农作物	万元	6080		574	1978
二、林　业	万元	112315		9561	22183
采集野生植物	万元	17193		717	1090
三、牧　业	万元	521433	1302	23437	165982
1. 牲畜	万元	416938	1187	20459	151427
2. 家禽饲养	万元	44589	72	1089	9562
3. 活的畜禽产品	万元	14976	37	770	3839
4. 捕猎野兽野禽	万元	1881		55	181
5. 其他动物饲养	万元	43049	6	1064	973
四、渔　业	万元	62754		10331	14982
五、农林牧渔服务业	万元	13226		3500	918

各县市区农林牧渔业总产值分行业

3—19 续表　　(2014 年)(现行价)

指　　标	单　位	江山市	常山县	开化县	龙游县
农林牧渔业总产值	**万元**	**368176**	**121775**	**177482**	**240689**
一、农　业	万元	173437	69680	122449	85024
粮　食	万元	53862	20363	20725	39051
油　料	万元	7021	3541	4547	4894
棉　花	万元	1218	91	58	2416
麻　类	万元				
甘　蔗	万元	1720	409	303	337
蔬　菜	万元	43157	15088	17470	12960
食用菌	万元	42601	5976	40600	
花卉园艺	万元	3998	1674	12090	4685
茶　叶	万元	6189	617	19075	3578
桑　叶	万元	1	28	125	
水　果	万元	11826	20150	3574	9216
其中：柑　桔	万元	4145	14709	1064	6973
其　他	万元	7681	5441	2510	2243
坚　果	万元	1387	870	1170	1618
其它农作物	万元	382	108	1972	1066
二、林　业	万元	17138	18115	28071	17247
采集野生植物	万元	3601	2158	8417	1210
三、牧　业	万元	164129	25520	20501	120562
1. 牲畜	万元	105666	19331	15405	103463
2. 家禽饲养	万元	16962	4247	955	11702
3. 活的畜禽产品	万元	3311	1567	413	5039
4. 捕猎野兽野禽	万元	438	104	1050	53
5. 其他动物饲养	万元	37752	271	2678	305
四、渔　业	万元	10662	5583	4911	16285
五、农林牧渔服务业	万元	2810	2877	1550	1571

各县市区农作物播种面积

3—20

(2014 年)

指　　　　标	单　　位	全　　市	市本级	柯城区	衢江区
农作物播种面积总计	**公顷**	**207116**	**837**	**10157**	**50242**
一、粮　　食	公顷	110458	363	2771	25003
(一) 稻　　谷	公顷	76464	238	720	19024
1. 早　　稻	公顷	18393	16	127	5427
2. 单季晚稻	公顷	44852	222	534	9495
3. 连作晚稻	公顷	13219		59	4102
(二) 小　　麦	公顷	1159		20	147
(三) 大　　麦	公顷	222		5	8
(四) 玉　　米	公顷	8940	33	298	1799
(五) 其他谷物	公顷	662	1	48	25
(六) 豆　　类	公顷	13525	47	1007	2236
大　　豆	公顷	10897	36	754	1735
蚕 (豌) 豆	公顷	1575	5	80	433
(七) 薯　　类	公顷	9486	44	673	1764
二、油　　料	公顷	38425	183	1841	6865
油菜籽	公顷	35783	161	1542	6217
三、棉　　花	公顷	1857		2	26
四、麻　　类	公顷	10			6
五、甘　　蔗	公顷	506		6	59
六、烟　　叶	公顷	1			
七、药　　材	公顷	803	1	76	495
八、蔬菜 (含菜用瓜)	公顷	36766	249	4628	10787
九、果用瓜	公顷	5230	29	444	2526
西　　瓜	公顷	4182	23	386	1939
十、花卉苗木	公顷	5106	12	330	1322
十一、其他作物	公顷	7954		59	3153
绿　　肥	公顷	3621		28	1590

各县市区农作物播种面积

3—20 续表　　(2014 年)

指标	单位	江山市	常山县	开化县	龙游县
农作物播种面积总计	**公顷**	**52657**	**20079**	**29919**	**43225**
一、粮　食	公顷	30481	11225	14763	25852
(一) 稻　谷	公顷	21846	6798	7097	20741
1. 早　稻	公顷	5602	1953	496	4772
2. 单季晚稻	公顷	12092	3947	6494	12068
3. 连作晚稻	公顷	4152	898	107	3901
(二) 小　麦	公顷	184	232	363	213
(三) 大　麦	公顷	24	41		144
(四) 玉　米	公顷	2402	1382	2073	953
(五) 其他谷物	公顷	373	78	63	74
(六) 豆　类	公顷	2993	1885	2510	2847
大　豆	公顷	2054	1553	2270	2495
蚕(豌)豆	公顷	538	197	75	247
(七) 薯　类	公顷	2659	809	2657	880
二、油　料	公顷	9518	4093	7012	8913
油菜籽	公顷	8786	3881	6755	8441
三、棉　花	公顷	677	56	50	1046
四、麻　类	公顷			4	
五、甘　蔗	公顷	173	122	82	64
六、烟　叶	公顷				1
七、药　材	公顷	47	67	75	42
八、蔬菜（含菜用瓜）	公顷	8488	3439	5117	4058
九、果用瓜	公顷	529	414	557	731
西　瓜	公顷	418	366	449	601
十、花卉苗木	公顷	650	244	1462	1086
十一、其他作物	公顷	2094	419	797	1432
绿　肥	公顷	984	361	448	210

各县市区农作物总产量

3—21

(2014年)

指　　标	单　位	全　市	市本级	柯城区	衢江区
农作物总产量					
一、粮　食	吨	706750	2208	16873	158112
(一) 稻　谷	吨	565882	1750	5666	134889
1. 早　稻	吨	113285	91	866	31924
2. 单季晚稻	吨	360742	1659	4398	75330
3. 连作晚稻	吨	91855		402	27635
(二) 小　麦	吨	3019		71	432
(三) 大　麦	吨	721		13	26
(四) 玉　米	吨	44171	128	1692	8738
(五) 其他谷物	吨	2675	1	222	98
(六) 豆　类	吨	33107	112	2670	5980
大　豆	吨	27636	92	2109	4838
蚕(豌)豆	吨	3208	4	155	1024
(七) 薯　类	吨	57175	217	6539	7949
二、油　料	吨	65025	269	3311	11873
# 油菜籽	吨	59734	236	2723	10257
三、棉　花	吨	3307		5	27
四、麻　类	吨	13			13
五、甘　蔗	吨	21897		189	3719
六、烟　叶	吨	1			
七、药　材	吨	3748	5	347	2408
八、蔬菜(含菜用瓜)	吨	962853	3334	107257	359267
九、果用瓜	吨	146416	570	12057	72788
西　瓜	吨	125357	484	10991	58806
十、花卉苗木	吨				
十一、其他作物	吨				
绿　肥	吨				

各县市区农作物总产量

3—21 续表　　　　　　(2014 年)

指　　　　标	单　位	江山市	常山县	开化县	龙游县
农作物总产量					
一、粮　　食	吨	199805	70580	97622	161550
(一) 稻　　谷	吨	165348	54647	60864	142718
1. 早　　稻	吨	34454	14720	3140	28090
2. 单季晚稻	吨	99755	33204	56966	89430
3. 连作晚稻	吨	31139	6723	758	25198
(二) 小　　麦	吨	449	738	782	547
(三) 大　　麦	吨	51	120		511
(四) 玉　　米	吨	10414	6221	12250	4728
(五) 其他谷物	吨	1431	296	296	331
(六) 豆　　类	吨	7427	3049	5857	8012
大　　豆	吨	5700	2283	5274	7340
蚕 (豌) 豆	吨	903	447	209	466
(七) 薯　　类	吨	14685	5509	17573	4703
二、油　　料	吨	15716	7440	12335	14081
# 油菜籽	吨	14166	7102	11956	13294
三、棉　　花	吨	1055	76	47	2097
四、麻　　类	吨				
五、甘　　蔗	吨	7167	4600	2549	3673
六、烟　　叶	吨				1
七、药　　材	吨	235	252	281	220
八、蔬菜 (含菜用瓜)	吨	232029	86219	92091	82656
九、果 用 瓜	吨	16306	16042	11504	17149
西　　瓜	吨	14020	15064	10030	15962
十、花卉苗木	吨				
十一、其他作物	吨				
绿　　肥	吨				

各县市区农作物单产

3—22

(2014年)

指标	单位	全市	市本级	柯城区	衢江区
农作物单产					
一、粮　食	公斤/公顷	6398	6083	6087	6323
(一) 稻　谷	公斤/公顷	7401	7353	7869	7091
1. 早　稻	公斤/公顷	6159	5688	6819	5880
2. 单季晚稻	公斤/公顷	8043	7465	8236	7935
3. 连作晚稻	公斤/公顷	6949		6814	6735
(二) 小　麦	公斤/公顷	2605		3550	2940
(三) 大　麦	公斤/公顷	3248		2600	3245
(四) 玉　米	公斤/公顷	4941	3882	5659	4860
(五) 其他谷物	公斤/公顷	4041	1000	4625	3920
(六) 豆　类	公斤/公顷	2448	2383	2651	2674
大　豆	公斤/公顷	2536	2552	2797	2790
蚕(豌)豆	公斤/公顷	2037	800	1938	2370
(七) 薯　类	公斤/公顷	6027	4932	9716	4506
二、油　料	公斤/公顷	1692	1470	1798	1730
油菜籽	公斤/公顷	1669	1466	1766	1650
三、棉　花	公斤/公顷	1781		2500	1038
四、麻　类	公斤/公顷	1300			2167
五、甘　蔗	公斤/公顷	43275		31500	63034
六、烟　叶	公斤/公顷	1000			
七、药　材	公斤/公顷	4667	5000	4566	4865
八、蔬菜(含菜用瓜)	公斤/公顷	26189	13390	23176	33306
九、果用瓜	公斤/公顷	27995	19655	27155	28816
西　瓜	公斤/公顷	29975	21043	28474	30328
十、花卉苗木	公斤/公顷				
十一、其他作物	公斤/公顷				
绿　肥	公斤/公顷				

各县市区农作物单产

3—22 续表　　　　　　　　　　　　　　(2014 年)

指　　　　标	单　　位	江山市	常山县	开化县	龙游县
农作物单产					
一、粮　　食	公斤/公顷	6555	6288	6613	6249
(一) 稻　　谷	公斤/公顷	7569	8039	8576	6881
1. 早　　稻	公斤/公顷	6150	7537	6331	5886
2. 单季晚稻	公斤/公顷	8250	8412	8772	7411
3. 连作晚稻	公斤/公顷	7500	7487	7084	6441
(二) 小　　麦	公斤/公顷	2440	3181	2154	2569
(三) 大　　麦	公斤/公顷	2125	2927		3551
(四) 玉　　米	公斤/公顷	4336	4501	5909	4961
(五) 其他谷物	公斤/公顷	3836	3795	4698	4473
(六) 豆　　类	公斤/公顷	2481	1618	2333	2814
大　　豆	公斤/公顷	2775	1470	2323	2941
蚕 (豌) 豆	公斤/公顷	1678	2269	2787	1887
(七) 薯　　类	公斤/公顷	5523	6810	6614	5344
二、油　　料	公斤/公顷	1651	1818	1762	1579
油菜籽	公斤/公顷	1612	1830	1770	1575
三、棉　　花	公斤/公顷	1558	1357	940	2005
四、麻　　类	公斤/公顷				
五、甘　　蔗	公斤/公顷	41428	37705	31085	57391
六、烟　　叶	公斤/公顷				1000
七、药　　材	公斤/公顷	5000	3761	3747	5238
八、蔬菜 (含菜用瓜)	公斤/公顷	27336	25071	17997	20370
九、果用瓜	公斤/公顷	30824	38749	20648	23457
西　　瓜	公斤/公顷	33541	41158	22339	26564
十、花卉苗木	公斤/公顷				
十一、其他作物	公斤/公顷				
绿　　肥	公斤/公顷				

各县市区蚕茧、茶叶和水果生产情况

3—23

(2014 年)

指　　标	单　位	全　市	市本级	柯城区	衢江区
一、桑园总面积	公顷	1131			96
二、饲养蚕种张数	张	16716			923
1. 春　　蚕	张	9843			570
2. 夏　　蚕	张	1472			353
3. 秋　　蚕	张	5401			
三、蚕茧总产量	吨	763			47
1. 春　　茧	吨	448			28
2. 夏　　茧	吨	72			19
3. 秋　　茧	吨	243			
四、茶园总面积	公顷	11695		98	1313
茶叶总产量	吨	6904		64	1116
1. 春　　茶	吨	3830		46	766
2. 夏　　茶	吨	1782		10	240
3. 秋　　茶	吨	1292		8	110
五、果园面积合计	公顷	34424	149	8269	8590
# 1. 柑 桔 园	公顷	28698	149	7952	6959
2. 梨　　园	公顷	461		14	6
3. 桃　　园	公顷	313		25	70
4. 杨 梅 园	公顷	596		18	102
5. 枇 杷 园	公顷	580		5	227
六、水果总产量	吨	879748	2191	276366	255046
# 1. 柑　　桔	吨	675503	1619	260550	164203
2. 梨　　头	吨	6180		417	51
3. 桃　　子	吨	2711	2	331	334
4. 杨　　梅	吨	1953		174	665
5. 枇　　杷	吨	4802		44	3555

各县市区蚕茧、茶叶和水果生产情况

3—23 续表　　　　　　　　　　　　(2014 年)

指　　　标	单　位	江山市	常山县	开化县	龙游县
一、桑园总面积	公顷	18	25	992	
二、饲养蚕种张数	张	193	584	15016	
1. 春　蚕	张	87	315	8871	
2. 夏　蚕	张	31	86	1002	
3. 秋　蚕	张	75	183	5143	
三、蚕茧总产量	吨	7	34	675	
1. 春　茧	吨	3	19	398	
2. 夏　茧	吨	2	5	46	
3. 秋　茧	吨	2	10	231	
四、茶园总面积	公顷	1746	394	6820	1324
茶叶总产量	吨	1366	127	1937	2294
1. 春　茶	吨	811	104	939	1164
2. 夏　茶	吨	349	18	556	609
3. 秋　茶	吨	206	5	442	521
五、果园面积合计	公顷	4622	7700	1396	3698
# 1. 柑桔园	公顷	2325	7394	847	3072
2. 梨　园	公顷	144	51	48	198
3. 桃　园	公顷	109	39	32	38
4. 杨梅园	公顷	232	56	164	24
5. 枇杷园	公顷	258	27	58	5
六、水果总产量	吨	54425	155132	30718	105870
# 1. 柑　桔	吨	25123	136832	5319	81857
2. 梨　头	吨	1006	354	465	3887
3. 桃　子	吨	1166	252	242	384
4. 杨　梅	吨	507	318	243	46
5. 枇　杷	吨	749	129	298	27

各县市区畜牧业和水产生产情况

3—24　　(2014年)

指　　标	单　位	全　市	市本级	柯城区	衢江区
一、年末存栏头数					
1. 生猪	万头	161.58	0.02	2.94	46.5
#能繁殖的母猪	万头	17.23	0.01	0.29	4.74
2. 牛	头	19324	89	1446	5693
3. 羊	万只	4.53	0.01	0.39	1.4
4. 家　禽	万只	1143.06	2.79	15.16	249.75
5. 兔	万只	7.55		0.04	0.9
6. 养蜂箱数	箱	257157	360	6925	4720
二、年内出栏数					
1. 生　猪	万头	400.45	1.86	12.74	151.4
2. 牛	头	13553	69	2649	4543
3. 羊	万只	4.8	0.02	0.71	1.58
4. 家　禽	万只	2750.29	3.54	35	487.01
三、畜产品产量					
1. 肉类产量	吨	270832	1238	9846	92350
#猪　肉	吨	234851	1173	8833	84853
牛　肉	吨	2001	9	437	698
羊　肉	吨	773	1	129	267
禽　肉	吨	33042	55	444	6520
兔　肉	吨	165		3	12
2. 禽蛋产量	吨	22268	60	939	5795
3. 蜂蜜产量	吨	28002	2	818	888
4. 蜂皇浆产量	公斤	820518	400	8966	29371
5. 牛奶产量	吨	365	21	48	230
四、水产品产量	吨	59072		7524	11830

各县市区畜牧业和水产生产情况

3—24 续表 (2014 年)

指标	单位	江山市	常山县	开化县	龙游县
一、年末存栏头数					
1. 生猪	万头	46.76	9.56	8.97	46.83
#能繁殖的母猪	万头	5.93	0.91	0.35	5
2. 牛	头	5087	1377	2413	3219
3. 羊	万只	0.82	0.85	0.17	0.89
4. 家禽	万只	349	138.57	39.05	348.74
5. 兔	万只	3.11	0.84	0.72	1.94
6. 养蜂箱数	箱	239000	1730	2470	1952
二、年内出栏数					
1. 生猪	万头	116.09	17.43	9.63	91.3
2. 牛	头	2876	594	934	1888
3. 羊	万只	0.95	0.59	0.13	0.82
4. 家禽	万只	906.47	259.69	47.94	1010.63
三、畜产品产量					
1. 肉类产量	吨	71106	14921	9705	71666
#猪肉	吨	59206	11934	8720	60132
牛肉	吨	373	77	125	282
羊肉	吨	120	70	35	151
禽肉	吨	11331	2823	791	11078
兔肉	吨	76	17	34	23
2. 禽蛋产量	吨	4238	1851	685	8700
3. 蜂蜜产量	吨	25520	134	381	259
4. 蜂皇浆产量	公斤	765000	2470	5260	9051
5. 牛奶产量	吨	11	55		
四、水产品产量	吨	12938	5442	4548	16790

各县市区农业现代化情况

3—25 (2014年)

指标	单位	全市	市本级	柯城区	衢江区
一、农业机械化情况					
1、当年机械耕地面积	公顷	68669		3051	9173
2、机械收获面积	公顷	80892		2376	15552
二、农村电气化情况					
农村用电量	万千瓦时	99754		11121	20886
三、农村化学化情况					
1、化肥使用情况					
实物量合计	吨	263113	2073	28770	57691
氮肥	吨	119447	1017	7031	24575
磷肥	吨	47235	401	4344	8362
钾肥	吨	20964	189	958	5299
复合肥	吨	75467	466	16437	19455
折纯合计	吨	71496	628	7063	14211
氮肥	吨	38398	369	2349	7618
磷肥	吨	8623	64	721	1589
钾肥	吨	7977	94	541	1113
复合肥	吨	16498	101	3452	3891
2、农膜使用量	吨	2577	9	293	634
#地膜使用量	吨	1895	7	209	420
地膜覆盖面积	公顷	6915	15	380	1830
3、农用柴油	吨	16477	86	1081	1997
4、农药使用量	吨	6206	31	583	1398

各县市区农业现代化情况

3—25 续表　　　　　　　　　　　　(2014年)

指　　　　标	单　位	江山市	常山县	开化县	龙游县
一、农业机械化情况					
1、当年机械耕地面积	公顷	18746	11668	9093	16938
2、机械收获面积	公顷	18634	11496	9070	23764
二、农村电气化情况					
农村用电量	万千瓦时	25685	21205	6833	14024
三、农村化学化情况					
1、化肥使用情况					
实物量合计	吨	50413	34227	17093	72846
氮　肥	吨	25918	13942	10592	36372
磷　肥	吨	12109	5702	2304	14013
钾　肥	吨	3873	2318	1764	6563
复合肥	吨	8513	12265	2433	15898
折纯合计	吨	15581	9679	6833	17501
氮　肥	吨	8436	4888	4554	10184
磷　肥	吨	2659	912	576	2102
钾　肥	吨	2134	1160	900	2035
复合肥	吨	2352	2719	803	3180
2、农膜使用量	吨	399	388	368	486
#地膜使用量	吨	350	282	190	437
地膜覆盖面积	公顷	2485	795	368	1042
3、农用柴油	吨	4305	1673	1573	5762
4、农药使用量	吨	699	1172	373	1950

各县市区农业机械年末拥有量

3—26 (2014 年)

指　　标	单　位	全　市	市本级	柯城区	衢江区
农业机械总动力	**千瓦**	**1629463**		**253639**	**342137**
一、耕作机械动力	千瓦	164089		5906	36204
1、大中型拖拉机	台	1247		45	503
2、小型拖拉机	台	4301		63	696
二、收获机械动力	千瓦	85813		1128	18816
1、联合收割机	台	909		19	194
三、植保机械动力	千瓦	135707		64891	35379
#机动喷雾（粉）机	架	39557		14236	9836
四、排灌机械动力	千瓦	322951		65060	95779
1、农用水泵数量	台	118821		21974	37727
2、节水灌溉机械数量	套	4060		872	316
五、农产品加工机械动力	千瓦	126210		9325	23350
1、粮食加工机械	台	18470		271	2667
2、棉花加工机械	台	327		5	60
3、油料加工机械	台	1692		64	270
六、运输机械动力	千瓦	374323		70366	67760
1、农用汽车数量	辆	12742		7310	1023
2、运输拖拉机	辆	5481		700	1824
七、畜牧养殖机械动力	千瓦	39817		1574	6844
八、渔业机械动力	千瓦	9883		1718	2198

各县市区农业机械年末拥有量

3—26 续表　　　　　　　　　　(2014 年)

指　　标	单　　位	江 山 市	常 山 县	开 化 县	龙 游 县
农业机械总动力	**千瓦**	**402184**	**146553**	**170870**	**314080**
一、耕作机械动力	千瓦	37128	8171	24657	52023
1、大中型拖拉机	台	245	191	32	231
2、小型拖拉机	台	245	76	1529	1692
二、收获机械动力	千瓦	43938	4594	5239	12098
1、联合收割机	台	272	94	78	252
三、植保机械动力	千瓦	7283	19827	1160	7167
# 机动喷雾 (粉) 机	架	3173	8122	357	3833
四、排灌机械动力	千瓦	49914	41663	21658	48877
1、农用水泵数量	台	22725	12729	6731	16935
2、节水灌溉机械数量	套	319	139	1786	628
五、农产品加工机械动力	千瓦	34353	10283	22141	26757
1、粮食加工机械	台	7159	1069	3820	3484
2、棉花加工机械	台	94	36	14	118
3、油料加工机械	台	325	207	468	358
六、运输机械动力	千瓦	107599	34955	54464	39179
1、农用汽车数量	辆	1417	1038	1323	631
2、运输拖拉机	辆	1193	125	958	681
七、畜牧养殖机械动力	千瓦	7859	1282	921	21337
八、渔业机械动力	千瓦	1013	137	179	4638

三、农业主要统计指标解释

农业总产值：是以货币表现的农林牧渔四业全部产品的总量，它反映一定时期内农业生产的总规模和总成果：

农、林、牧、渔四业的统计范围是：

⑴ **种植业**：包括粮食、棉花、油料、糖类、麻类、烟叶，蔬菜、药材、瓜类和其他农作物的种植，以及茶园、桑园、果园的生产经营、采集野生植物。

⑵ **林业**：包括林木的栽培（不包括茶园、桑园和果园的栽培、管理和收获等活动）、林产品的采集和村及村以下的竹木采伐。

⑶ **牧业**：包括除渔业养殖以外的一切动物饲养和放牧以及捕猎野兽野禽。

⑷ **渔业**：包括水生动物和海藻类植物的养殖和捕捞。

农业总产值的计算方法，通常是以农林牧渔业产品及其副产品的产量乘以该项产品的单位价格，而得该项产品的产值。少数生产周期较长，当年没有产品或产品产量不易统计的，则采用间接方法匡算产值。四业产品产值之和即为农业总产值。

1957年以前的农业总产值中包括了厩肥和农民自给性手工业（如农民自制衣服、鞋、袜，自己从事粮食初步加工等）。1958年及以后的农业总产值，林业中增加了村及村以下竹木采伐产量；牧业中取消了厩肥产值；副业中取消了农民自给性手工业产值，增加了村级村以下办的工业产值；渔业中增加了机械化捕鱼产值。1980年及以后的农业总产值，在副业中增加了农民商品性家庭手工业的产值。从1985年起村及村以下办工业产值划归工业。1993年起把副业分解到种植业和牧业中去，并对1993年以前的农业总产值均按此口径作了调整，表中出现的都是调整后的数值。

粮食产量：指全社会的产量，包括国营农场等国有经济经营、集体统一经营的和农民家庭经营的产量，还包括工矿企业家属办的农场和其他生产单位的产量。粮食除包括稻谷、小麦、大麦、玉米、高粱、及其他杂粮外，还包括薯类和豆类。其产量计算方法，豆类按去豆荚后的干豆计算，薯类按5公斤鲜薯折1公斤粮食计算，其他粮食一律按脱粒后的原粮计算。粮食产量统计方法主要有两种：全面统计和农产量抽样调查。从1988年起，国家统计局统一规定，全国和各省（直辖市、自治区）的粮食产量一律以农产量抽样调查数为准。从2001年起，马铃薯从粮食中划出归入蔬菜类。

猪、牛、羊肉产量：指当年出栏并已屠宰的猪、牛、羊的肉产量。即屠宰后除去头蹄下水后带骨的（即胴体重）重量。

水产品产量：指本年度内捕捞的水产品（包括人工养殖和天然生产）产量。它可分为海水产品和淡水产品两大类。海水产品包括海水的鱼类、虾蟹类、贝类和藻类；淡水产品包括淡水的鱼类、虾蟹贝类，不包括淡水水生植物。

有效灌溉面积：指具有一定的水源，地块比较平整，灌溉工程或设备已经配套，在一般年景下当年能够进行正常灌溉的耕地面积。

农业机械总动力：指主要用于农、林、牧、渔耕作机械、排灌机械、收获机械、农产品加工、运输机械、植保机械、牧业机械、林业机械、机械和其他农业机械等各种动力机械的动力。电动机功率按千瓦计算，内燃机功率按引擎折成千瓦计算。

农用化肥施用量：指在本年度内实际用于农业化肥数量。包括氮肥、磷肥、钾肥及复合肥。施用量按标准量及折纯量两种方法计算。按折纯量计算化肥数量，即把氮肥、磷肥、钾肥分别按含氮、含五氧化二磷、含氧化钾百分之百计算。

第四篇　工　　业

历年各县市区全部工业总产值

4—1　　（当年价）　　单位：万元

年　　份	全　　市	市本级	柯城区	衢江区	江山市	常山县	开化县	龙游县
1949	1090	459		64	180	127	182	78
1950	1581	639		78	281	178	278	127
1951	2071	873		96	304	246	347	205
1952	2475	1119		96	316	232	398	314
1953	3243	1422		97	486	329	536	373
1954	3876	1630		105	804	309	572	456
1955	3108	1090		97	608	429	484	400
1956	3750	1395		101	750	410	594	500
1957	5535	2396		125	961	546	811	696
1958	9437	2900		1513	1942	547	1148	1387
1959	13353	5512		1644	2243	999	1422	1533
1960	17564	8743		1248	3136	1087	1443	1907
1961	11191	5952		259	2331	706	849	1094
1962	11772	6267		280	2581	642	727	1275
1963	12883	7224		244	2818	552	652	1393
1964	15540	9517		246	2917	557	649	1654
1965	20384	13493		385	3078	532	696	2200
1966	25890	17297		409	3976	769	673	2766
1967	19595	11395		190	3360	1654	779	2217
1968	13956	5979		181	3130	1577	831	2258
1969	25286	14837		209	4587	1982	864	2807
1970	30314	19714		253	5068	1687	1070	2522
1971	30772	18279		242	5747	1795	1388	3321
1972	36620	21998		276	6405	2025	2120	3796
1973	37143	21748		270	6289	2254	2454	4128
1974	31432	18142		313	5068	1957	2662	3290
1975	29106	16144		371	4934	1422	3039	3196
1976	29208	15185		428	5005	1345	3601	3644
1977	40255	21257		582	7092	2559	4022	4743
1978	50778	26969		741	8696	3518	4849	6005
1979	55599	29005		1004	9548	3480	6047	6515

历年各县市区全部工业总产值

4—1 续表　　（当年价）　　单位：万元

年份	全市	市本级	柯城区	衢江区	江山市	常山县	开化县	龙游县
1980	66503	35697		1119	11086	3727	7004	7870
1981	73247	38776		1545	12400	4145	7816	8565
1982	79524	41215		1204	15066	4531	8539	8969
1983	88049	43866		1631	18143	5271	9370	9768
1984	102403	50996		2678	20393	5773	10636	11927
1985	134738	55867	2443	4682	30879	7953	14591	18323
1986	160726	59681	3470	7390	39790	9826	17073	23496
1987	207932	75041	4834	11424	52482	12786	19989	31376
1988	297609	103189	6316	17371	78432	20202	26634	45465
1989	378143	128293	8092	23421	97931	29321	33777	57308
1990	396622	142729	8950	25484	90010	30128	36972	62349
1991	480278	172614	12924	32964	105794	40852	45061	70069
1992	616434	198847	20421	55574	134420	57176	58244	91752
1993	938578	261296	41100	91895	207248	92665	89727	159135
1994	1430002	350894	83532	141102	318408	143634	129107	263325
1995	1685283	394508	87068	178114	345233	143079	170480	366802
1996	1744552	372657	90476	173809	353922	146162	190318	417208
1997	1742657	382681	96821	174181	329114	173216	219335	367309
1998	1919749	410061	112308	204400	366486	189690	264512	372292
1999	2038545	336717	118106	236204	429833	213440	317860	386385
2000	893898	352905	30064	70096	190723	69499	63168	117443
2001	1116833	399410	44018	100968	248699	99232	70971	153533
2002	1316643	456920	34468	129397	294161	122017	91109	188571
2003	1688461	577309	42141	164091	360977	163914	116099	263930
2004	2488813	919649	72041	219333	524669	222888	153120	377114
2005	3212086	1177426	102049	267661	704668	293600	200866	465816
2006	4272056	1592106	119011	326567	963677	370799	280314	619582
2007	5709322	2131508	161499	370594	1340025	489440	397781	818475
2008	7433034	2627318	234345	494542	1826711	605092	539840	1105186
2009	8325949	2988626	316725	531076	2040088	605959	576125	1267349
2010	10871164	3654779	520837	816756	2663318	806153	755213	1654109
2011	13008618	4530207	667196	970843	2981723	898177	875756	2084715
2012	13309992	4463886	661335	1045434	2987451	872899	912513	2366474
2013	14485242	4672741	579963	1173290	3275434	963408	1061994	2758412
2014	15413972	4899608	691123	1337770	3416011	1062232	1040843	2966385

注：全部工业总产值统计到1999年止，2000年起为规上工业产值。2011年起规上工业统计范围由主营业务收入500万元及以上调整为2000万元及以上的工业法人企业。

历年各县市区全部工业总产值指数

4—2　　(以上年为100)　　单位：%

年　份	全　市	市本级	柯城区	衢江区	江山市	常山县	开化县	龙游县
1949								
1950	132.41	128.55		111.22	143.72	128.38	134.72	149.14
1951	119.43	124.11		111.93	97.18	127.21	115.61	144.51
1952	130.85	140.02		109.84	115.65	106.42	125.59	171.20
1953	118.95	115.80		91.79	139.60	124.37	122.63	107.71
1954	115.45	113.03		106.50	163.20	92.12	103.16	120.82
1955	85.97	71.05		98.47	79.87	141.67	91.01	92.82
1956	114.98	120.93		98.45	116.80	99.54	115.53	118.18
1957	130.65	152.88		110.24	114.03	122.40	118.70	123.73
1958	159.95	114.61		1142.86	201.65	98.35	138.88	184.52
1959	133.43	168.19		96.19	122.15	171.06	118.24	113.69
1960	131.45	167.05		79.92	133.59	111.86	98.22	122.26
1961	60.25	61.47		18.78	68.60	67.18	61.41	60.86
1962	99.42	98.74		101.30	105.41	88.14	80.50	120.59
1963	106.50	112.58		85.04	110.82	79.82	90.57	108.43
1964	117.62	128.64		98.49	103.92	106.57	96.60	118.08
1965	134.40	149.56		164.80	110.38	97.99	114.07	127.77
1966	126.09	128.46		106.50	129.16	125.44	93.03	127.88
1967	77.13	66.39		46.80	84.52	178.08	116.15	80.45
1968	76.18	56.76		103.11	93.14	98.90	107.18	100.58
1969	169.25	229.15		106.63	146.57	124.40	102.23	127.60
1970	117.09	129.99		118.64	110.48	88.25	117.73	92.19
1971	120.39	117.68		121.43	123.36	113.14	121.41	134.9
1972	117.49	118.5		112.16	111.46	111.81	147.15	111.93
1973	102.39	100.41		99.3	98.19	110.52	114.46	108.37
1974	84.78	83.47		115.85	80.58	88.14	107.33	79.47
1975	92.96	89.42		119.15	97.37	73.68	111.06	99.05
1976	100.12	93.95		115.31	101.45	95.03	115.55	113.37
1977	137.47	140.15		136.28	141.70	182.81	112.32	129.14
1978	123.39	124.08		124.51	122.61	124.67	121.46	122.38
1979	110.36	107.23		135.07	108.17	114.08	122.81	111.61

历年各县市区全部工业总产值指数

4—2 续表　　(以上年为 100)　　单位：%

年份	全市	市本级	柯城区	衢江区	江山市	常山县	开化县	龙游县
1980	118.00	123.04		111.39	117.46	102.31	109.18	115.55
1981	109.14	108.55		137.95	111.21	109.88	110.94	103.06
1982	110.94	109.16		80.03	118.89	103.47	109.34	118.49
1983	112.47	110.48		140.58	119.23	112.88	110.54	108.94
1984	107.73	102.71		140.87	112.70	105.76	115.82	109.96
1985	124.84	106.33		167.46	139.90	137.83	127.88	137.43
1986	114.73	103.14	141.85	158.04	124.04	114.24	106.00	128.06
1987	121.34	114.45	128.92	158.09	129.34	121.55	108.77	121.76
1988	127.58	121.77	131.34	141.83	134.07	131.02	123.60	124.82
1989	113.97	106.63	121.64	124.18	116.47	128.73	113.92	113.94
1990	106.86	110.68	112.70	114.55	95.55	109.02	112.36	110.70
1991	119.40	114.06	123.92	129.30	120.35	134.42	123.50	116.00
1992	127.20	115.55	158.35	162.39	123.00	141.04	130.98	128.61
1993	131.35	116.72	178.09	140.08	121.10	150.32	133.65	149.39
1994	136.14	116.42	186.99	140.68	139.99	133.91	132.36	153.15
1995	111.58	110.15	107.28	119.84	97.65	95.38	130.34	125.53
1996	108.56	96.73	101.63	95.28	119.10	114.68	113.25	116.91
1997	107.17	107.39	107.47	109.09	99.46	126.78	121.60	97.19
1998	119.85	118.70	143.00	123.41	121.43	95.80	117.93	126.32

注：1999 年起为规模以上工业指数。2002 年起柯城区、衢江区为新区划统计历史数据未调整。

历年全市工业主要产品产量

4—3

年份	配混合饲料（吨）	食用植物油（吨）	啤酒（吨）	纱（吨）	硫酸（吨）	合成氨（吨）
1949		1446				
1950		801				
1951		1103				
1952		2311				
1953		2697				
1954		2073				
1955		2061				
1956		1991				
1957		1835				
1958		3368			1	
1959		3260			95	
1960		2726			887	
1961		1570			1292	
1962		1392			11856	1772
1963		2233			73022	21223
1964		2268			102842	38597
1965		2390			123555	77323
1966		1249		470	135513	98082
1967		915		981	79457	46703
1968		1101		1114	6891	8641
1969		1058		1646	109277	52089
1970		1646		1576	99770	65044
1971		2810		1474	126611	77710
1972		3804		1578	130846	106920
1973		4351		1660	127747	104378
1974		3554		1172	101732	82595
1975		3934		314	58475	71002
1976		3285		233	60125	66355
1977		3366		1418	70605	106117
1978		6811		1589	123938	130889
1979		7771	505	1601	154021	151555

历年全市工业主要产品产量

4—3 续表 1

年 份	配混合饲料（吨）	食用植物油（吨）	啤 酒（吨）	纱（吨）	硫 酸（吨）	合 成 氨（吨）
1980		6722	1316	1597	170991	165687
1981		8545	2114	1535	156846	155903
1982		13528	5524	1774	145893	168268
1983		9341	8706	2024	153789	161348
1984		10542	10892	1775	170751	160333
1985		12854	16535	1855	169119	154075
1986		16066	24728	3793	158004	151789
1987		16211	36725	6278	163519	149586
1988		13583	54626	7667	156828	141178
1989		12749	40998	7674	138704	142793
1990		14408	45744	8120	155329	146067
1991		20176	47228	9567	201693	151318
1992		25171	51127	10632	186236	156822
1993		29200	82500	11085	196300	151100
1994		23592	75177	13814	201521	151025
1995		34266	81961	15266	208738	160754
1996		20234	92706	13418	198826	159955
1997		23178	90578	15952	190478	174891
1998	142729	9254	115530	16303	185146	182616
1999	124221	7633	125999	18475	217883	198636
2000	114831	422	138966	24663	217491	188008
2001	139474	1818	125409	26086	239017	186982
2002	116668	1586	114148	28761	241404	191696
2003	132443	3308	110532	33919	243896	155444
2004	164635	3409	118061	43187	253881	155139
2005	196063	3762	113404	55773	307603	175257
2006	209960	5792	117645	72097	301581	153513
2007	278413	6143	162083	75797	303757	159086
2008	444864	16513	106386	98749	283700	125720
2009	661113	9267	78297	116543	264118	162322
2010	512528	7990	71461	140053	309824	197319
2011	440682	8727	63045	139024	324114	162011
2012	533317	13678	62141	147680	297333	214968
2013	534709	14634	66675	156242	249225	218881
2014	635270	13430	62546	171700	287598	230877

历年全市工业主要产品产量

4—3 续表 2

年　　份	机制纸及纸板（吨）	农用化肥（吨）	化学农药（吨）	气体压缩机（台）	水泥（万吨）	发电量（万千瓦时）
1949						5
1950	4					4
1951	8					5
1952	8					22
1953	17					41
1954	11					48
1955	16					102
1956	19					184
1957	30					451
1958	31				0.08	1418
1959	49	143			2.13	6596
1960	262	817	1268		11.13	11632
1961	1199	834	2780		8.54	11832
1962	2203	2379	5413		10.26	13642
1963	3365	20141	7707		16.05	10309
1964	4538	36471	8255		19.74	14921
1965	6607	69701	14411		21.16	18087
1966	7022	86392	17697		23.49	21340
1967	7998	41971	9952		11.71	17954
1968	8207	10964	2232		10.27	12752
1969	8398	52099	16482		19.84	21990
1970	5969	55885	21453		24.30	34511
1971	8787	62579	24048		30.83	43143
1972	9955	82506	24107		31.85	43850
1973	9509	81667	23246		32.42	46720
1974	6105	61010	20928		21.49	28208
1975	5377	50166	15840		26.92	37063
1976	7530	47854	12853		24.42	39159
1977	8616	76824	15643		40.66	39516
1978	11439	96972	21275		44.47	52047
1979	13771	112933	21789		50.62	56503

历年全市工业主要产品产量

4—3 续表 3

年　　份	机制纸及纸板（吨）	农用化肥（吨）	化学农药（吨）	气体压缩机（台）	水泥（万吨）	发电量（万千瓦时）
1980	16684	119826	20260		59.39	92647
1981	15651	116272	19368		71.30	106735
1982	16912	111754	17516		82.90	101729
1983	17945	107786	3753		99.80	144390
1984	18245	97585	983		100.41	118474
1985	23474	86806	992		128.65	121418
1986	27880	109707	1017		132.54	106758
1987	31665	108827	1067		151.52	117179
1988	35075	106090	898		169.33	152448
1989	35908	102611	877		178.87	141920
1990	39944	112673	799		187.05	128372
1991	43163	118954	933		213.27	115757
1992	50609	121628	1226		251.51	190489
1993	62400	105000	891		301.03	180452
1994	67139	107276	1557		349.58	187007
1995	100195	117435	1101		452.17	223508
1996	73202	100140	3460		470.91	168064
1997	103041	103323	2097		410.08	225031
1998	90664	107743	5808	10604	412.14	267828
1999	97417	112086	68	16440	430.75	247175
2000	124144	92315	287	28984	490.86	215207
2001	82595	93248	1436	40072	615.7	244667
2002	131879	85754	2552	96989	758.85	280849
2003	129410	57405	4084	169470	906.49	262827
2004	151374	54187	7621	227602	1162.06	233465
2005	241425	72065	8399	189125	1316.13	298493
2006	353084	84914	10483	212636	1630.11	407239
2007	460432	86342	13410	235719	1815.93	431019
2008	529197	114395	15324	203275	1708.14	436472
2009	614859	120688	6711	202149	1887.61	502228
2010	791680	118552	4434	233913	1857.07	546686
2011	958023	115681	3113	241456	1929.38	464298
2012	1152804	131557	16186	182111	1688.82	538565
2013	1313811	144425	18510	196853	1880.32	551648
2014	1511144	138497	11380	203894	1830.20	

注：1998 年以后工业主要产品产量统计范围为规模以上工业企业。

4—4

年 份	企业单位数（个）	工业总产值（当年价）	工业销售产值（当年价）	出口交货值	资产总计	流动资产合计	固定资产合计	负债合计
1998	254	778617	748437	76922	1273051	540445	660657	769477
1999	259	776356	761991	84371	1415013	590951	736266	791680
2000	264	893898	860310	101086	1596256	687086	662633	1077162
2001	376	1250900	1082985	129612	1889682	796569	753810	1258577
2002	433	1316643	1296438	161269	2144531	923115	905464	1443436
2003	518	1688461	1653308	222689	2541118	1147478	1033500	1741557
2004	651	2488813	2421214	328642	3147357	1343423	1341662	1897429
2005	722	3212086	3145485	358195	3828488	1631473	1816977	2495988
2006	838	4272056	4185925	420093	4636460	1903252	2174317	2968097
2007	933	5709322	5586995	608899	5769432	2383489	2741355	3621405
2008	1114	7433034	7225684	724858	6901172	3044169	2983367	4195712
2009	1230	8325949	8094155	558976	8281356	3589372	3353112	4767616
2010	1411	10871164	10634889	783978	9681701	4352079	3938003	5825071
2011	861	13008618	12783464	915892	11535694	5578533	4423448	6602782
2012	940	13309992	12970049	1015383	13047047	6655336	4619072	7824763
2013	1004	14485242	14180375	1097905	14771034	7787751	4915062	8844989
2014	1024	15413972	14869211	1209778	15980029	8165767	5355647	9541318

注：2011年起规上工业统计范围由主营业务收入500万元及以上的工业法人企业调整为2000万元及以上的工业法人企

工业主要指标

单位:万元

主营业务收入	主营业务成本	主营业务税金及附加	利税总额	利润总额	亏损企业亏损额	本年应付工资总额	本年应交增值税	全部从业人员年平均人数(人)
703657	573963	6363	56912	8518	8678	67425	42031	85982
764083	614291	7506	72293	19346	4466	73260	45441	80288
863524	706708	8679	88339	27815	6040	83520	51846	78937
1068141	867079	9710	119851	48913	5295	83265	61229	86380
1253233	1019169	10302	139216	56397	9232	114743	72517	89100
1620075	1335466	13190	182477	89237	5244	128711	80050	94253
2672800	2337815	16330	202813	96351	26653	141795	90132	93230
3131754	2711652	21128	269433	122288	15345	177604	126017	104134
4187297	3558636	25182	396049	216644	9167	212353	154224	109309
5610486	4751454	30541	537360	307222	14809	252016	199597	114185
7592074	6636827	49640	718168	430097	36946	334737	238431	133508
8634071	7232780	76702	763145	466126	48686	360313	220316	138998
11089709	9492305	63543	1175267	812014	31016	546399	299710	158463
13009414	10684013	62973	1709873	1232282	35731	614811	414618	148996
13683951	11645718	63049	1461303	979757	51175	635955	418496	155067
15436714	13329238	78638	1520207	966988	62972	730954	473229	156500
16034001	13894326	73698	1459218	909299	72379	839555	474228	156524

业。未包含国网浙江省电力公司衢州供电公司数据。

各县市区工业用电量

4—5 (2014年) 单位：万千瓦时

指　　标	全　市	客服中心	巨化公司
工业用电量合计	**1033404**	**306521**	**265865**
1、轻工业	225324	79784	13947
2、重工业	808080	226737	251917
(一) 采矿业	11576	3157	
(二) 制造业	934506	279565	242004
食品、饮料和烟草制造业	15767	9701	
纺织业	39237	6910	
服装鞋帽、皮革羽绒及其制品业	6000	3128	
木材加工及制品和家具制造业	22332	2060	
造纸及纸制品业	91324	38205	
印刷业和记录媒介的复制	1235	479	
文体用品制造业	1273	267	
石油加工、炼焦及核燃料加工业	85	55	
化学原料及化学制品制造业	290017	12821	223737
医药制造业	9434	6370	110
化学纤维制造业	14624	807	12909
橡胶及塑料制品业	19977	7706	
非金属矿制品业	190128	34311	4840
黑色金属冶炼及压延加工业	118999	109493	
有色金属冶炼及压延加工业	8524	4450	
金属制品业	31415	14882	
通用及专用设备制造业	36517	16610	408
交通运输电气电子设备制造业	28773	7461	
工艺品及其他制造业	5896	1297	
废弃资源和废旧材料回收加工业	2948	2552	
(三) 电力、燃气及水的生产和供应业	87322	23799	23860

各县市区工业用电量

4—5 续表　　(2014 年)　　单位：万千瓦时

指标	江山供电局	常山供电局	开化供电局	龙游供电局
工业用电量合计	**161957**	**98168**	**31928**	**158069**
1、轻工业	24840	15180	7652	83922
2、重工业	137117	82988	24276	74148
(一) 采矿业	1663	1773	298	4685
(二) 制造业	149539	90926	28364	144108
食品、饮料和烟草制造业	2052	1443	712	1859
纺织业	4310	8818	799	18400
服装鞋帽、皮革羽绒及其制品业	357	309	264	1943
木材加工及制品和家具制造业	14428	2147	494	3203
造纸及纸制品业	1395	1475	93	50156
印刷业和记录媒介的复制	168	22	333	232
文体用品制造业	213	62	393	337
石油加工、炼焦及核燃料加工业		1	1	28
化学原料及化学制品制造业	24268	8561	14248	6382
医药制造业	131	129	2331	364
化学纤维制造业	368	2	3	535
橡胶及塑料制品业	7711	1031	1044	2484
非金属矿制品业	69650	48867	2577	29884
黑色金属冶炼及压延加工业				9506
有色金属冶炼及压延加工业	901	787	2087	298
金属制品业	7696	2240	381	6217
通用及专用设备制造业	2100	13403	826	3170
交通运输电气电子设备制造业	12271	1287	1301	6453
工艺品及其他制造业	1465	300	421	2413
废弃资源和废旧材料回收加工业	55	42	55	243
(三) 电力、燃气及水的生产和供应业	10755	5469	3266	9276

各县市区规模以上工业主要产品产量

4—6

(2014年)

指　　标	单　　位	全　　市	市 本 级	柯 城 区	衢 江 区
食用植物油	吨	13430		1327	8288
配混合饲料	吨	635270	144244	15633	216169
罐头	吨	34341		6899	
啤酒	千升	62546			
纱	吨	171700	8969	5578	2838
服装	万件	2582	1076	67	119
轻革	万平方米	1264.08	1225.52		38.56
人造板	立方米	187696			23005
机制纸	吨	1511144	151341	13353	442749
硫酸（折１０0%）	吨	287598	224688		
烧碱（折１０0%）	吨	419400	419400		
合成氨	吨	230877	185249		
农用化肥	吨	138497	131046		
化学农药	吨	11380			
水泥	万吨	1830.20	24.76		81.58
钢材	万吨	415.55	367.12	1.56	0.54
气体压缩机	台	203894	193195		9909
轴承	万套	3951			
变压器	万千伏安	2805.77	327.41		
高低压开关板	面	27830	6353		
发电量	万千瓦时	589815	377206		51236
其中：水电	万千瓦时	453836	304690		33603

各县市区规模以上工业主要产品产量

4—6 续表　　(2014 年)

指　　标	单　　位	江　山　市	常　山　县	开　化　县	龙　游　县
食用植物油	吨		1004	483	2328
配混合饲料	吨	66698	790		191736
罐头	吨			7483	19959
啤酒	千升	62546			
纱	吨	8397	55108		90809
服装	万件	192	40	13	1074
轻革	万平方米				
人造板	立方米	58586			106105
机制纸	吨		76939		826763
硫酸（折１００%）	吨				62910
烧碱（折１００%）	吨				
合成氨	吨	45628			
农用化肥	吨				7451
化学农药	吨				11380
水泥	万吨	917.42	424.75	13.64	368.06
钢材	万吨	5.49	0.60		40.23
气体压缩机	台			790	
轴承	万套		3951		
变压器	万千伏安	2478.36			
高低压开关板	面	21477			
发电量	万千瓦时	80019	48011		33343
其中：水电	万千瓦时	52412	44435		18696

4—7 （2014

指标代码	企业单位数（个）	亏损企业	工业总产值（当年价）	工业销售产值（当年价）	出口交货值
衢州市	1024	153	15413972	14869211	1209778
市本级	127	37	4899608	4755403	389641
绿色产业	122	36	3696802	3600480	280842
柯城区	66	9	691123	681090	53372
衢江区	131	21	1337770	1279361	135576
常山县	116	39	1062232	999892	67402
开化县	81	19	1040843	971882	92380
龙游县	209	19	2966385	2849675	162448
江山市	294	9	3416011	3331908	308959
按登记注册类型分组					
内资企业	969	142	14207375	13756648	1072307
国有企业	9		343380	343094	348
地方企业	8		318980	318694	348
有限责任公司	122	26	4502705	4369643	255877
其他有限责任公司	109	22	4137797	4008535	255877
股份有限公司	19	4	1063222	1041063	232404
私营企业	816	112	8279743	7985279	583628
私营独资企业	40		159472	155967	
私营合伙企业	2		15792	14376	
私营有限责任公司	754	110	7742197	7452984	557667
私营股份有限公司	20	2	362282	361952	25961
其他企业	2		4214	4243	50
港、澳、台商投资公司	21	5	290123	287157	50442
内地与港澳台合资经营企业	13	4	97332	95533	30678
港澳台商独资经营企业	7	1	189375	188049	16994
外商投资企业公司	34	6	916474	825407	87030
中外合资经营企业	24	4	671604	606554	64912
外商独资经营企业	6	1	104676	101366	8159
按企业规模（主营业务收入）分组：					
2000–3000 万	225	62	573884	547491	45008
3000–5000 万	222	31	905259	881504	75348
5000–1 亿	271	32	2018548	1936637	168426
1 亿–5 亿	242	19	5127921	4955738	372283
5 亿–10 亿	26	2	1842128	1761608	193708
10 亿–50 亿	16	1	2630896	2537759	244789
100 亿及以上	2		2274951	2210304	108799

主要财务指标

年)

单位:万元

资产总计	流动资产合计	产成品	固定资产合计	固定资产原价	累计折旧	本年折旧	负债合计
15970029	8165767	963702	5355647	7605432	2825365	541732	9541318
6403439	2940674	281380	2170207	3344774	1347145	239200	3829731
4380615	2161813	208239	1313014	1809610	660597	164089	2636870
561993	379326	35185	129340	172364	50735	12579	422368
1363994	756630	110206	428233	594542	202819	41205	804684
1049881	420241	67019	484435	639551	190566	36159	663740
1302485	976348	144950	264582	382036	151979	27198	828651
2597983	1294284	191685	979600	1229385	406839	101157	1507406
2700253	1398263	133277	899250	1242781	475283	84234	1484739
14433320	7354080	885360	4815894	6973781	2635548	488476	8665536
267124	43120	155	196798	371578	206427	25866	118850
212863	27561	155	160479	256472	127639	21448	82992
5329241	2095147	212789	2405444	3538929	1361651	220827	3323667
4609797	1915332	201828	1979078	2973719	1176393	195245	2891060
1497189	787429	69193	271678	462339	203920	38481	649880
7314112	4414913	601455	1936615	2591125	859050	202651	4563980
65322	35233	3707	19226	25491	9613	2201	30783
6459	2781	104	2690	1009	403	86	4017
6939503	4168955	562187	1843083	2469691	817384	192345	4336019
302828	207943	35458	71617	94934	31650	8019	193161
1743	906	400	838	1141	352	60	525
325408	184442	14780	103593	102918	38181	7933	218080
167429	66846	9202	73542	57369	19115	4191	101679
156377	116166	4795	29887	44845	18526	3709	115384
1221301	627245	63561	436160	528733	151636	45324	657702
687684	360198	40895	242903	323557	108088	25150	261074
108978	44074	3401	59394	56995	15909	6098	57876
727160	407682	47238	219157	307503	104857	21468	492039
1092785	559453	67994	319564	434625	143116	30698	671860
1949386	894865	129965	677401	857747	288960	64300	1223263
4466994	2220478	307310	1646911	2240147	752761	172605	2625165
2030766	983302	120729	768046	1014695	343083	71696	1254520
2910622	1994281	213701	461834	709122	289284	58435	1499881
2763678	108518	745348	1250670	2025888	8967140	121131	1752764

4—7 续表 1

(2014

指　标　代　码	企业单位数（个）	亏损企业	工业总产值（当年价）	工业销售产值（当年价）	出口交货值
按隶属关系分组					
中央属	6	1	302946	299650	
省　属	10	3	1371771	1325497	113581
地　(市)　属	6		146622	131427	25361
县　(市)　属	8		273210	261599	73972
其　他	993	149	13311136	12843299	996864
在总计中：亏损企业	153	153	1348500	1268493	55066
在总计中：国有控股企业	27	4	1971744	1919979	127851
在总计中：集体控股企业	8	1	137767	137826	12584
在总计中：私人控股企业	940	138	11890796	11465799	928249
在总计中：港澳台控股企业	14	3	241978	241058	23555
在总计中：外商控股企业	24	4	702542	638943	79577
在总计中：其他控股企业	11	3	469145	465607	37962
在总计中：轻工业	370	59	4919193	4706992	541659
在总计中：重工业	654	94	10494779	10152219	668119
在总计中：大型企业	12	2	3799581	3695571	189433
在总计中：中型企业	83	12	3624925	3409359	491196
在总计中：小型企业	865	127	7719978	7494073	514542
在总计中：微型企业	64	12	269489	270208	14607
按工业行业类别分					
一、采掘业	4	1	16488	19454	3
非金属矿采选业	4	1	16488	19454	3
二、制造业	996	150	14884792	14342648	1209775
农副食品加工业	42	5	564545	560036	11846
谷物磨制	8	1	38844	39373	
饲料加工	21	2	407087	405161	10348
植物油加工	7	1	38318	36882	38
食品制造业	24	2	145082	140571	22665
方便食品制造	3		20134	21932	
罐头食品制造	7	1	31831	27491	12965
酒、饮料和精制茶制造业	12	1	268217	266482	15354
饮料制造	4		208850	209555	12388
精制茶加工	7		47369	45214	14115
纺织业	51	11	671169	640933	38813
棉纺织及印染精加工	36	10	551672	523103	25709
针织或钩针编织物及其制品制造	3		44403	44223	

主要财务指标

年)　　　　单位:万元

资产总计	流动资产合计	产成品	固定资产合计	固定资产原价	累计折旧	本年折旧	负债合计
522251	108104	3608	363314	534077	200800	22168	319904
2268221	749958	69965	1089463	1792395	721450	93873	1257995
201148	59272	10628	73387	128128	62639	9799	97998
153189	92996	9908	44547	64681	39648	6501	69075
12799790	7153835	869593	3751109	5038964	1784331	407965	7772505
22213741	885785	117315	812108	988219	278443	88706	1678256
3172503	951008	81493	1607179	2595635	1068611	1364990	1766132
140760	87188	9266	45954	79779	33854	5512	52249
11169676	6331278	801975	3192712	4333929	15419152	348605	6836138
266276	148167	9701	85237	75550	28909	5910	181490
989898	544122	53196	320011	389033	120728	33857	550445
240917	104004	80714	104554	131506	31348	11359	154865
4412923	2505045	375578	1402505	1750881	559416	137887	2617423
11567105	5660722	588123	3953142	5854551	2265948	403845	6923895
4747079	2190338	153226	1718021	2611299	1055875	169542	2752016
4162233	2263608	312406	1322159	1931754	782718	134947	2404233
6850747	3589037	484710	2262569	2982506	956532	231929	4240734
219970	122784	13359	52897	79873	30240	5314	144335
60320	7537	2804	17375	18491	7830	1893	33105
60320	7537	2804	17375	18491	7830	1893	33105
15152293	8057038	959896	4759613	6716125	2479789	488228	9017959
338584	195684	27378	75493	107454	41410	8573	199103
36116	22158	2401	7370	10714	3908	715	20121
184188	127064	12372	37314	55382	22203	4433	103589
23462	13038	1966	6296	8602	3170	742	15943
95759	49368	8715	36350	42206	14019	3749	50105
8732	2918	779	4852	5752	1388	586	4784
23295	15392	3878	4568	7307	3283	631	13736
289852	142441	3710	98614	144979	47605	11567	110661
232427	118770	859	72345	106307	34359	7676	59032
34670	20774	2760	7441	10849	3864	710	18220
445303	218453	40075	176434	226288	77435	18881	312676
360271	162367	30679	152332	188171	62568	16486	261321
33121	20095	3039	11290	20010	9470	1402	15129

4—7 续表 2

(2014

指　标　代　码	企业单位数（个）	亏损企业	工业总产值（当年价）	工业销售产值（当年价）	出口交货值
纺织服装、服饰业	19	3	109211	108178	19140
机织服装制造	15	3	76920	75916	18298
皮革、毛皮、羽毛及其制品和制鞋业	12	4	218677	217665	127831
皮革鞣制加工	2		175923	175626	119128
皮革制品制造	2		6916	6802	573
木材加工及木、竹、藤、棕、草制品业	71	3	548595	542981	44024
人造板制造	34	1	227069	224291	312
木制品制造	30	1	290058	287639	43312
竹、藤、棕、草等制品制造	1	1	1634	1395	
家具制造业	17	2	13693	13252	16589
木质家具制造	14	1	125377	12143	6866
造纸及纸制品业	62	10	1510807	141233	71083
造纸	42	8	1281730	121015	59807
纸制品制造	20	2	229077	20218	11276
印刷业和记录媒介的复制业	8	1	69804	7019	8279
文教、工美、体育和娱乐用品制造业	21	2	200104	19527	56660
文教办公用品制造	5	2	17005	1670	7771
工艺美术品制造	8		124141	12053	37927
石油加工、炼焦及核燃料加工业	1		3101	310	
化学原料及化学制品制造业	153	28	2768015	265339	299801
基础化学原料制造	64	8	2055155	196548	253953
肥料制造	3		14210	1263	
农药制造	3		61554	5309	4896
涂料、油墨、颜料及类似产品制造	10	1	93242	9112	810
合成材料制造	16	4	157110	15196	5721
专用化学产品制造	56	15	384389	37676	34421
医药制造业	13	2	165834	16589	34465
化学药品原料药制造	4	1	96381	9629	29497
化学纤维制造业	11	4	73723	6943	
纤维素纤维原料及纤维制造					
橡胶和塑料制品业	41	7	284945	27221	20413
橡胶制品业	3		50774	4754	7350
塑料制品业	38	7	234171	22466	13062
非金属矿物制品业	61	10	824209	81068	2352
水泥、石灰和石膏的制造	18	3	544303	54149	
石膏、水泥制品及类似制品制造	22	3	155171	15154	68

主要财务指标

单位:万元

资产总计	流动资产合计	产成品	固定资产合计	固定资产原价	累计折旧	本年折旧	负债合计
172171	102767	5561	49466	65226	24567	4350	82694
137799	92827	2462	32844	44759	20723	3130	60283
128667	95062	10120	24976	41649	18003	4265	89582
95928	70397	8619	20949	36946	16819	3946	63651
4574	3026	365	1179	1637	458	64	3074
321862	168139	27255	110699	137911	41190	9418	167089
137744	76315	14699	39717	57762	22399	4900	77393
174399	87060	11755	66907	74942	17067	4161	83221
2396	1491	147	765	1309	544	98	2074
192037	75065	9031	88684	65372	12565	3352	112970
171821	60959	8252	84200	60069	11693	3074	99234
1414621	792345	125621	492813	608964	175579	52146	852258
1180654	697372	112528	369923	473325	150610	41242	723120
233967	94973	13092	122890	135639	24969	10904	129138
65016	37365	4421	23139	45522	25113	2417	28902
118024	66900	32338	36052	39640	8009	3359	96417
10447	6746	725	3331	3668	1229	347	8192
83607	47495	30261	25344	27314	4478	2064	72889
3853	1598		240	572	332	53	2278
3536119	1413028	166243	1332447	2241649	944315	142959	2013321
2746653	1042780	121880	1067213	1824358	779068	109580	1529079
8188	4800	1267	1999	2546	547	218	6165
72362	56000	10129	11820	24152	15652	2656	34807
53121	36759	3447	9515	16856	8860	1462	32640
150924	72696	8441	60734	95579	35280	5884	76899
503152	199011	21063	180563	277188	104542	23047	332811
239740	114804	10182	74972	87819	24729	6312	145934
145169	70701	3847	41690	54312	16436	4320	96799
57484	33467	4068	14163	20707	7371	1907	42709
187770	118623	19542	57394	75830	23929	5667	103442
29976	19774	1372	8705	11089	3321	1079	11023
157794	98849	18170	48689	64741	20608	4587	92418
1042847	412903	33416	483967	708683	279648	38864	572220
690271	230389	13000	354443	532870	225787	25286	386585
167652	88915	8411	58218	85871	32278	6809	95954

4—7 续表 3

(2014

指标代码	企业单位数（个）	亏损企业	工业总产值（当年价）	工业销售产值（当年价）	出口交货值
黑色金属冶炼及压延加工业	29	6	1825341	180574	204
黑色金属铸造	9		72775	7222	204
钢压延加工	20	6	1752566	173352	
有色金属冶炼及压延加工业	26	6	574750	55929	26520
金属制品业	46	2	385132	37331	37680
结构性金属制品制造	19		166653	16106	3893
建筑、安全用金属制品制造	11		91444	9074	33
通用设备制造业	77	17	977886	94009	85964
泵、阀门、压缩机及类似机械制造	15		581400	57512	31715
轴承、齿轮和传动部件制造	30	12	210156	18645	51747
通用零部件制造	15	2	113180	10830	1366
专用设备制造业	34	4	214943	20298	10416
采矿、冶金、建筑专用设备制造	7	3	47754	4836	3225
环保、社会公共安全及其他专用设备制造	11		81445	7395	6444
汽车制造业	18	3	133126	12765	7322
铁路、船舶、航空航天和其他运输设备制造	7	2	54775	5393	7262
电气机械及器材制造业	93	9	1409748	134353	203293
输配电及控制设备制造	57	6	771032	74344	50012
电线、电缆、光缆及电工器材制造	13	1	228526	21832	
照明器具制造	15	2	268654	24796	77725
计算机、通信和其他电子设备制造业	25	3	613208	54276	34287
广播电视设备制造	7		397299	35341	24420
仪器仪表制造业	7	1	36527	3582	180
通用仪器仪表制造	4		23060	2381	
其他制造业	8		61252	5772	7337
废弃资源综合利用业	7	2	35132	3796	
三、电力、燃气及水的生产和供应业	24	2	512692	50711	
电力、热力的生产和供应业	20	1	471831	46597	
电力生产	14	1	104568	10449	
电力供应	4		308906	30891	
热力生产和供应	2		58358	5257	
燃气生产和供应业	2		30416	3070	
水的生产和供应业	2	1	10445	1044	

注：本表数据为包括国网浙江省电力公司衢州供电公司，下同。

主要财务指标

年)

单位:万元

资产总计	流动资产合计	产成品	固定资产合计	固定资产原价	累计折旧	本年折旧	负债合计
1247629	571576	29563	573581	780621	336833	65603	905544
71985	28284	4366	35723	46824	11972	3431	35999
1175644	543292	25197	537858	733796	324861	62172	869545
761082	482563	36880	171927	186307	35275	17235	653353
348639	176952	46352	111843	147212	44992	10070	161814
121431	56269	8715	45875	56412	12311	3033	63308
97591	56743	27855	17152	32803	17707	3565	31280
1368820	789770	77990	274255	386702	126458	29573	616824
964198	556613	38477	153655	218206	69220	16167	363448
197594	117181	25596	55499	80112	29962	6562	123714
110424	55795	7818	37428	53708	16667	4413	69975
242136	134947	17761	69810	89562	25403	7444	145967
79331	49158	9294	16765	23908	7303	2270	53640
56591	34244	4567	16683	17956	4800	1736	31805
121046	69316	10183	33154	43531	11152	3153	80653
58408	36572	1584	15768	19727	5611	1526	40411
1176580	806870	82178	234715	276889	90160	25678	654403
718227	514495	56295	111008	137365	48906	12768	444282
155572	99918	9707	33422	45165	12203	4507	88066
248973	156879	12365	77161	73879	20289	5338	96365
1037169	872472	117767	50874	68441	24695	5416	705037
574864	542089	52735	21700	31477	13015	2298	373930
35029	18664	6062	12035	14950	4861	1498	13878
18059	10513	1983	5826	7041	2890	865	7256
42855	18346	4411	23189	26226	5165	2062	22294
63194	40981	1492	12559	15487	3366	1133	35423
767417	101191	1001	578660	870817	337746	51611	490254
693726	83268	583	549575	817217	312972	48840	433261
425776	53797	583	350873	499437	161943	21579	312428
189664	11486		154212	242614	120048	20909	77243
78287	17985		44490	75166	30981	6352	43590
13998	11231	419	2372	2667	554	296	11018
59693	6693		26713	50932	24219	2475	45975

4—8 (2014

指标代码	主营业务收入	主营业务成本	主营业务税金及附加	销售费用	管理费用
衢州市	16034001	13894326	73698	343534	651614
市本级	6132559	5564311	25549	101668	251620
绿色产业	3650138	3276942	15819	66830	133049
柯城区	673752	604150	3004	11660	23416
衢江区	1257769	1052532	5525	44458	52205
常山县	983182	864988	4308	18989	38389
开化县	969619	800338	2394	24203	52123
龙游县	2716350	2268075	10218	57563	108236
江山市	3300770	2739934	22702	84992	125626
按登记注册类型分组					
内资企业	14914396	12972577	68149	311327	606383
国有企业	314643	287114	2202	151	4990
地方企业	290244	273956	1831	151	3428
有限责任公司	5616892	5089078	22297	94211	227444
其他有限责任公司	5252097	4810392	19778	76978	201674
股份有限公司	1121340	977677	4408	23369	46112
私营企业	7843982	6603110	39175	193173	327213
私营独资企业	151963	127615	1289	2779	4151
私营合伙企业	12659	10012	398	562	379
私营有限责任公司	7316258	6169807	35385	177958	298865
私营股份有限公司	363103	295675	2102	11874	23819
其他企业	4214	3603	3	396	94
港、澳、台商投资公司	280818	257199	1473	3348	11520
内地与港澳台合资经营企业	89646	78793	417	1458	5973
港澳台商独资经营企业	187773	175281	1037	1799	5458
外商投资企业公司	838787	664550	4077	28859	33711
中外合资经营企业	614136	467494	2091	26653	24369
外商独资经营企业	101765	86774	1896	1099	3281
按企业规模（主营业务收入）分组：					
2000–3000万	544759	467123	3613	17087	32509
3000–5000万	861831	735585	5869	21635	42154
5000–1亿	1898976	1605962	11075	51543	101136
1亿–5亿	4905763	4167858	22140	114351	201587
5亿–10亿	1747766	1485776	9104	51051	50210
10亿–50亿	2542355	2130078	8769	50549	88615
100亿及以上	3501141	3276918	12892	36351	133917

主要财务指标

年)

单位:万元

财务费用	利息收入	利息支出	利税总额	利润总额	亏损企业亏损额	本年应付工资总额	本年应交增值税	全部从业人员年平均人数(人)
310143	47076	32835	1459218	909299	72379	839555	474228	156524
90616	35304	11139	363484	178610	38175	362323	159084	49307
46172	20229	5437	273487	128586	36387	168558	128904	32825
16212	2491	1682	50435	18293	786	20192	29095	5337
25849	1009	2542	124035	87076	4231	57397	31349	14422
27152	529	2631	74791	41333	7000	77392	29134	14290
32428	485	3173	95862	64671	8593	33579	28752	7478
53624	2969	5357	319852	226885	6771	139184	82067	31379
64263	4290	6311	430759	292425	6823	149489	114748	34311
292822	40970	30824	1299672	794493	66686	772585	435194	143579
5319	390	550	37290	15893		33213	19028	1610
3747	45	358	24514	7297		27036	15283	1201
109920	21170	12044	331533	173109	25294	330130	135724	45622
92851	19189	10162	264375	134719	16507	300601	109825	41392
9915	9831	1794	100666	61296	12399	49458	34962	9915
167140	9548	16383	828310	543102	28993	356983	244765	85765
1562	14	141	20827	14491		5643	4893	1703
112	1	11	1791	1196		493	197	157
159659	8986	15662	760822	500012	27660	331288	224336	79754
5807	548	568	44869	27404	1333	19559	15339	4151
21	0	2	207	[illegible]29		197	75	90
7002	1821	739	13709	3804	1543	20076	8432	4295
3028	107	298	4210	944	1493	5411	2849	1475
3982	1714	441	9379	281[illegible]	50	14525	5524	2791
10319	4285	1272	145837	1110[illegible]	4150	46894	30603	8650
2232	4153	540	124644	1011[illegible]	2490	28457	21287	5200
1710	35	181	14308	723[illegible]	860	10067	5181	1768
18188	505	1790	28639	9049	11027	45648	15806	12457
21523	516	2093	69883	42168	9882	52860	21500	14374
42433	2060	4178	160400	93703	18740	116657	55189	27672
108093	6169	10874	498811	315512	29878	237519	160239	50925
35417	3953	3706	222997	143376	1707	82927	70490	13530
32231	15776	4143	353097	249841	754	85859	94420	15273
51327	18094	5964	121615	53226		215833	55497	21512

4—8 续表 1 (2014

指标代码	主营业务收入	主营业务成本	主营业务税金及附加	销售费用	管理费用
按隶属关系分组					
中央属	227470	2593	14409	9951	15765
省属	2415118	10481	34575	132162	43229
地（市）属	133345	619	4823	6150	1565
县（市）属	237079	1046	4503	5708	2161
其他	10875980	58897	285223	496690	246067
在总计中：亏损企业	1210218	6637	24672	60703	53290
在总计中：国有控股企业	2904551	14350	55694	154396	68536
在总计中：集体控股企业	115542	575	5674	11330	1350
在总计中：私人控股企业	9709327	53015	256075	440410	223449
在总计中：港澳台控股企业	217915	1336	2751	8648	5530
在总计中：外商控股企业	514440	3472	17491	27516	7896
在总计中：其他控股企业	432550	951	5850	9315	3383
在总计中：轻工业	3835664	21045	118601	190381	82446
在总计中：重工业	10058662	52654	224933	461233	227698
在总计中：大型企业	4516080	18083	67816	186605	57340
在总计中：中型企业	2694118	16507	96974	173166	89031
在总计中：小型企业	6431986	37522	174604	285709	158617
在总计中：微型企业	252142	1587	4140	6135	5155
按工业行业类别分					
一、采掘业	14139	537	764	1187	405
非金属矿采选业	14139	537	764	1187	405
二、制造业	13457446	70295	339700	639179	287780
农副食品加工业	486186	989	11399	13534	6011
谷物磨制	36820	157	453	832	1071
饲料加工	356411	584	7571	8934	2488
植物油加工	32372	127	969	1618	897
食品制造业	107737	750	3376	5370	1756
方便食品制造	9593	29	803	765	280
罐头食品制造	22046	268	700	802	471
酒、饮料和精制茶制造业	200151	2478	9881	13873	–1838
饮料制造	150915	628	8780	10460	–3473
精制茶加工	39771	201	1101	2634	700
纺织业	545327	2223	6845	14799	13498
棉纺织及印染精加工	443152	1736	3911	10002	11613
针织或钩针编织物及其制品制造	38571	145	430	1319	578

主要财务指标

年）　　　　　　　　　　　　　　　　　　　　　　　　　　　　　　单位:万元

财务费用	利息收入	利息支出	利税总额	利润总额	亏损企业亏损额	本年应付工资总额	本年应交增值税	全部从业人员年平均人数(人)
15765	838	1657	69585	45562	5028	21496	21368	2491
43229	15317	5594	94282	45551	4985	212364	37905	17563
1565	373	180	9036	3462		13458	4861	1067
2161	139	237	22480	13090		16597	8329	2847
246067	30409	25032	1263417	801627	62366	574976	401416	132448
53290	2438	5331	–24338	–72379	72379	80818	41296	18330
68536	16413	8207	191940	103301	8788	256839	73773	21813
1350	148	148	11318	5577	1409	7619	5165	1576
223449	24463	22501	1104575	697767	54991	507873	352496	119147
5530	1745	599	12014	3396	1004	17601	7283	3717
7896	4165	1037	122343	95763	2362	35351	22953	6668
3383	143	344	17028	3496	3825	14272	12559	3603
82446	9013	8500	517912	354570	23348	246388	141049	57084
227698	38063	24336	941306	554729	49031	593167	333179	99440
57340	29751	7600	314379	190935	1554	292685	105356	37500
89031	6830	8874	440217	279391	25619	214741	144056	41301
158617	10232	15840	687151	430575	42107	327745	217415	75986
5155	263	522	17471	8398	3100	4384	7402	1737
405	57	45	–1538	–2595	3561	2815	520	448
405	57	45	–1538	–2595	3561	2815	520	448
287780	46346	30557	1405661	883958	63490	791462	449664	153190
6011	82	571	49102	41483	536	13091	6608	3018
1071	2	107	1206	866	24	854	183	255
2488	68	223	38044	33779	129	7720	3658	1684
897	4	89	2906	2401	262	1227	378	333
1756	33	169	12445	7488	1264	7390	4198	1846
280		28	1077	677		2109	363	402
471	4	41	1703	863	193	1806	572	562
–1838	3707	165	63517	53110	860	9950	7928	2173
–3473	3653	5	58985	51761		6892	6596	1330
700	54	67	2806	2209		1963	396	572
13498	412	1352	44001	26179	10298	36275	15593	10047
11613	373	1162	34146	19421	10085	27214	12983	7423
578	2	63	5426	4016		4292	1264	1203

4—8 续表 2

(2014

指标代码	主营业务收入	主营业务成本	主营业务税金及附加	销售费用	管理费用
纺织服装、服饰业	108009	82689	613	1482	17093
机织服装制造	76289	56284	498	1182	15375
皮革、毛皮、羽毛及其制品和制鞋业	215957	186896	1773	3178	6040
皮革鞣制加工	174374	149100	1649	2218	4591
皮革制品制造	6802	5722	35	83	388
木材加工及木、竹、藤、棕、草制品业	538279	448727	3870	13183	17104
人造板制造	216464	181277	1789	4942	5804
木制品制造	290689	241273	1823	7719	10403
竹、藤、棕、草等制品制造	1521	1443		40	59
家具制造业	133771	111356	811	3458	6950
木质家具制造	123080	102573	766	2930	6390
造纸及纸制品业	1340107	1104744	5259	45722	49112
造纸	1146649	946565	4680	34834	42235
纸制品制造	193458	158179	579	10888	6877
印刷业和记录媒介的复制业	70033	55283	241	2506	3693
文教、工美、体育和娱乐用品制造业	190844	156055	1430	3548	4820
文教办公用品制造	16748	15258	44	305	669
工艺美术品制造	119692	97998	559	1476	1931
石油加工、炼焦及核燃料加工业	3101	2435	20	62	175
化学原料及化学制品制造业	3990388	3626904	15163	80185	185384
基础化学原料制造	3309733	3035000	12242	62087	147177
肥料制造	20892	19804	10	380	387
农药制造	44409	38473	23	777	3483
涂料、油墨、颜料及类似产品制造	88568	71923	561	1806	3084
合成材料制造	155659	139628	728	4104	10202
专用化学产品制造	368771	320152	1576	10843	21009
医药制造业	164941	130527	756	10756	13869
化学药品原料药制造	98904	81308	315	4845	8978
化学纤维制造业	72566	65536	221	1279	1937
纤维素纤维原料及纤维制造					
橡胶和塑料制品业	268710	227982	1159	6418	9239
橡胶制品业	47496	37919	160	495	2206
塑料制品业	221214	190062	999	5923	7034
非金属矿物制品业	789813	625038	6010	34089	38884
水泥、石灰和石膏的制造	521868	413238	4310	19217	18864
石膏、水泥制品及类似制品制造	151231	115773	1122	11450	9714

主要财务指标

年)　　　　单位:万元

财务费用	利息收入	利息支出	利税总额	利润总额	亏损企业亏损额	本年应付工资总额	本年应交增值税	全部从业人员年平均人数(人)
64	1361	130	15850	8319	656	24989	6496	5064
-154	1356	108	11336	4741	656	13126	5674	2654
2927	828	300	26587	15395	463	8460	9389	2287
2171	826	225	25117	14773		6040	8696	1203
182	2	17	513	361		744	117	196
8011	166	759	71559	50010	158	31877	17539	8032
3912	15	368	29397	19437	23	9495	8073	2546
3729	151	354	38087	27612	15	20990	8637	5049
57	0	6	-30	-119	119	64	63	38
3639	42	345	13546	7462	799	10888	4871	3631
3181	33	302	13166	7188	689	10006	4810	3238
27625	1515	2629	161925	109900	3848	61281	46684	12194
23662	1360	2309	141471	96716	3538	48232	40075	9686
3964	156	320	20454	13184	310	13049	6609	2508
1718	44	162	9702	7086	229	4064	2375	738
3543	24	329	27688	20947	39	10094	5311	2217
317	2	30	391	188	39	839	160	261
2334	12	219	19222	15008		5625	3655	1004
162	3	14	280	248		61	12	31
75209	15907	8724	177437	90410	21121	241021	71717	27127
59858	14888	7154	123174	59951	11544	215835	50974	21071
55	2	6	736	387		516	338	118
12		1	4291	2792		1769	1476	555
1543	20	154	13322	9663	17	1689	3033	611
3387	266	333	10610	3586	1817	5759	6296	1297
10270	729	1068	25021	13935	7742	15417	9435	3468
5112	448	496	10523	5010	2081	10604	4757	2287
3737	338	352	3280	403	2002	5383	2562	1056
1735	55	174	3790	1959	1531	2454	1530	599
4643	199	428	26955	19319	193	9428	6399	2477
1156	12	112	6757	5239		875	1358	216
3488	187	316	20198	14080	193	8553	5041	2261
24319	2105	2581	128019	83380	3445	43086	38545	9070
17695	1949	1926	101966	69309	1467	25480	28309	4916
3129	24	304	19093	10206	817	7267	7719	1580

4—8 续表 3

(2014

指标代码	主营业务收入	主营业务成本	主营业务税金及附加	销售费用	管理费用
黑色金属冶炼及压延加工业	1753743	1651621	6196	8279	32872
黑色金属铸造	72203	60037	239	549	3031
钢压延加工	1681540	1591584	5958	7730	29841
有色金属冶炼及压延加工业	631147	594130	1553	1810	7451
金属制品业	363277	298006	2375	9597	16675
结构性金属制品制造	161160	133082	1420	4629	6509
建筑、安全用金属制品制造	75901	57668	355	1943	2597
通用设备制造业	963250	821576	4975	23590	50790
泵、阀门、压缩机及类似机械制造	578983	485312	3114	14190	29896
轴承、齿轮和传动部件制造	197499	175062	835	3680	9828
通用零部件制造	116109	104659	654	2161	3899
专用设备制造业	205192	162545	1525	6806	17962
采矿、冶金、建筑专用设备制造	48065	41443	423	1754	5316
环保、社会公共安全及其他专用设备制造	75808	59093	535	2327	5213
汽车制造业	127570	105433	347	5417	10260
铁路、船舶、航空航天和其他运输设备制造	54225	44395	495	967	2230
电气机械及器材制造业	1313880	1111066	7551	33536	58291
输配电及控制设备制造	729217	602311	4504	24302	39750
电线、电缆、光缆及电工器材制造	211904	199076	445	985	2909
照明器具制造	241300	206753	1492	4580	10427
计算机、通信和其他电子设备制造业	536047	394084	974	10114	34296
广播电视设备制造	349291	237219	691	6626	18731
仪器仪表制造业	35750	29046	121	1164	2807
通用仪器仪表制造	23743	18460	36	1014	1950
其他制造业	58134	50781	224	424	1802
废弃资源综合利用业	35860	31191	193	630	1867
三、电力、燃气及水的生产和供应业	486438	422741	2866	3070	11248
电力、热力的生产和供应业	445578	389997	2722	103	8404
电力生产	108898	81184	675	76	5197
电力供应	279647	265866	1793		1305
热力生产和供应	57032	42946	253	27	1902
燃气生产和供应业	30416	26119	103	1431	837
水的生产和供应业	10445	6626	41	1537	2008

注：本表数据未包括国网浙江省电力公司衢州供电公司。

主要财务指标

年)

单位:万元

财务费用			利税总额	利润总额	亏损企业亏损额	本年应付工资总额	本年应交增值税	全部从业人员年平均人数(人)
	利息收入	利息支出						
16888	4401	1361	97094	39982	1988	53323	50916	10987
1268	8	125	11118	7253		7280	3627	1367
15621	4393	1236	85976	32729	1988	46043	47289	9620
18491	3717	1923	27878	5938	1395	12761	20347	2630
7505	134	680	39184	28631	460	22703	8093	6021
3380	64	341	17220	12131		8471	3669	2556
1504	24	79	11508	9955		3507	1113	918
7528	7928	1490	96044	58875	4515	64513	32184	14567
-1881	7326	534	74637	49943		32588	21580	7022
5504	203	545	9905	4228	2593	17676	4842	4235
2071	358	239	7555	2874	926	7743	4026	1667
5902	185	581	22461	13321	1409	13293	7597	2969
1297	115	135	2321	-645	1345	3865	2543	849
1775	0	167	10057	6904		3018	2602	789
3154	196	321	5853	1710	670	6798	3795	1721
1642	62	167	6315	4562	157	2908	1259	699
22999	2183	2387	150345	94911	1070	60773	47813	13456
14809	1607	1535	81768	51190	727	30697	26030	6368
3841	406	402	12029	6745	229	2792	4834	794
2114	165	232	30120	18670	113	20616	9939	4692
23068	586	2077	105567	79511	3971	20468	25071	5386
14897	563	1277	94219	75936		9056	17591	2665
491	2	49	2559	1957	255	2821	481	652
291	2	29	2124	1785		1429	303	369
979	5	94	4863	3528		4027	1111	841
998	16	101	4572	3330	81	2062	1044	423
21958	674	2233	55094	27936	5329	45278	24044	2886
20898	504	2115	52690	26451	5028	42218	23352	2441
14475	458	1488	16546	9390	5028	15417	6419	1228
3685	41	353	23844	7074		25063	14874	870
2738	5	274	12300	9987		1738	2059	343
166	108	26	2219	1739		711	377	78
894	62	92	185	-253	301	2348	314	367

4—9 （2014

指标代码	企业单位数（个）	亏损企业	工业总产值（当年价）	工业销售产值（当年价）	出口交货值
衢州市	27	4	1971744	1919979	127851
市本级	5		1134598	1083730	108799
绿色产业	3		59489	59365	
柯城区	2		35814	32679	
衢江区	1	1	2639	2590	
常山县	3		161988	161970	
开化县	2		40362	40362	
龙游县	4	1	166274	168924	348
江山市	10	2	430068	429723	18704
按登记注册类型分组					
内资企业	27	4	1971744	1919979	127851
国有企业	9		343380	343094	348
地方企业	8		318980	318694	348
有限责任公司	17	4	1483752	1429671	108799
国有独资公司	13	4	364908	361108	
股份有限公司	1		144612	147214	18704
外商投资企业公司					
中外合资经营企业					
按企业规模（主营业务收入）分组：					
2000–3000 万	4	1	10225	9889	348
3000–5000 万	2	1	6986	7036	
5000–1 亿	5	1	37028	39492	
1 亿–5 亿	7	1	193599	190928	
5 亿–10 亿	5		387681	384551	
10 亿–50 亿	2		285516	288118	18704
100 亿及以上	1		1050709	999965	108799
按隶属关系分组					
中央属	6	1	302946	299650	
省 属	9	2	1331812	1284009	109147

工业企业主要财务指标

年）

单位：万元

资产总计	流动资产合计	产成品	固定资产合计	固定资产原价	累计折旧	本年折旧	负债合计
3172503	951008	81493	1607179	2595635	1068611	136490	1766132
1997054	684909	66254	907642	1622992	715351	81924	1138839
132178	29842	182	65896	102271	36375	7397	71923
36860	21176	3430	13089	15918	2829	649	24856
1707	1454	417	247	950	703	55	1640
323074	48165	580	247687	306364	66261	11708	190975
38187	3999	138	28240	34295	24840	4387	16963
180541	59316	2777	77391	109150	50277	8760	73840
595080	131988	7898	332883	505966	208350	29007	319021
3172503	951008	81493	1607179	2595635	1068611	136490	1766132
267124	43120	155	196798	371578	206427	25866	118850
212863	27561	155	160479	256472	127639	21448	82992
2731607	844722	77220	1394611	2146939	798743	103617	1606590
719445	179815	10961	426366	565209	185258	25582	432606
173772	63166	4118	15769	77118	63441	7007	40692
25646	18052	440	6847	16612	9765	751	8196
12737	6235	751	6430	14028	8004	636	6430
155635	26119	2665	71126	114023	52588	5821	90094
496182	106614	3840	356101	452621	131745	24601	343610
441842	88258	3608	299556	441339	169245	21656	230627
229847	66222	4118	61691	151398	97076	12916	56118
1810614	639509	66071	805427	1405615	600188	70109	1031057
522251	108104	3608	363314	534077	200800	22168	319904
2210907	729552	69266	1055607	1734046	696957	90063	1249276

4—9 续表 （2014

指标代码	企业单位数（个）	亏损企业	工业总产值（当年价）	工业销售产值（当年价）	出口交货值
地（市）属	2		58679	58679	
县（市）属	4		42658	42658	
其他	5	1	227362	227043	18704
在总计中：亏损企业	4	4	33838	36941	
在总计中：国有控股企业	27	4	1971744	1919979	127851
在总计中：轻工业	6		42617	42206	348
在总计中：重工业	21	4	1929127	1877773	127503
在总计中：大型企业	1		1050709	999965	108799
在总计中：中型企业	11	1	720876	723160	18704
在总计中：小型企业	14	3	200158	196853	348
按工业行业类别分					
一、采掘业	1	1	7233	10169	
非金属矿采选业	1	1	7233	10169	
二、制造业	14	2	1566514	1511862	127851
酒、饮料和精制茶制造业	1		5461	5461	
纺织业					
纺织服装、服饰业	3		25763	25353	348
印刷和记录媒介复制业	1		2972	2971	
化学原料及化学制品制造业	5	1	1275099	1224038	127503
基础化学原料制造	3		1238763	1190621	127503
医药制造业					
非金属矿物制品业	3		254580	251450	
水泥、石灰和石膏制造	3		254580	251450	
三、电力、燃气及水的生产和供应业	12	1	397997	397947	
电力、热力的生产和供应业	11	1	389576	389526	
电力生产	7	1	80670	80621	
电力供应	4		308906	308906	
水的生产和供应业	1		8421	8421	

注：本表数据未包括衢州电力局。

工业企业主要财务指标

年)

单位:万元

资产总计	流动资产合计	产成品	固定资产合计	固定资产原价	累计折旧	本年折旧	负债合计
81526	7639		51277	91541	47847	5612	49220
42007	5108	138	30260	40731	29256	4671	18982
280384	99002	8482	72893	148054	77253	12550	104909
173644	16814	3696	118475	122820	20652	8400	133068
3172503	951008	81493	1607179	2595635	1068611	136490	1766132
145721	72151	393	43933	77388	40142	4575	70805
3026782	878857	81100	1563246	2518247	1028469	131914	1695327
1810614	639509	66071	805427	1405615	600188	70109	1031057
844429	193743	10253	434116	773427	380697	43320	388546
517460	117756	5168	367636	416593	87726	23061	346528
50709	4980	2527	12959	13688	7283	1446	27490
50709	4980	2527	12959	13688	7283	1446	27490
2533828	888478	78965	1120202	1892412	800869	96092	1358294
1727	813	138	751	1252	502	66	309
94682	64686	250	22127	30494	15054	2334	34915
2467	1335	5	1083	3056	1974	223	1117
2088531	737176	74547	877238	1550613	675467	82436	1134850
2048795	713792	70372	863502	1533107	671697	81628	1105219
344713	83015	3608	218756	306047	107170	10978	185463
344713	83015	3608	218756	306047	107170	10978	185463
587966	57549		474018	689536	260459	38952	380349
541122	52231		454045	646950	237847	36999	345885
351458	40746		299834	404337	117798	16090	268642
189664	11486		154212	242614	120048	20909	77243
46844	5318		19973	42585	22613	1953	34464

4—10

(2014

指标代码	主营业务收入	主营业务成本	主营业务税金及附加	销售费用	管理费用
衢州市	3222224	2904551	14350	55694	154396
市本级	2412162	2212657	9592	35640	123213
绿色产业	60327	47406	178	3458	7789
柯城区	32633	30588	25	486	2566
衢江区	2592	2605	4	2	17
常山县	159015	126081	1432	4242	4373
开化县	40877	36856	364	145	1475
龙游县	136119	122690	550	683	8675
江山市	438827	373074	2383	14496	14075
按登记注册类型分组					
内资企业	3222224	2904551	14350	55694	154396
国有企业	314643	287114	2202	151	4990
地方企业	290244	273956	1831	151	3428
有限责任公司	2758788	2486837	11587	51364	141400
国有独资公司	364795	278687	2519	17233	25770
股份有限公司	148793	130600	561	4179	8006
外商投资企业公司					
中外合资经营企业					
按企业规模（主营业务收入）分组：					
2000-3000万	10137	7132	63	110	2330
3000-5000万	7058	5275	58	150	271
5000-1亿	35429	26665	269	2297	8908
1亿-5亿	197055	162694	732	2367	12687
5亿-10亿	384671	313347	3120	14409	8331
10亿-50亿	260439	237346	1065	4179	8006
100亿及以上	2327435	2152093	9043	32182	113863
按隶属关系分组					
中央属	307026	227470	2593	14409	9951
省属	2575720	2376580	10333	32941	128066

工业企业主要财务指标

年)

单位:万元

财务费用			利税总额	利润总额	亏损企业亏损额	本年应付工资总额	本年应交增值税	全部从业人员年平均人数(人)
	利息收入	利息支出						
68536	16413	82069	191940	103301	8788	256839	73773	21813
42812	14703	55113	93603	53347		198670	30512	16580
2162	453	2612	5381	2187		8839	2926	1348
1865	152	1820	6214	2617		1797	3573	225
9	1	9	58	-15	15	278	69	57
6919	44	6934	30668	19279		15122	9946	1025
728	9	735	5247	1463		5339	3405	299
155	932	880	10449	2351	3561	11680	7222	935
16048	573	16578	45701	24259	5212	23954	19048	2692
68536	16413	82069	191940	103301	8788	256839	73773	21813
5319	390	5496	37290	15893		33213	19028	1610
3747	45	3580	24514	7297		27036	15283	1201
61083	15953	74396	146643	83298	8788	218313	51408	19420
17070	1982	18814	67158	38390	8788	29528	25899	4230
2135	70	2177	8007	4110		5313	3336	783
84	6	70	1219	472	15	2511	684	379
175	4	178	2056	1462	184	473	536	92
1702	472	2167	-236	-2663	3561	11130	2067	1798
14177	1493	15466	27483	11222	5028	21495	15193	1358
10585	449	10996	69676	42549		25483	23985	2383
2737	82	2607	16295	7695		12093	7468	980
39078	13906	50585	75447	42564		183654	23840	14823
15765	838	16568	69585	45562	5028	21496	21368	2491
43231	15227	55847	94363	46960	3576	210417	36725	17112

4—10 续表

(2014

指标代码	主营业务收入	主营业务成本	主营业务税金及附加	销售费用	管理费用
地（市）属	58679	53225	370	1537	1727
县（市）属	43490	38943	378	145	1934
其他	229561	203001	614	6662	11764
在总计中：亏损企业	39832	39671	58	693	1202
在总计中：国有控股企业	3222224	2904551	14350	55694	154396
在总计中：轻工业	43517	25707	226	1999	15045
在总计中：重工业	3178707	2878844	14124	53695	139351
在总计中：大型企业	2327435	2152093	9043	32182	113863
在总计中：中型企业	691214	579610	4760	20741	25682
在总计中：小型企业	203575	172849	547	2771	14851
按工业行业类别分					
一、采掘业	5781	6790	26	542	972
非金属矿采选业	5781	6790	26	542	972
二、制造业	2843328	2561749	12014	53615	146931
酒、饮料和精制茶制造业	5976	5573	3	145	171
纺织业					
纺织服装、服饰业	26194	12969	159	215	12786
印刷和记录媒介复制业	2925	2010	25	102	361
化学原料及化学制品制造业	2554071	2353083	9631	38742	125266
基础化学原料制造	2520632	2321130	9604	38208	122847
医药制造业					
非金属矿物制品业	251571	185510	2191	14409	8331
水泥、石灰和石膏制造	251571	185510	2191	14409	8331
三、电力、燃气及水的生产和供应业	373114	336013	2310	1537	6492
电力、热力的生产和供应业	364693	330857	2272		4765
电力生产	85046	64990	479		3460
电力供应	279647	265866	1793		1305
水的生产和供应业	8421	5156	39	1537	1727

注：本表数据未包括衢州电力局。

工业企业主要财务指标

年）

单位:万元

财务费用			利税总额	利润总额	亏损企业亏损额	本年应付工资总额	本年应交增值税	全部从业人员年平均人数(人)
	利息收入	利息支出						
1022	72	1090	4963	1287		9720	3212	561
773	13	784	5384	1470		6060	3521	354
6389	263	6425	17227	8015	184	8483	8598	1187
6545	125	6660	–7513	–8788	8788	5893	1217	618
68536	16413	82069	191940	103301	8788	256839	73773	21813
–886	1280	373	8753	3658		10800	4519	1762
69422	15133	81696	183187	99643	8788	246039	69254	20051
39078	13906	50585	75447	42564		183654	23840	14823
15240	1347	16331	97908	55995	3561	54033	36913	5373
14218	1160	15153	18584	4742	5227	19152	13020	1617
398	57	451	–3286	–3561	3561	2506	249	373
398	57	451	–3286	–3561	3561	2506	249	373
52507	15815	65649	159560	94081	199	212895	53197	19336
–1	1		183	176		186	3	89
–1198	1215		7463	2994		7941	4043	1260
12	2	12	674	441		446	209	80
45454	14167	56998	91999	50138	184	191692	32229	15930
43426	14014	55013	86387	48146		190032	28637	15726
8231	429	8629	59183	40348		12353	16645	1920
8231	429	8629	59183	40348		12353	16645	1920
15631	541	15970	35666	12781	5028	41439	20327	2104
15330	479	15608	35233	12733	5028	39211	20063	1771
11645	438	12077	11389	5659	5028	14148	5189	901
3685	41	3531	23844	7074		25063	14874	870
301	62	361	433	48		2228	264	333

规模以上外商和港澳台投

4—11 (2014

指标代码	企业单位数（个）	亏损企业	工业总产值（当年价）	工业销售产值（当年价）	出口交货值
衢州市	55	11	1206597	1112564	137471
市本级	15	5	371657	342217	15781
绿色产业	15	5	371657	342217	15781
柯城区	2		143604	143475	3675
衢江区	7		240167	220065	46287
常山县	7	3	38653	32672	15868
开化县	2		27129	26176	18774
龙游县	8	1	224012	193496	21822
江山市	14	2	161375	154463	15265
按登记注册类型分组					
港、澳、台商投资公司	21	5	290123	287157	50442
内地与港澳台合资经营企业	13	4	97332	95533	30678
港澳台商独资经营企业	7	1	189375	188049	16994
外商投资企业公司	34	6	916474	825407	87030
中外合资经营企业	24	4	671604	606554	64912
外商独资经营企业	6	1	104676	101366	8159
外商投资股份有限公司	3		68982	60558	12318
按企业规模（主营业务收入）分组：					
2000–3000 万	5	3	16339	11308	4583
3000–5000 万	19	2	81944	78992	33347
5000–1 亿	5	2	35651	34327	15203
1 亿–5 亿	20	3	356824	329159	48620
5 亿–10 亿	3	1	235184	195353	1640
10 亿–50 亿	3		480654	463424	34078
按隶属关系分组					
地（市）属	2		20380	5482	
县（市）属					
其他	53	11	1186217	1107082	137471
在总计中：亏损企业	11	11	139086	118814	10872
在总计中：国有控股企业					
在总计中：私人控股企业	15	4	245071	215557	30010
在总计中：港澳台控股企业	14	3	241978	241058	23555
在总计中：外商控股企业	24	4	702542	638943	79577
在总计中：其他控股企业					

资工业企业主要财务指标

年）　　　　单位：万元

资产总计	流动资产合计	产成品	固定资产合计	固定资产原价	累计折旧	本年折旧	负债合计
1546709	811687	78341	539753	631651	189817	53256	875782
702076	354475	17663	216649	262500	60540	23339	413962
702076	354475	17663	216649	262500	60540	23339	413962
101281	95496	212	4477	8454	3977	656	95403
215390	119629	23893	83330	96335	30934	8062	105432
33350	23213	5807	8048	14523	6476	1097	12978
32400	17085	916	14053	21077	7313	1467	22871
327179	136054	19531	151611	161433	55096	12195	156784
135032	65735	10319	61585	67330	25482	6440	68353
325408	184442	14780	103593	102918	38181	7933	218080
167429	66846	9202	73542	57369	19115	4191	101679
156377	116166	4795	29887	44845	18526	3709	115384
1221301	627245	63561	436160	528733	151636	45324	657702
687684	360198	40895	242903	323557	108088	25150	261074
108978	44074	3401	59394	56995	15909	6098	57876
74114	56068	9960	14835	27821	16306	2821	35951
21082	16989	2519	1964	4772	2823	271	12974
82924	49684	11024	25075	32623	9250	2621	38917
97811	23643	2433	53015	27241	9224	1946	55314
357685	173449	23655	140215	227160	96310	20213	189903
534717	238129	16739	222538	214925	26405	18948	367947
452489	309793	21971	96945	124930	45805	9257	210727
30449	11098	1829	14939	22031	7092	2597	4648
1516260	800588	76513	524813	609620	182725	50659	871134
523355	225420	14801	200181	188853	37349	17970	429895
279803	112117	15310	131712	162487	38393	13051	138752
266276	148167	9701	85237	75550	28909	5910	181490
989898	544122	53196	320011	389033	120728	33857	550445

4—11 续表 (2014

指标代码	企业单位数(个)	亏损企业	工业总产值(当年价)	工业销售产值(当年价)	出口交货值
在总计中：轻工业	28	7	727275	677106	79908
在总计中：重工业	27	4	479322	435457	57563
在总计中：大型企业	3	1	306651	290568	1640
在总计中：中型企业	8	1	395416	344242	47791
在总计中：小型企业	41	9	491308	464619	88040
在总计中：微型企业	3		13222	13135	
按工业行业类别分					
一、制造业	54	11	1182696	1088537	137471
食品制造业	1		5343	4771	4771
酒、饮料和精制茶制造业	5	1	220848	221268	1239
纺织业	4	2	32485	32390	4194
纺织服装、服饰业	6	2	32979	32855	15611
机织服装制造	4	2	19241	19117	14770
木材加工及木、竹、藤、棕、草制品业					
家具制造业	1	1	6662	6613	
木质家具制造	1	1	6662	6613	
造纸和纸制品业	5	1	313773	269608	42520
造纸	4	1	208124	186612	42520
印刷和记录媒介复制业	1		17013	17639	8279
化学原料及化学制品制造业	10	1	141131	117418	28198
基础化学原料制造	7	1	57088	42165	5766
橡胶和塑料制品业	2		9097	8967	8004
非金属矿物制品业	2	1	15899	15880	1037
黑色金属冶炼和压延加工业	1		20825	20858	115
有色金属冶炼及压延加工业	2	1	210303	196019	1640
金属制品业					
通用设备制造业	5	1	31058	25794	11738
专用设备制造业	1		10028	10032	534
电气机械及器材制造业	3		89301	84305	
计算机、通信和其他电子设备制造业	3		17081	16463	6296
仪器仪表制造业	1		5267	4298	180
二、电力、燃气及水的生产和供应业	1		23901	24027	
燃气生产和供应业	1		23901	24027	

资工业企业主要财务指标

年)

单位:万元

资产总计	流动资产合计	产成品	固定资产合计	固定资产原价	累计折旧	本年折旧	负债合计
804543	384552	45778	331305	370438	122308	28585	338887
742166	427134	32564	208448	261213	67509	24671	536895
605724	308006	11807	193193	204423	39153	17466	354176
463706	232292	41961	192730	192990	62510	15375	217842
457854	266018	23468	148712	229853	87753	20119	298456
19425	5370	1105	5118	4385	401	297	5308
1537287	803695	77923	538718	630480	189422	53119	867156
3540	2328	1005	765	705	361	71	2305
255181	121666	950	91173	134130	43740	10857	92441
32043	17286	2377	11011	19886	8875	1555	17119
30189	17095	2890	9222	13798	5293	847	15962
16930	12501	769	2940	4894	2670	264	8627
68631	7197	307	42675	11226	3549	496	41847
68631	7197	307	42675	11226	3549	496	41847
327244	169516	30721	141155	151118	37157	12535	152980
190720	123621	25154	59985	63659	24773	5633	93463
16223	10652	1065	5300	21733	17293	630	3690
176643	99403	16076	49701	81268	36022	8206	82234
76115	28370	5151	25220	37600	13515	4190	27142
5205	3196	309	1552	1794	242	116	2436
20540	18199	216	2139	5267	3127	610	13050
24431	5509	265	15412	17989	2578	1816	11155
449719	260638	9343	123182	128298	15116	11844	396983
32599	22331	4940	8911	15146	6234	1091	12686
14757	3122	242	5265	8454	3188	740	5859
62340	34968	3533	26813	14238	5364	1257	9181
8850	6745	755	1251	1827	606	112	3866
8169	3510	2766	2543	2772	490	241	2891
9422	7991	419	1035	1171	395	137	8626
9422	7991	419	1035	1171	395	137	8626

4—12　　　　（2014

指　标　代　码	主营业务收入	主营业务成本	主营业务税金及附加	销售费用	管理费用
衢州市	1119605	921749	5549	32207	45231
市本级	379317	303601	1272	11742	19359
绿色产业	379317	303601	1272	11742	19359
柯城区	143542	141297	613	218	708
衢江区	211446	156280	709	7364	4876
常山县	32046	27193	182	754	2371
开化县	24980	23094		330	1543
龙游县	177088	140300	532	10263	10801
江山市	151186	129985	2242	1535	5572
按登记注册类型分组					
港、澳、台商投资公司	280818	257199	1473	3348	11520
内地与港澳台合资经营企业	89646	78793	417	1458	5973
港澳台商独资经营企业	187773	175281	1037	1799	5458
外商投资企业公司	838787	664550	4077	28859	33711
中外合资经营企业	614136	467494	2091	26653	24369
外商独资经营企业	101765	86774	1896	1099	3281
外商投资股份有限公司	52022	44727	90	1009	3767
按企业规模(主营业务收入)分组：					
2000–3000万	12968	11668	99	469	1142
3000–5000万	75981	64679	298	2188	4147
5000–1亿	34675	28123	234	1226	3134
1亿–5亿	339040	285038	3031	8656	18953
5亿–10亿	201677	172969	294	7955	5520
10亿–50亿	455263	359271	1594	11713	12334
按隶属关系分组					
地（市）属	21247	18829	205	1257	1332
县（市）属					
其　他	1098357	902920	5345	30951	43899
在总计中：亏损企业	133249	117763	1962	3047	7999
在总计中：国有控股企业					
在总计中：私人控股企业	212282	174714	650	11855	8304
在总计中：港澳台控股企业	237069	217915	1336	2751	8648
在总计中：外商控股企业	653297	514440	3472	17491	27516
在总计中：其他控股企业					

资工业企业主要财务指标

年）　　　　　　　　　　　　　　　　　　　　　　　　　　　　　　　　　单位:万元

财务费用	利息收入	利息支出	利税总额	利润总额	亏损企业亏损额	本年应付工资总额	本年应交增值税	全部从业人员年平均人数（人）
17321	6106	20115	159546	114806	5694	66970	39035	12945
4754	4201	7882	62330	49078	3616	27803	11979	5063
4754	4201	7882	62330	49078	3616	27803	11979	5063
3207	1641	3592	5011	566		448	3832	121
3817	34	3229	47917	39123		7213	8086	1133
149	78	251	2045	1401	263	3894	463	797
640	52	672	910	362		1240	548	270
2576	37	2292	21792	13709	689	12317	7501	2382
2180	63	2197	19541	10568	1125	14054	6626	3179
7002	1821	7395	13709	3804	1543	20076	8432	4295
3028	107	2983	4210	944	1493	5411	2849	1475
3982	1714	4407	9379	2818	50	14525	5524	2791
10319	4285	12721	145837	111003	4150	46894	30603	8650
2232	4153	5398	124644	101161	2490	28457	21287	5200
1710	35	1805	14308	7231	860	10067	5181	1768
126	1	54	5253	3410		2598	1703	729
473	133	599	280	-552	753	2374	733	530
1509	95	1453	5138	3231	537	4816	1505	1185
1051	55	1080	2653	1014	954	3866	1355	919
4814	371	5001	37975	22752	2649	31681	12193	6129
7145	138	6293	18836	9809	800	16118	8733	2619
2330	5315	5689	94663	78553		8115	14516	1563
0	60	18	1425	729		1566	491	176
17321	6046	20097	158121	114078	5694	65404	38543	12769
10134	374	9543	2347	-5694	5694	12221	6079	2513
3675	187	3528	23465	14565	2327	13484	8250	2447
5530	1745	5989	12014	3396	1004	17601	7283	3717
7896	4165	10366	122343	95763	2362	35351	22953	6668

4—12 续表 （2014

指标代码	主营业务收入	主营业务成本	主营业务税金及附加	销售费用	管理费用
在总计中：轻工业	661601	503469	4013	25767	28463
在总计中：重工业	458003	418279	1537	6440	16768
在总计中：大型企业	304503	239984	696	7267	12498
在总计中：中型企业	318758	242123	998	13812	13795
在总计中：小型企业	473429	417580	3700	11123	18780
在总计中：微型企业	22915	22062	155	5	158
按工业行业类别分					
一、制造业	1095704	900634	5504	31617	44547
食品制造业	4565	4094		106	141
酒、饮料和精制茶制造业	222833	160380	2278	8780	11239
纺织业	32256	28442	151	564	1278
纺织服装、服饰业	32203	27785	262	698	2556
机织服装制造	19208	16234	152	582	1382
木材加工及木、竹、藤、棕、草制品业					
家具制造业	6567	5354	65	182	1235
木质家具制造	6567	5354	65	182	1235
造纸和纸制品业	253276	186024	759	13803	7054
造纸	177892	128526	649	6163	4557
印刷和记录媒介复制业	17752	12268	105	892	2054
化学原料及化学制品制造业	127646	115380	437	3782	7091
基础化学原料制造	63842	58333	419	2986	2438
橡胶和塑料制品业	8986	7891	26	245	427
非金属矿物制品业	16126	13257	103	157	1286
黑色金属冶炼和压延加工业	20858	17058	21	137	536
有色金属冶炼及压延加工业	209954	202975	613	165	2866
金属制品业					
通用设备制造业	25759	20282	164	917	2417
专用设备制造业	10032	7817	99	175	591
电气机械及器材制造业	84269	72479	360	632	2766
计算机、通信和其他电子设备制造业	14742	12504	29	272	871
仪器仪表制造业	4298	3652	21	76	71
二、电力、燃气及水的生产和供应业	23901	21115	46	590	683
燃气生产和供应业	23901	21115	46	590	683

资工业企业主要财务指标

年)　　　　单位:万元

财务费用	利息收入	利息支出	利税总额	利润总额	亏损企业亏损额	本年应付工资总额	本年应交增值税	全部从业人员年平均人数(人)
4265	3923	7133	134227	103848	2504	46149	26211	9136
13057	2183	12982	25319	10958	3190	20821	12824	3809
2696	3779	5463	62470	51143	800	15926	10631	2900
4057	116	3562	60188	45947	689	27266	13243	5451
10460	2209	10984	35650	17285	4205	23585	14510	4560
108	2	107	1238	432		194	651	34
17265	5998	19960	157929	113419	5694	66543	38851	12892
101		101	208	124		284	84	80
-2537	3653	984	60711	50901	860	7987	7532	1601
716	27	768	2423	1504	314	3662	768	974
499	139	553	2802	715	590	12894	1669	2559
378	137	429	1548	387	590	2669	854	572
488	5	491	121	-689	689	787	745	310
488	5	491	121	-689	689	787	745	310
4743	41	4070	50460	39465	50	10241	10237	1667
3821	31	3240	40486	33130	50	4661	6707	889
48	22		3985	2826		1899	1054	233
1311	230	1478	6972	2866	1739	5348	3670	1084
720	178	854	2227	72	1739	2749	1736	359
49	2	49	387	361		240	1	63
813	30	788	1255	523	488	817	629	182
604	1	603	3838	2519		2559	1298	252
9447	1736	9047	6353	-523	800	6059	6263	1047
239	77	350	2561	1952	163	3367	445	717
475	-1	400	975	876		682		115
-6	31	22	12465	8263		7930	3843	1576
62	1	112	1361	998		1322	335	296
133	0	133	494	344		331	129	93
57	108	155	1617	1388		427	184	53
57	108	155	1617	1388		427	184	53

4—13 （2014

指标代码	企业单位数（个）	亏损企业	工业总产值（当年价）	工业销售产值（当年价）	出口交货值
衢州市	95	14	7424505	7104930	680629
市本级	19	6	3780627	3678457	263033
绿色产业	16	6	2637427	2585466	154234
柯城区	3	1	34915	33026	9675
衢江区	10	2	477553	444648	85093
常山县	9	2	284161	260209	30897
开化县	4	1	437212	377695	21405
龙游县	27	2	1224836	1153209	81902
江山市	23		1185203	1157687	188626
按登记注册类型分组					
内资企业	84	12	6722439	6470120	631197
国有企业	4		298405	298405	
地方企业	3		274005	274005	
有限责任公司	22	4	3375397	3266153	200621
国有独资公司	6	1	277860	277542	
其他有限责任公司	16	3	3097537	2988611	200621
股份有限公司	7	2	807417	797428	168347
私营企业	50	6	2227109	2094810	262229
私营独资企业					
私营有限责任公司	47	6	2026489	1891178	241254
私营股份有限公司	3		200619	203631	20975
港、澳、台商投资公司	3	1	28971	28950	9508
外商投资企业公司	8	1	673096	605861	39924
中外合资经营企业	5		488020	445935	34078
外商独资经营企业	1		58322	55429	
按企业规模（主营业务收入）分组：					
2000-3000万					
3000-5000万	1	1	5128	4004	
5000-1亿	9	5	82427	78974	
1亿-5亿	52	5	1430343	1338917	205011
5亿-10亿	18	2	1325724	1255114	168347
10亿-50亿	13	1	2305933	2217617	198472
100亿及以上	2		2274951	2210304	108799
按隶属关系分组					
中央属	4		278980	275850	
省　属	6	2	1329274	1282871	113233
地（市）属	2		58679	58679	
县（市）属	2		89304	78087	52432
其　他	81	12	5668269	5409443	514964
在总计中：亏损企业	14	14	584674	535937	15806
在总计中：国有控股企业	12	1	1771585	1723126	127503
在总计中：集体控股企业	2	1	51251	52665	4434
在总计中：私人控股企业	69	9	4732077	4503450	485525

业主要财务指标

年)

单位:万元

资产总计	流动资产合计	产成品	固定资产合计	固定资产原价	累计折旧	本年折旧	负债合计
8909312	4453946	465632	3040181	4543053	1838593	304489	5156249
4858167	2203406	161864	1763305	2799865	1175793	183998	2887790
2890888	1452617	89616	915833	1266326	489691	108995	1740087
38214	16709	5091	12736	18128	5392	1211	24970
539066	323095	47974	150134	189163	63364	12006	284488
354114	102430	22239	174811	255634	92378	14461	180474
791064	710489	108935	62992	106656	43664	7136	508870
1214400	548730	73630	515108	611467	199639	51514	733894
1114286	549087	45899	361095	562143	258363	34164	535762
7839882	3913647	411864	2654258	4145640	1736930	271648	4584231
207465	23857		163041	324678	174497	21006	96448
153204	8299		126722	209571	95709	16587	60590
3939548	1519081	128549	1789517	2765211	1157335	169141	2436923
463192	106719	6135	255306	371632	142759	15308	251406
3476356	1412362	122414	1534211	2393579	1014576	153833	2185516
1200472	648995	38809	182741	327146	147429	27198	452330
2468486	1709148	243137	514438	719937	253521	53712	1589896
2311683	1597526	222195	482090	678141	238415	50749	1486487
156803	111622	20943	32349	41796	15106	2963	103410
91196	17840	3486	52324	27222	9896	1606	48985
978234	522459	50282	333599	370192	91767	31235	523033
512222	276790	29962	180986	219369	62315	16564	181796
47669	25329	1865	22340	7106	2688	793	5629
7964	3790	1376	2159	2538	379	178	4132
249221	62970	13250	103706	109525	51023	6745	152452
1582238	740319	113092	583608	854947	319914	62325	924936
1600355	745390	63787	660902	872500	297559	58542	996402
2705856	1816058	199593	439136	677655	273004	55567	1325562
2763678	1085418	74535	1250670	2025888	896714	121131	1752764
398974	98573	3608	255075	421154	185958	15397	221321
2058085	684278	69297	951278	1647578	708132	89224	1117091
81526	7639		51277	91541	47847	5612	49220
67375	53101	6099	7099	12828	5729	989	28301
6303352	3610354	386628	1775451	2369952	890928	193268	3740317
908586	329440	47004	360415	407068	109087	39035	663478
2655043	833251	76325	1239543	2179042	980885	113429	1419604
71074	28885	2800	37758	64187	26429	4155	20381
5137455	3069149	337219	1385057	1904313	727168	153574	3117977

4—13 续表 (2014

指 标 代 码	企业单位数(个)	亏损企业	工业总产值(当年价)	工业销售产值(当年价)	出口交货值
在总计中：港澳台控股企业	3	1	28971	28950	9508
在总计中：外商控股企业	6	1	546547	504435	39924
在总计中：轻工业	40	3	2058860	1934991	309909
在总计中：重工业	55	11	5365645	5169939	370720
在总计中：大型企业	12	2	3799581	3695571	189433
在总计中：中型企业	83	12	3624925	3409359	491196
按工业行业类别分					
一、采掘业	1	1	7233	10169	
非金属矿采选业	1	1	7233	10169	
二、制造业	89	13	7110447	6787935	680629
农副食品加工业	1		33262	33919	1459
酒、饮料和精制茶制造业	1		177116	178210	
纺织业	10	2	343065	321765	19136
棉纺织及印染精加工	7	2	288670	267060	18396
纺织服装、服饰业	3		34937	34784	
皮革、毛皮、羽毛及其制品和制鞋业	1		167055	166488	119128
皮革鞣制加工	1		167055	166488	119128
木材加工和木、竹、藤、棕、草制品业	5		137625	137977	16828
木制品制造	4		104906	105502	16828
家具制造业	4	1	49363	49565	
造纸及纸制品业	9		795418	731087	46864
造纸	8		689769	648091	46864
文教、工美、体育和娱乐用品制造业	2		54771	51531	34794
化学原料及化学制品制造业	6	2	1389291	1312644	148664
基础化学原料制造	4	1	1293791	1223589	140024
医药制造业	2		77655	78475	26646
非金属矿物制品业	9	1	472126	459077	68
水泥、石灰和石膏制造	6		400216	397264	
黑色金属冶炼及压延加工业	3	1	1483276	1468953	
钢压延加工	2	1	1474295	1460380	
金属制品业	4		60282	57832	20564
通用设备制造业	10	4	643020	622691	54992
专用设备制造业	1	1	14504	13244	293
汽车制造业	1		52658	48066	6209
铁路、船舶、航空航天和其他运输设备制造业					
电气机械及器材制造业	11		542006	518877	163521
计算机、通信和其他电子设备制造业	5		511803	445823	19824
三、电力、燃气及水的生产和供应业	5		306826	306826	
电力、热力的生产和供应业	4		298405	298405	
电力生产	1		24400	24400	
电力供应	3		274005	274005	
水的生产和供应业	1		8421	8421	

注：本表数据未包括衢州电力局。

业 主 要 财 务 指 标

年）　　　　　　　　　　　　　　　　　　　　　　单位：万元

资产总计	流动资产合计	产成品	固定资产合计	固定资产原价	累计折旧	本年折旧	负债合计
91196	17840	3486	52324	27222	9896	1606	48985
829561	467996	43185	249146	277045	76961	23952	461302
2189976	1244730	187445	684628	831872	263585	63930	1226622
6719336	3209216	278187	2355553	3711181	1575008	240559	3929627
4747079	2190338	153226	1718021	2611299	1055875	169542	2752016
4162233	2263608	312406	1322159	1931754	782718	134947	2404233
50709	4980	2527	12959	13688	7283	1446	27490
50709	4980	2527	12959	13688	7283	1446	27490
8604293	4419791	463105	2844208	4162103	1634200	280084	4997848
65501	17445	6423	14860	24121	9261	1977	40541
207530	115772	636	51825	76957	25132	5419	45746
219266	95857	22237	94682	119312	38719	10423	166702
182812	68271	18200	86503	105028	32615	9532	146136
51281	19896	3051	20109	29479	9371	2130	23319
90950	68366	8577	18440	32302	14653	3662	61909
90950	68366	8577	18440	32302	14653	3662	61909
118796	58345	11354	48095	56163	14046	3066	62275
87770	39195	7131	41218	45178	8884	1950	34351
126556	30485	4557	72709	47047	9515	2548	78326
830511	483428	65360	275252	335539	99817	27995	469341
693988	437533	59792	194082	248080	87433	21094	409824
32817	12061	4254	14833	16212	1975	1561	29536
2276400	827373	96316	925436	1647654	733935	92102	1255114
2151269	753533	86467	880335	1565949	694011	85668	1213587
83003	36942	2556	26548	40631	14083	2705	49406
675177	235187	14390	342617	495710	192002	23749	370987
561803	176227	5392	297184	437683	178790	18988	321975
1037721	470070	10852	496084	683481	311076	57104	786805
1028231	467539	10501	491093	676429	309014	56965	782965
71661	33027	4370	27075	29371	7219	1155	27533
1009456	580390	44328	162509	241952	79763	18936	402259
26796	15987	3484	4309	6447	2280	744	13820
28081	17542	2051	7986	11260	3273	1038	20718
491799	358542	37195	97939	111952	41413	9642	247228
810468	776172	111812	23873	36153	15336	2872	543481
254309	29175		183013	367263	197110	22959	130912
207465	23857		163041	324678	174497	21006	96448
54261	15558		36319	115107	78788	4419	35858
153204	8299		126722	209571	95709	16587	60590
46844	5318		19973	42585	22613	1953	34464

4—14 (2014

指标代码	主营业务收入	主营业务成本	主营业务税金及附加	销售费用	管理费用
衢州市	8266413	7210198	34589	164789	359771
市本级	4981124	4555940	20359	66364	197544
绿色产业	2560663	2330250	10727	31731	79816
柯城区	32855	28038	249	746	2816
衢江区	421030	325141	1597	17142	19881
常山县	261196	214669	1937	8088	11965
开化县	380467	269300	311	11313	30125
龙游县	1038009	880184	3489	26424	45106
江山市	1151731	936926	6648	34712	52334
按登记注册类型分组					
内资企业	7643151	6728091	32895	143710	333478
国有企业	269146	247741	1804		1562
地方企业	244746	234583	1433		0
有限责任公司	4513683	4143776	18380	66579	179507
国有独资公司	273275	201269	2395	16562	16114
其他有限责任公司	4240408	3942507	15986	50018	163393
股份有限公司	804722	686331	3983	18856	37753
私营企业	2042276	1638248	8663	58248	114125
私营独资企业					
私营有限责任公司	1837760	1473064	7224	49014	98689
私营股份有限公司	204515	165184	1439	9234	15436
港、澳、台商投资公司	28011	22976	250	355	3717
外商投资企业公司	595250	459132	1445	20724	22576
中外合资经营企业	430069	310204	1261	19798	16238
外商独资经营企业	55429	49918	184	217	730
按企业规模（主营业务收入）分组：					
2000-3000万					
3000-5000万	3833	3501	93	35	226
5000-1亿	69663	56173	458	3601	14241
1亿-5亿	1293303	1078034	5780	38466	83900
5亿-10亿	1240849	1038338	7309	39305	41147
10亿-50亿	2157623	1757235	8058	47032	86341
100亿及以上	3501141	3276918	12892	36351	133917
按隶属关系分组					
中央属	275970	198668	2562	14409	9892
省属	2578336	2387747	10457	34432	124014
地（市）属	58679	53225	370	1537	1727
县（市）属	78087	64878	525	1371	2784
其他	5275340	4505679	20675	113041	221353
在总计中：亏损企业	551672	532053	1698	8180	21860
在总计中：国有控股企业	3018649	2731703	13803	52922	139544
在总计中：集体控股企业	54307	48113	201	2092	4506
在总计中：私人控股企业	4383006	3746075	18324	95471	187996

业主要财务指标

年)

单位:万元

财务费用			利税总额	利润总额	亏损企业	本年应付	本年应交	全部从业人员年平均人数(人)
	利息收入	利息支出			亏损额	工资总额	增值税	
146371	36581	164738	754596	470325	27172	507426	249412	78801
64323	31700	84318	291920	153518	20058	308701	117891	38372
20538	16637	27948	201396	102009	20058	115684	88570	22513
904	22	918	2057	436	26	3212	1372	960
10823	398	10178	66284	51364	630	21335	13323	4936
7008	168	7077	39231	23816	799	27134	13467	3992
18722	254	18284	72751	53621	1409	9894	18820	1576
24380	1192	24144	103454	66121	4250	70275	33762	15301
20212	2847	19820	178899	121450		66875	50777	13664
139618	32686	155714	631938	373236	25683	464234	225539	70450
4528	377	4713	31556	14384		26086	15218	1069
2956	32	2796	18781	5787		19909	11472	660
76658	19381	86022	229892	110364	14952	277718	101043	35304
8577	901	9441	58345	37501	3561	22634	18359	3521
68080	18480	76581	171547	72863	11391	255084	82684	31783
3634	8187	10736	84931	53996	8369	39509	26953	7933
54293	4710	53723	283892	193530	2362	118317	81685	25567
51682	4314	51207	257855	179443	2362	104398	71188	22812
2610	396	2516	26037	14087		13919	10497	2755
390	80	491	2432	686	689	12590	1496	2560
6363	3815	8533	120225	96404	800	30601	22377	5791
141	3688	3070	107325	90272		18497	15792	3462
–29	31		7229	4274		4767	2771	888
237	0	236	248	–26	26	946	182	303
2059	497	2504	92	–4660	5456	20500	4204	4194
36764	1792	36861	121732	67123	19229	113140	48744	26136
29402	3466	31011	170728	107259	1707	73509	56132	11860
26582	12732	34488	340182	247404	754	83498	84653	14796
51327	18094	59638	121615	53226		215833	55497	21512
9803	774	10546	71958	48944		18530	20390	2329
41357	14428	53196	88346	42808	4970	206071	34996	16974
1022	72	1090	4963	1287		9720	3212	561
411	113	565	13667	9401		8616	3741	2186
93779	21195	99342	575662	367885	22202	264488	187073	56751
15705	536	15256	–5086	–27172	27172	34464	20388	7158
54318	15253	66916	173355	98559	3561	237687	60753	20196
413	108	520	692	–1116	1409	3124	1607	786
84451	17257	87761	461280	285616	19960	222471	157311	48165

4—14 续表 (2014

指标代码	主营业务收入	主营业务成本	主营业务税金及附加	销售费用	管理费用
在总计中：港澳台控股企业	28011	22976	250	355	3717
在总计中：外商控股企业	501471	388515	1237	12680	18772
在总计中：轻工业	1840607	1492969	7231	54291	87274
在总计中：重工业	6425806	5717229	27358	110498	272497
在总计中：大型企业	4957596	4516080	18083	67816	186605
在总计中：中型企业	3308817	2694118	16507	96974	173166
按工业行业类别分					
一、采掘业	5781	6790	26	542	972
非金属矿采选业	5781	6790	26	542	972
二、制造业	7983064	6950512	32720	162711	355510
农副食品加工业	33210	27201	69	1618	1081
酒、饮料和精制茶制造业	178210	124512	512	6952	9474
纺织业	282260	253978	656	3875	7454
棉纺织及印染精加工	226942	206720	481	2188	4759
纺织服装、服饰业	34349	25987	242	151	6712
皮革、毛皮、羽毛及其制品和制鞋业	166209	141777	1547	2185	4079
皮革鞣制加工	166209	141777	1547	2185	4079
木材加工和木、竹、藤、棕、草制品业	138262	111729	716	4982	6643
木制品制造	110506	89838	648	4016	5839
家具制造业	49480	41500	303	1250	3983
造纸及纸制品业	680472	539129	2199	27207	26241
造纸	605088	481632	2090	19567	23745
文教、工美、体育和娱乐用品制造业	51428	43041	575	1019	1232
化学原料及化学制品制造业	2630640	2424206	9827	41685	132983
基础化学原料制造	2548622	2352211	9680	39440	125572
医药制造业	79605	66102	200	3151	6288
非金属矿物制品业	443790	336925	3857	19152	21269
水泥、石灰和石膏制造	382711	292424	3500	15436	13182
黑色金属冶炼及压延加工业	1423610	1370175	4504	4761	24490
钢压延加工	1414977	1363048	4443	4601	23297
金属制品业	61981	50090	270	1588	5163
通用设备制造业	647817	551617	3351	15591	34777
专用设备制造业	13241	12019	40	1079	1988
汽车制造业	48066	34096	62	3847	7118
铁路、船舶、航空航天和其他运输设备制造业					
电气机械及器材制造业	505751	419206	3173	14264	24217
计算机、通信和其他电子设备制造业	443819	311667	619	8258	28024
三、电力、燃气及水的生产和供应业	277567	252897	1843	1537	3289
电力、热力的生产和供应业	269146	247741	1804		1562
电力生产	24400	13158	372		1562
电力供应	244746	234583	1433		0
水的生产和供应业	8421	5156	39	1537	1727

注：本表数据未包括衢州电力局。

业主要财务指标

年)

单位:万元

财务费用	利息收入	利息支出	利税总额	利润总额	亏损企业亏损额	本年应付工资总额	本年应交增值税	全部从业人员年平均人数(人)
390	80	491	2432	686	689	12590	1496	2560
5442	3805	7704	105317	86220	800	22282	17860	4455
32079	6292	35207	259316	183524	8525	124659	68464	26227
114292	30290	129532	495280	286801	18647	382766	180948	52574
57340	29751	75998	314379	190935	1554	292685	105356	37500
89031	6830	88740	440217	279391	25619	214741	144056	41301
398	57	451	-3286	-3561	3561	2506	249	373
398	57	451	-3286	-3561	3561	2506	249	373
141144	36086	159214	725893	459455	23611	476606	233682	77026
584	5	544	4073	3470		2270	534	420
-3527	3652		53609	47669		5387	5428	1059
6816	320	7004	17688	8984	7836	20637	8043	5484
6316	295	6430	12828	5636	7836	15974	6704	4084
-257	356	98	6251	4048		17197	1954	3221
2165	824	2249	24437	14505		5781	8385	1120
2165	824	2249	24437	14505		5781	8385	1120
2440	138	2433	19213	13950		10704	4532	2871
1164	138	1157	14619	10708		9922	3250	2548
2063	31	2082	3861	565	689	5931	2993	2196
13112	828	12325	101284	74870		35161	24215	6231
12189	817	11494	91310	68535		29582	20685	5453
1450	4	1367	6110	4231		4956	1304	933
47050	13961	58485	81202	39026	10637	196265	32350	17352
47051	13871	58393	77245	37778	9228	192753	29788	16413
2157	86	1949	4175	2250		3391	1725	714
17503	1792	18871	91344	62463	26	24653	25015	5145
16028	1789	17472	84998	58940		18847	22558	3740
12401	4187	9245	53617	9984	754	39975	39129	8441
12205	4188	9053	52875	9908	754	37389	38524	7941
2004	40	2005	5852	4011		7317	1571	1764
-2213	7660	5321	74243	46491	1760	42895	24402	9050
578	66	619	-239	-1109	1109	2016	831	377
623	74	639	3152	476		2787	2614	538
8897	1405	9720	71123	44588		33325	23362	6586
21048	561	18796	103268	79784		10189	22865	2571
4829	439	5074	31989	14431		28314	15481	1402
4528	377	4713	31556	14384		26086	15218	1069
1572	345	1917	12775	8597		6177	3745	409
2956	32	2796	18781	5787		19909	11472	660
301	62	361	433	48		2228	264	333

衢州市大中型名单

2014 年

企业名称

一、大型工业企业

巨化集团公司
衢州元立金属制品有限公司
国网浙江省电力公司衢州供电公司
开山控股集团股份有限公司
浙江明旺乳业有限公司
浙江新禾管业有限公司
龙游县金龙纸业有限公司
浙江仙鹤特种纸有限公司
衢州华友钴新材料有限公司
浙江红五环机械股份有限公司
浙江华飞轻纺有限公司
浙江雷士灯具有限公司
江山菲普斯照明有限公司

二、中型工业企业

浙江创亿光电设备有限公司
浙江创佳数字技术有限公司
浙江江山化工股份有限公司
浙江夏王纸业有限公司
浙江中数科技有限公司
国网浙江龙游县供电公司
浙江金昌纸业有限公司
江山南方水泥有限公司
常山南方水泥有限公司
国网浙江江山市供电公司
浙江江山虎球水泥有限公司
浙江杰特机电科技有限公司
维达纸业（浙江）有限公司
江山市何家山水泥有限公司
浙江华康药业股份有限公司
衢州天力紧固件有限公司
捷马化工股份有限公司
浙江开化合成材料有限公司
申达电气集团有限公司
国网浙江常山县供电公司
浙江江山变压器有限公司
浙江华邦特种纸业有限公司
浙江中天氟硅材料有限公司
浙江科力车辆控制系统有限公司
浙江恒达纸业有限公司
浙江天子股份有限公司
浙江青龙山建材有限公司
浙江金凯门业有限责任公司
浙江杜山集团有限公司
浙江君飞纺织有限公司
龙游亿莱达电器有限公司
光明铁道控股有限公司
浙江四通轴承集团有限公司
浙江志高机械有限公司
浙江省常山纺织有限责任公司
浙江龙游道明光学有限公司
衢州天野户外用品有限公司
浙江省龙游云丰纸业有限公司
浙江华电乌溪江水力发电厂
浙江圣效化学品有限公司
衢州梦家园纺织有限公司
浙江乐叶光伏科技有限公司
浙江江山三友电子有限公司
江山市航宇文体用品有限公司
浙江孝福家具有限公司
宁波中鑫毛纺集团江山有限公司
江山易登针织有限公司
浙江衢州煤矿机械总厂股份有限公司
浙江 001 集团有限公司
衢州市建沃精工机械有限公司
浙江亿洋工具制造有限公司
浙江森拉特暖通设备有限公司
衢州伟荣药化有限公司
浙江腾龙竹业集团有限公司
捷姆轴承集团有限公司
浙江龙游新西帝电子有限公司
浙江福临旺家装饰材料有限公司
江山热威电热科技有限公司
申洲针织（衢州）有限公司
龙游沪工锻三工具总厂
浙江顺帆工贸有限公司
浙江巨桑家私有限公司
常山县民盛纺织有限责任公司
常山正丽机电有限公司
浙江开洋门业有限公司
浙江家德家居有限公司
常山皮尔轴承有限公司
浙江天际互感器有限公司
浙江通天星集团股份有限公司
浙江衢州水业集团有限公司
浙江巨化化工矿业有限公司
浙江年年红家居有限公司
浙江东越实业有限公司
浙江潘氏家具有限公司
浙江莎贝尔陶瓷有限公司
浙江五一机械有限公司
浙江华纳纸业有限公司
浙江东飞轻纺有限公司
浙江健盛集团江山针织有限公司
好梦来家纺有限公司
浙江开山缸套有限公司
江山欧派门业股份有限公司
浙江开关厂有限公司

2014年衢州规模以下工业主要统计指标

4—16

指　　标	计量单位	2014	比上年±%
单位数	家	19304	——
年末从业人数	万人	17.24	-0.9
工业总产值	万元	5038200	8.8
1. 规模以下工业企业数	家	3301	——
年末从业人数	万人	6.68	-2.7
主营业务收入	万元	2593170	11.1
主营业务成本	万元	2016430	11.7
税金总额	万元	81210	5.3
营业利润	万元	281155	-0.1
应付职工薪酬	万元	202234	7
本年折旧	万元	80617	10.6
生产能力利用率	%	90.3	3.2
应收帐款	万元	176638	8.9
电力消费	万度	31366	6.3
2. 个体工业单位数	家	16003	——
年末从业人数	万人	10.56	0.3
营业收入	万元	2395147	6.2
生产支出	万元	1604654	4.6
应付职工薪酬	万元	298231	4.7

注：规模以下工业单位包括年主营业务收入2000万元以下的工业企业和全部个体工业单位。

四、工业主要统计指标解释

工业：我国的工业，包括①对自然资源的开采，如采矿、晒盐、森林采伐等（但不包括禽兽捕猎和水产捕捞）；②对农副产品的加工、如碾米、磨粉、酿酒、榨油、轧花、缫丝、屠宰、药材加工等；③对工业品的加工、如炼钢、轧钢、炼焦、化工生产、机器制造、木材加工、纺织印染、服装加工、造纸等：④对工业品的修理，如修理机械设备、交通运输工具等；⑤自来水、煤气和电力的生产及供应。

工业总产值：工业总产值是指工业企业以货币表现的在一定时期内生产的工业最终产品和劳务的总价值。计算工业总产值有两条基本原则，一是工业生产原则，二是工厂最终产品原则。根据国家统计局制度规定，从1995年工业普查开始工业总产值统计口径执行新规定。工业总产值（现行价格、新规定）统计范围是指本年生产成品价值、对外加工费收入和自制半成品在产品期末期初差额之和。工业总产值（1990年不变价格、新规定）统计范围是指根据修订后的本年生产成品价值、对外加工费收入、自制半成品、在制品期末期初差额价值的计算原则，按1990年不变价格计算的工业总产值。

工业增加值：是工业企业在报告期内以货币表现的工业生产活动的社会最终成果，也即新增加价值。

轻工业：指提供生活的消费品和制作手工工具的工业。按其所使用的原料不同，可分为两大类：①以农产品为原料的轻工业，是指直接或间接以农产品为基本原料的轻工业。主要包括食品制造、饮料制造、烟草加工、纺织、缝纫、毛皮制作、造纸以及印刷等工业。②以非农产品为原料的轻工业，是指以工业品为原料的轻工业。主要包括文教用品、工艺美术用品制造、化学药品制造、合成纤维制造、日用化学制品、日用玻璃晶、日用金属制品、手工工具制造、医疗器械制造、文化和办公用机械制造等工业。

重工业：指生产生产资料的工业，是为国民经济各部门提供物质技术基础的工业。按其生产和产品用途，可以分为以下三类：①采掘（伐）工业，是指对自然资源的开采，包括石油开采、煤炭开采、金属矿开采、非金属矿开采和木材采伐等工业。②原料工业，是指提供国民经济各部门使用的原料、动力和燃料的工业。包括金属冶炼及加工、炼焦及焦炭、化学、化工原料；水泥、人造板、电力、石油加工等。⑧制造工业，是指对原料进行加工制造的工业。包括装备国民经济各部门的机械设备制造工业、金属结构、水泥制品等工业，以及为农业提供的生产资料和化肥、农药等工业。

总资产：指企业拥有或控制的全部资产。包括流动资产、长期投资、固定资产、无形及递延资产、其他长期资产等，即为企业资产负债表中的资产总计项。

流动资产：指可以在一年内或者超过一年的一个生产周期内变现或者耗用的资产。流动资产可以按变现能力（程度）划分，包括现金及各种存款、短期投资、应收及预付款项、存货等。

固定资产原值：指企业拥有的全部固定资产的原来价值。它是按购买和建设各种固定资产时所实际支付的金额计算的。固定资产来源包括解放后接收的原有固定资产，通过基本建设完成交付使用的固定资产，通过更新改造措施而增加的固定资产等。

总负债：指企业承担并需要偿还的全部债务。包括流动负债和长期负债等，即企业资产负债表的负债合计项。

流动负债：指在一年内或超过一年的一个营业周期内偿还的债务，其中包括短期借款，应付款项、预付款、长期应付款项等。

长期负债：指企业在一年以上或者超过一年的一个生产周期以上需要偿还的债务合计，其中包括长期借款、应付债务、长期应付款项等。

所有者权益：指企业投资人对企业净资产的所有权。企业净资产等于企业全部资产减去全部负债后的余额，其中包括投资者对企业的最初投入，以及资本公积金、盈余公积金和未分配利润，对股份制企业即为股东权益。

产品销售成本：指企业销售产品和提供工业性劳务等主要经营业务的实际成本。

产品销售税金及附加：指企业销售产品和提供工业性劳务等主要经营业务应负担的城市维护建设税，消费税、资源税和教育费附加，小规模纳税人包括应交增值税。

管理费用：指企业行政管理部门为组织和管理生产经营活动而发生的各项费用支出。

财务费用：指企业为筹集生产经营所需资金等所发生的费用。

利润总额：指企业在一定时期内实现的盈亏总额，是企业最终的财务成果，包括营业利润，补贴收入，投资收益、营业外净收入等。

利税总额：指企业产品销售税金及附加与应交增值税，利润总额之和。

第五篇　交通与邮电业

历年各县市区旅客运送量

5—1 单位：万人

年份	全市	市本级	柯城区	衢江区	江山市	常山县	开化县	龙游县
1949	7.98	4.80			0.90			2.28
1950	50.44	25.00			16.46			8.98
1951	56.26	28.14			16.96			11.16
1952	52.24	28.19			13.90			10.15
1953	79.57	46.66			17.60			15.31
1954	102.56	61.13			23.57			17.86
1955	109.48	61.39			26.02			22.07
1956	167.40	102.23			27.39			37.78
1957	231.12	149.51			27.27			54.34
1958	342.54	260.82			4.30			77.42
1959	520.34	375.50			39.34			105.50
1960	513.14	388.36			43.78			81.00
1961	439.59	295.19			54.63			89.77
1962	413.87	263.46			49.61			100.80
1963	407.53	253.35			42.40			111.78
1964	462.17	312.99			34.55			114.63
1965	330.02	186.97			27.54			115.51
1966	407.05	208.58			93.35			105.12
1967	401.22	200.84			97.15			103.23
1968	419.49	208.59			98.45			112.45
1969	437.33	225.16			97.40			114.77
1970	439.73	215.38			109.88			114.47
1971	385.93	166.35			105.69			113.89
1972	477.69	181.80			109.60		48.00	138.29
1973	540.87	208.64			126.27		57.00	148.96
1974	593.55	220.76			154.76		65.00	153.03
1975	795.86	409.24			130.00	51.00	64.00	141.62
1976	803.46	414.10			132.93	51.00	57.00	148.43
1977	847.84	432.49			142.27	51.00	61.00	161.08
1978	1033.21	514.58			166.26	74.00	80.00	198.37
1979	1164.28	512.75			215.01	72.30	124.00	240.22

注：1、市本级客、货运输量包括柯城区和衢江区 1949—1986 年和 2002-2014 年数据。

2、1986—1988 年各县市客、货运量不包括组织运量，则相加不等于全市数。

历年各县市区旅客运送量

5—1 续表　　　　单位：万人

年　份	全　市	市本级	柯城区	衢江区	江山市	常山县	开化县	龙游县
1980	1423.22	563.22			279.53	102.50	172.00	305.97
1981	1660.47	564.42			369.51	144.50	209.00	373.04
1982	1888.09	622.16			460.31	164.90	218.00	422.72
1983	2001.06	634.59			491.26	188.18	252.00	435.03
1984	2141.75	682.62			500.40	202.53	311.00	445.20
1985	2349.63	691.00			545.98	262.83	371.00	478.82
1986	2364.00	678.80			564.26	268.60	300.10	487.81
1987	2480.00	673.45		20.50	606.19	278.90	281.30	492.82
1988	2424.28	622.50		31.60	591.44	301.42	267.30	481.35
1989	2136.00	619.37		28.51	527.89	319.00	383.00	455.35
1990	2441.61	618.66		55.41	594.20	290.93	438.48	443.93
1991	2744.60	726.00		102.60	616.20	314.50	443.10	542.20
1992	3036.50	808.90		261.40	667.70	366.20	401.00	531.30
1993	3022.83	898.35		429.07	523.23	307.00	487.00	378.18
1994	3113.73	892.78		479.43	542.60	294.60	521.20	383.12
1995	2755.52	771.93		394.49	601.50	295.00	263.00	429.60
1996	2914.52	800.86		437.29	599.12	324.00	295.00	458.25
1997	3292.54	969.16		456.45	726.52	368.00	305.00	467.41
1998	3194.43	619.63		464.27	973.95	300.00	307.00	529.58
1999	3208.11	869.77		469.68	790.68	322.00	280.00	475.98
2000	3210.78	875.17		455.93	790.86	325.00	282.00	481.82
2001	3312.64	902.30		468.42	823.15	336.00	292.00	490.77
2002	3430.49	1292.00			779.70	363.00	450.00	545.76
2003	3686.73	1361.82			866.16	279.00	546.00	633.75
2004	3845.30	1401.18			899.83	306.00	572.00	666.28
2005	5192.06	1662.56			1170.19	579.00	845.00	935.31
2006	6975.62	2219.65			1585.85	818.00	1166.00	1186.12
2007	7362.46	2408.62			1663.10	855.00	1190.00	1245.74
2008	7531.56	2472.71			1701.22	872.00	1214.01	1271.62
2009	10973.66	3883.48			2639.86	1107.00	1650.00	1690.33
2010	11281.87	4025.08			2755.04	970.00	1560.00	1971.75
2011	11511.22	4692.56			2229.21	1156.00	1661.00	1772.45
2012	11726.39	4719.03			2306.79	1153.00	1725.00	1822.57
2013	5536.15	2312.44			1117.42	542.00	707.00	857.29
2014	5397.30	2248.82			1099.04	526.00	687.00	836.44

历年各县市区货物运输量

5—2 单位：万吨

年份	全市	市本级	柯城区	衢江区	江山市	常山县	开化县	龙游县
1949	20.66	7.44			0.75	4.15	5.47	2.85
1950	83.01	39.16			26.53	3.72	5.50	8.10
1951	41.31	21.86			2.30	3.80	5.92	7.43
1952	51.47	27.18			2.83	4.50	6.84	10.12
1953	85.99	38.55			15.06	4.46	9.13	18.79
1954	119.07	56.81			28.97	5.02	4.40	24.77
1955	125.54	39.19			46.36	4.17	6.94	28.88
1956	137.09	47.41			44.67	4.65	5.46	34.90
1957	133.88	47.15			33.61	4.24	6.97	41.91
1958	243.69	123.12			52.92	5.98	5.66	56.01
1959	244.05	93.45			64.18	7.01	15.18	64.23
1960	255.81	95.03			65.73	8.76	15.70	70.59
1961	161.32	42.41			51.50	6.84	10.97	49.60
1962	157.42	51.70			42.41	7.27	9.58	46.46
1963	196.53	70.11			56.35	8.74	11.37	49.96
1964	249.28	100.60			63.23	9.27	14.70	61.48
1965	320.43	164.99			62.87	10.29	18.85	63.43
1966	308.84	161.19			64.38	9.30	12.99	60.98
1967	231.03	118.62			39.68	9.22	11.66	51.85
1968	241.31	103.91			56.12	10.03	14.26	56.99
1969	339.10	183.28			71.12	6.72	11.11	66.87
1970	375.93	206.43			78.38	6.91	12.22	71.99
1971	490.98	304.83			88.79	9.21	10.80	77.35
1972	485.70	271.84			107.26	9.60	13.48	83.52
1973	469.10	262.14			89.22	11.37	11.77	94.60
1974	420.61	231.16			77.77	11.23	12.81	87.64
1975	393.37	193.72			93.31	12.66	21.40	72.28
1976	390.17	199.53			90.30	12.80	18.44	69.10
1977	480.63	250.08			113.20	14.84	20.66	81.85
1978	552.20	304.77			112.52	18.54	21.78	94.59
1979	528.07	276.22			110.23	24.15	23.62	93.85

历年各县市区货物运输量

5—2 续表 单位：万吨

年份	全市	市本级	柯城区	衢江区	江山市	常山县	开化县	龙游县
1980	436.26	218.23			115.30	11.20	12.93	78.60
1981	509.15	263.59			115.35	10.56	12.00	107.65
1982	563.33	284.38			114.91	12.25	12.37	139.42
1983	557.66	278.11			121.11	13.20	12.31	132.93
1984	549.59	277.90			113.55	35.80	12.38	109.96
1985	570.13	259.00			109.58	49.76	8.69	143.10
1986	929.37	165.19		9.26	96.91	15.58	8.93	56.77
1987	864.11	158.32		8.21	98.10	15.82	7.39	52.40
1988	838.54	145.94		7.64	96.33	17.25	6.92	48.08
1989	1090.78	209.41		170.64	236.53	219.83	73.45	180.92
1990	1009.40	193.38		271.50	239.65	90.19	52.66	162.02
1991	1202.75	215.20		395.30	235.55	104.50	43.90	208.30
1992	2698.30	446.50		397.70	973.40	139.30	237.30	504.10
1993	2759.20	471.20		236.70	1027.00	201.00	242.00	581.30
1994	3000.00	482.70		235.60	1097.20	245.00	247.90	691.60
1995	4370.59	748.29		770.63	914.79	696.00	497.00	743.88
1996	5061.26	860.35		975.29	1073.71	690.00	597.00	864.91
1997	4120.29	692.01		793.45	936.01	417.00	497.00	784.82
1998	3588.03	687.01		757.03	842.04	376.00	395.00	530.95
1999	3599.05	830.54		646.05	803.22	406.00	381.00	532.24
2000	3570.90	821.05		636.48	817.72	398.00	373.00	524.65
2001	3759.25	851.18		661.85	897.93	413.00	388.00	547.29
2002	4647.44	1949.06			1196.36	421.00	442.00	639.02
2003	5002.31	2025.08			1268.00	492.00	512.00	705.23
2004	6857.65	2401.80			1696.21	845.00	861.00	1053.63
2005	7647.87	2556.56			1886.54	991.00	1007.00	1206.77
2006	8743.43	3176.10			2201.58	1041.00	1057.00	1267.75
2007	9382.00	3447.17			2406.77	1089.00	1105.00	1334.06
2008	9840.05	3624.26			2480.04	1153.65	1171.10	1411.01
2009	6657.76	2942.29			1595.99	602.00	595.00	921.49
2010	9112.41	2887.17			3150.63	877.00	811.00	1386.61
2011	8560.53	2843.67			2952.90	769.00	667.00	1328.97
2012	8736.52	3239.97			2857.14	837.00	424.00	1377.42
2013	8583.67	3256.49			2637.69	868.00	580.00	1241.49
2014	9201.19	3516.06			2776.32	939.00	627.00	1342.80

注：1、1986—1988 年各县市货物量未包括组织运量，则相加不等于全市数。

2、2009 年起公路客运、货运量数据为营业性数据。

全市等级公路养护里程(包括村道)

5—3　(2014年)　单位：公里

行政等级	总里程	等级公路里程						等外公路
		高速公路	一级	二级	三级	四级	准四级	里程
养护里程	8069.68	317.32	301.40	716.81	633.17	4006.41	1984.23	110.35
国道	534.76	262.19	87.34	185.23				
省道	320.95	55.12	109.41	156.42				
县道	2211.97		102.81	351.95	561.09	1196.12		
乡道	1075.47			5.07	40.67	1029.74		
专用道								
村道	3926.53		1.84	18.15	31.42	1780.55	1984.23	110.35

各县市区公路分类情况(包括村道)

5—4　(2014年)　单位：公里

县市名称	公路总里程	高速公路	一般国道	省道	县道	乡道	村道	其中：等外公路里程
总计	8069.68	317.32	272.57	320.95	2211.97	1075.47	3926.53	110.35
柯城区	643.63	20.12	21.53	9.82	236.18	63.40	292.58	
衢江区	1630.87	18.64	17.07	74.59	382.57	160.72	977.28	51.97
江山市	1792.80	76.28	76.53	55.29	459.63	269.15	855.92	
常山县	996.43	72.76	63.45	8.63	257.65	168.12	425.83	
开化县	1513.83	49.72	62.78	40.62	542.37	227.06	591.29	
龙游县	1492.12	79.80	31.21	132.00	333.57	187.03	783.64	58.38

全市公路营业性运输工具拥有量

5—5 （2014年）

指　　标	单　位	总　计	按标记客位分			按　等　级　分			安装GPS的车辆
			大　型	中　型	小　型	高　级	中　级	普　通	
客运车辆总计	**辆**	**2868**	**661**	**1202**	**1005**	**497**	**1908**	**463**	**2868**
	客位	**69252**	**31628**	**31933**	**5691**	**18013**	**41929**	**9310**	**69252**
一、载客汽车	辆	2868	661	1202	1005	497	1908	463	2868
	客位	69252	31628	31933	5691	18013	41929	9310	69252
其中：卧铺客车	辆	12	12	0	0	12	0	0	12
	客位	495	495	0	0	495	0	0	495
1、按经营范围分									
（1）班车客运客车	辆	1235	389	808	38	347	425	463	1235
	客位	32854	15875	16534	445	12034	11510	9310	32854
（2）旅游客车	辆								
	客位								
（3）包车客车	辆	157	118	39	0	150	7	0	157
	客位	6161	5260	901	0	5979	182	0	6161
（4）出租客车	辆	848			848		848		848
	客位	3392			3392		3392		3392
⑸ 城内公共汽车	辆	628	154	355	119		628		628
	客位	26845	10493	14498	1854		26845		26845
2、按燃料类型分									
汽油车	辆	339							
柴油车	辆	1700							
双燃料车	辆	521							
其他燃料车	辆	308							
二、其他载客机动车	辆								
	客位								

全市公路营业性运输工具拥有量

5—5 续表　　　　　　　　　　　　(2014 年)

指　　标	计算单位	总　计	其中：个体	按标记吨位分				安装GPS的车辆
				大　型	其中：重型	中　型	小　型	
载货汽车	辆	22487	12886	8389	6758	218	10738	2655
	吨位	169330	53906	155087	145324	720	13523	9721
1、货车	辆	16141	11638	5189	3716	217	10735	1740
	吨位	76463	37825	62227	53255	717	13519	9721
① 按车型结构分								
栏板货车	辆	10792	8218	3710	2601	123	6959	956
	吨位	52230	26619	43295	36479	425	8510	4947
厢式车	辆	4913	3310	1084	758	60	3769	619
	吨位	18072	9854	12875	10938	195	5002	2867
集装箱车	辆	18	4	18	18			3
	吨位	536	127	536	536			93
罐车	辆	418	106	377	339	34	7	162
	吨位	5625	1225	5521	5302	97	7	1814
② 按经营范围分								
普通载货汽车	辆	14428	10707	4373	3078	157	9898	1380
	吨位	64193	33435	51264	43327	538	12391	6384
专用载货汽车	辆	1713	931	816	638	60	837	360
	吨位	12270	4390	10963	9928	179	1128	3337
其中：危险货物运输车	辆	386		251	215	46	89	386
	吨位	3984		3734	3529	128	122	3984
2、牵引车	辆	3142	592					915
	吨位							
3、挂车	辆	3204	656	3200	3042	1	3	
	吨位	92867	16081	92860	92069	3	4	
① 按车型结构分								
栏板货车	辆	2219	624	2218	2060	1		
	吨位	62913	15212	62910	62119	3		
厢式车	辆	71	6	68	68		3	
	吨位	2086	77	2082	2082		4	
集装箱车	辆	356	16	356	356			
	吨位	11486	515	11486	11486			
罐车	辆	558	10	558	558			
	吨位	16382	277	16382	16382			
② 按经营范围分								
普通载货汽车	辆	2228	643	2224	2066	1	3	
	吨位	63125	15709	63118	62327	3	4	
专用载货汽车	辆	976	13	976	976			
	吨位	29742	372	29742	29742			
其中：危险货物运输车	辆	876		876	876			
	吨位	26848		26848	26848			

各县市区旅客、货物运输情况

5—6 (2014年)

行业名称	单位	2014年	2013年
一、旅客运送量	万人	5397.30	5536.15
按行业分:			
民 航	万人	22.07	22.21
铁 路	万人	258.90	241.92
公 路	万人	5112.00	5266.00
水 运	万人	4.34	6.02
按县市分:			
市 区	万人	2248.82	2312.44
江山市	万人	1099.04	1117.42
常山县	万人	526.00	542.00
开化县	万人	687.00	707.00
龙游县	万人	836.44	857.29
二、旅客运送周转量	万人公里	234856.36	231198.32
按行业分:			
公 路	万人公里	234787.00	231102.00
水 运	万人公里	69.36	96.32
按县市分:			
市 区	万人公里	89253.74	87873.52
江山市	万人公里	46247.79	45424.84
常山县	万人公里	26346.00	26031.00
开化县	万人公里	33640.00	33013.00
龙游县	万人公里	39368.83	38855.96

注:1、市区客、货运输量包括市本级、柯城区和衢江区,下同。

2、公路客、货运数据为营业性数据。

各县市区旅客、货物运输情况

5—6 续表

（2014 年）

行业名称	单位	2014年	2013年
三、货物运输量	万吨	9201.19	8583.67
按行业分：			
民航	万吨	0.06	0.08
铁路	万吨	320.47	370.91
公路	万吨	8877.00	8209.00
水运	万吨	3.66	3.68
按县市分：			
市区	万吨	3516.06	3256.49
江山市	万吨	2776.32	2637.69
常山县	万吨	939.00	868.00
开化县	万吨	627.00	580.00
龙游县	万吨	1342.80	1241.49
四、货物运输周转量	万吨公里	965277.62	907670.43
按行业分：			
公路	万吨公里	964604.00	906901.00
水运	万吨公里	673.62	769.43
按县市分：			
市区	万吨公里	357023.00	334349.00
江山市	万吨公里	267216.00	251701.00
常山县	万吨公里	112562.00	106017.00
开化县	万吨公里	73677.00	69458.00
龙游县	万吨公里	154799.62	146145.43

历年各县市区邮电业务总量

5—7 单位：万元

年份	全市	市本级	柯城区	衢江区	江山市	常山县	开化县	龙游县
1949	24.96	9.22			4.56	3.61	2.08	5.52
1950	24.84	10.34			5.64	3.87	1.81	3.11
1951	33.40	14.41			6.81	4.13	2.94	5.14
1952	40.33	17.71			8.3	4.3	3.77	6.25
1953	48.63	22.87			8.72	4.65	5.15	7.22
1954	60.25	29.16			14.09	5.16	5.06	6.77
1955	57.11	23.98			15.56	5.6	4.93	7.04
1956	65.89	24.89			17.48	6.01	6.88	10.66
1957	76.39	30.63			21.12	6.55	6.85	11.26
1958	115.02	56.33			28.67		12.28	17.76
1959	163.80	82.78			42.81		18.33	19.88
1960	246.17	134.16			64.82		26.14	21.04
1961	194.98	105.05			52.87	17.08	19.57	
1962	175.34	99.13			40.55	17.89	17.83	
1963	173.66	98.89			39.81	16.62	18.32	
1964	174.91	100.77			38.39	17.57	18.21	
1965	170.46	97.19			37.26	17.09	18.91	
1966	166.75	93.13			36.62	17.78	19.23	
1967	171.54	93.85			37.69	19.22	20.82	
1968	166.43	92.99			36.19	18.42	18.84	
1969	170.70	93.16			38	19.35	20.16	
1970	183.43	100.88			39.05	20.13	23.39	
1971	201.14	108.98			44.87	23.17	24.13	
1972	220.09	120.81			49.15	24.22	25.9	
1973	231.26	127.34			50.69	24.17	29.11	
1974	234.89	128.53			51.4	25.26	29.69	
1975	237.42	131.43			52.24	23.58	30.16	
1976	238.12	129.46			52.62	23.53	32.49	
1977	246.88	131.27			55.87	24.77	35	
1978	276.05	145.92			62.75	28.18	39.17	
1979	318.62	172.46			69.4	32.34	44.44	

注：市本级邮电业务总量包括柯城区、衢江区和1961—1983年龙游县、1958—1960年常山县数据。

历年各县市区邮电业务总量

5—7 续表　　　　单位：万元

年　份	全　市	市本级	柯城区	衢江区	江山市	常山县	开化县	龙游县
1980	346.41	185.35			77.46	34.98	48.63	
1981	360.7	189.96			82.94	36.8	50.99	
1982	381.2	200.8			87.99	38.7	53.71	
1983	416.33	219.85			96.7	42.69	57.11	
1984	505.1	198.42			112.24	50.78	64.38	79.25
1985	636.55	258.8			129.65	59.13	78.31	110.68
1986	665.76	263.82			141.73	63.32	87.25	109.66
1987	786.44	320.69			162.39	74.72	100.13	128.53
1988	1022.63	427.54			195.17	101.74	127.01	171.18
1989	1134.07	468.52			213.88	125.46	135.69	190.52
1990	2288.59	943.98			435.61	263.01	278.19	367.8
1991	2972.82	1303.59			501.04	345.53	346.83	475.83
1992	4070.76	1804.8			704.34	450.77	477.93	632.92
1993	6222.47	2838.92			648.98	1063.45	590.64	831.81
1994	9462.77	4348.15			1641.48	1010.58	884.8	1265.84
1995	13858.92	6378.3			2591.36	1519.15	1269.34	2100.77
1996	18939.63	8736.08			3509.93	1934.05	1810.39	2949.16
1997	25160.58	11539.39			4650.05	2385.76	2375.49	4209.87
1998	31603.99	14279.88			6260.39	3197.17	3143.25	4723.3
1999	45267.00	21809.00			7966.00	4250.00	4561.00	6681.00
2000	67850.00	35971.00			10700.00	5822.00	6075.00	9282.00
2001	81138.00	40685.00			13499.00	7368.00	7143.00	12443.00
2002	83250.00	39591.00			14465.00	8258.00	7985.00	12951.00
2003	123087.00	58255.00			20729.00	12337.00	12353.00	19413.00
2004	151509.00	73435.00			25165.00	15109.00	13689.00	24111.00
2005	161709.00	76068.00			27767.00	17322.00	15455.00	25097.00
2006	186277.00	88927.00			32160.00	19455.00	17126.00	28609.00
2007	227795.00	100333.00			46909.00	22202.00	21657.00	36694.00
2008	245644.00	114630.00			42001.00	26719.00	26439.00	35855.00
2009	127783.70	57124.62			22739.11	14796.66	13992.53	19130.78
2010	129730.00	59755.00			21045.00	15366.00	13990.00	19574.00
2011	147500.00	67416.00			25251.00	16755.00	15643.00	22435.00
2012	157968.00	73791.00			29375.00	15351.00	14746.00	24705.00
2013	176623.54	85199.79			31340.32	17486.25	16154.01	26443.15
2014	166097.81	79794.65			29338.13	15263.79	16018.65	25682.59

注：1、1949—1980 年为 80 年不变价，1990—2000 年为 90 年不变价。

2、2009 年开始为邮电业务总收入。

各县市区邮电业务量

5—8　　(2014年)

指标	单位	全市	市本级	柯城区	衢江区
一、邮电局、所总数	处	106	34		
二、电信业务情况					
通信业务总收入	万元	151148	73282		
年末固定电话用户数	万户	48.04	21.59		
年末移动电话用户数	万户	223.48	93.67		
国际互联网用户数	万户	50.60	23.27		
三、邮政业务情况					
邮政业务收入	万元	14949	6512		
邮路单程长度	千米	1675	636		
函件	万件	1381	868		
包件	万件	5.25	2.15		
订销报刊杂志累计份数	万份	4384.40	1963.75		

各县市区邮电业务量

5—8 续表

(2014 年)

指　　标	单　位	江山市	常山县	开化县	龙游县
一、邮电局、所总数	处	20	15	19	18
二、电信业务情况					
通信业务总收入	万元	26438	13690	14434	23305
年末固定电话用户数	万户	9.17	4.37	4.08	8.84
年末移动电话用户数	万户	47.84	23.31	23.70	34.96
国际互联网用户数	万户	9.06	4.96	4.98	8.33
三、邮政业务情况					
邮政业务收入	万元	2900	1574	1585	2378
邮路单程长度	千米	252	260	295	232
函件	万件	129	68	158	158
包件	万件	0.87	0.37	0.76	1.10
订销报刊杂志累计份数	万份	819.88	194.36	520.71	885.70

历年全市运输线路长度和民用汽车拥有量

5—9

年　份	铁路营业里程（公里）	公路里程（公里）	民用汽车拥有量（万辆）	其中：私人汽车（万辆）
1949	102	189		
1950	102	189		
1951	102	189		
1952	102	208		
1953	102	231		
1954	102	231		
1955	102	264		
1956	102	300		
1957	102	395		
1958	102	513		
1959	102	725		
1960	102	854		
1961	102	902		
1962	102	928		
1963	102	967		
1964	102	1026		
1965	102	1107		
1966	102	1139		
1967	102	1171		
1968	102	1171		
1969	102	1186		
1970	102	1249		
1971	102	1274		
1972	102	1357		
1973	102	1386		
1974	102	1442		
1975	102	1479		
1976	102	1565		
1977	102	1664		
1978	102	1866		
1979	102	1967		

历年全市运输线路长度和民用汽车拥有量

5—9 续表

年份	铁路营业里程 (公里)	公路里程 (公里)	民用汽车拥有量 (万辆)	其中：私人汽车 (万辆)
1980	102	2056		
1981	102	2071		
1982	102	2196		
1983	102	2268		
1984	102	2344		
1985	102	2436		
1986	102	2465		
1987	102	2554		
1988	102	2620		
1989	102	2655		
1990	102	2722		
1991	102	2595		
1992	102	2622		
1993	102	2658		
1994	102	2694		
1995	102	2734		
1996	102	2784	2.47	1.54
1997	102	2826	2.81	
1998	102	2879	1.03	0.24
1999	102	2915	1.16	0.36
2000	102	2924	1.48	0.41
2001	102	2865	1.45	0.61
2002	102	2927	1.58	0.63
2003	102	3023	3.29	1.91
2004	102	3095	3.12	2.01
2005	102	3181	3.64	2.38
2006	91	6514	4.27	3.36
2007	134	6633	6.07	4.48
2008	134	7018	7.11	5.38
2009	134	7241	9.50	7.41
2010	134	7484	12.14	9.14
2011	134	7625	15.15	12.60
2012		7823	17.73	15.05
2013		7934	21.25	17.63
2014		8070	24.48	21.45

五、交通邮电业主要统计指标解释

公路里程：也称“公路通车里程”是指实际达到公路工程技术标准等级的公路长度。它包括大中城市的郊区公路以及通过小城镇街道的公路里程，也包括桥梁、渡口的长度，但不包括城市的街道以及厂矿、林区和农业生产用道的里程。两条或多条公路共同经由一条路段，只计算一次，不得重复计算里程长度。公路里程是反映公路建设发展规模的重要指标，也是计算运输网密度等指标的基础资料。

货运量：指在一定时期内，以重量单位吨计算的由各种运输工具实际完成运输过程的货物数量。水运货运量包括内河、沿海、远洋货运量合计。反映货运量的指标有发送货物吨数、到达货物吨数和运送货物吨数。公路和水路的货运量按报告期到达货物数量统计，即报告期内送达目的地并卸完的货物数量为该报告期的运输量。

货物周转量：指一定时期内由各种运输工具实际完成的运送货物重量与运送距离的乘积。计算货物周转量所用的运送距离通常使用计费里程。计算公式为：

货物周转量=∑（每吨货物重量×该批货物的运程）

客运量：指一定时期内，各运输部门实际运送旅客人数。

旅客周转量：指在报告期内实际运送的旅客人数与其相应的旅客运送距离的乘积。计算单位为人公里（海里）。计算公式为：

旅客周转量=∑（实际运送的每一旅客×该旅客起程与到达港站间距离）

邮电业务总量：指以货币表现的邮电部门为用户传递信息和提供其他邮电服务的总量（包括计费和不计费两部分）。它用各种邮电分类业务量，如函件件数、电报份数、长话张数、市内电话和农村电话的年平均户数、订销报刊累计份数等，分别乘以相应的平均单价（不变价格），加总后再加上出租电路和设备的收入、代用户维护电话交换机和线路等设备的收入、其他业务收入求得。邮电业务总量综合反映了一定时期邮电工作的总成果，是研究邮电业务量构成和发展趋势的重要指标。

第六篇　固定资产投资与建筑业

历年各县市区全社会固定资产投资

6—1 单位：万元

年份	全市	市本级	柯城区	衢江区	江山市	常山县	开化县	龙游县
1949	2				1	1		
1950	9	5			3	1		
1951	41	35			5	1		
1952	51	38			10	2		1
1953	970	953			11	2		4
1954	574	535			23	3		13
1955	615	570			33	3		9
1956	635	593			33	3		6
1957	1606	1547			32	10		17
1958	5408	3765			1356	60	60	221
1959	6705	4487			1437	194	173	414
1960	9426	4928			2417	798	488	795
1961	5288	3604			1012	295	183	194
1962	3017	2551			151	54	111	150
1963	2447	1927			130	68	200	122
1964	2800	2296			146	58	151	149
1965	2368	1734			206	136	157	135
1966	2125	1471			208	284	112	50
1967	1907	908			424	284	237	54
1968	1590	772			307	376	132	3
1969	2752	1363			639	374	305	71
1970	3659	1662			1053	321	481	142
1971	4445	2218			985	413	654	175
1972	4664	2472			1060	333	572	227
1973	5252	4012			518	263	330	129
1974	4223	3180			442	216	313	72
1975	4210	3026			616	217	299	52
1976	4462	3150			545	199	327	241
1977	5567	3647			991	337	475	117
1978	9731	6489			1418	529	1052	243
1979	10404	6187			2028	649	1142	398

注：柯城区 1949—1984 年固定资产投资总额统计在市本级内。

历年各县市区全社会固定资产投资

6—1 续表　　　　单位：万元

年　份	全　市	市本级	柯城区	衢江区	江山市	常山县	开化县	龙游县
1980	10417	5631		2	2260	907	1312	305
1981	9776	4665		1	2890	877	1014	329
1982	12586	4678		862	3301	1367	1911	467
1983	13573	5342		695	3535	990	1617	1394
1984	17923	4729		1273	4619	1515	2548	3239
1985	30067	8941	1399	2325	6543	2456	4025	4378
1986	39046	12563	1954	3117	7668	2822	5399	5523
1987	44868	10811	1877	5292	10023	4840	5719	6306
1988	53595	12510	2908	6702	11189	5025	7374	7887
1989	57579	15781	2904	7013	12342	5049	7077	7413
1990	67192	23480	4075	8791	9354	6226	6165	9101
1991	94993	37010	5117	13887	12458	9369	5864	11288
1992	154136	66223	7282	22529	20422	11575	10447	15658
1993	229655	77016	8602	31873	41929	24639	20133	25463
1994	243954	78047	16236	28723	47039	20551	23916	29442
1995	311297	93119	15398	51877	58086	28614	29254	34949
1996	330756	92019	20623	38326	66800	31478	27625	53885
1997	274066	90158	20862	27932	47362	21928	27672	38152
1998	321368	99250	21895	33720	58811	27909	30079	49704
1999	426020	152573	26033	45780	77902	33587	35310	54835
2000	554407	234960	28094	53902	91000	44115	38886	63450
2001	828171	336874	41127	78446	143178	65133	58525	104888
2002	1100031	419267	68466	104491	196353	93921	82448	135085
2003	1604214	498555	103027	167678	317006	172006	111040	234902
2004	2007295	553707	140829	230399	378085	230941	133001	340333
2005	2338437	673189	168103	210673	440066	278743	169561	398102
2006	2734060	738035	200520	259488	521495	343034	207589	463899
2007	3169975	779889	242094	315895	633931	416718	254527	526921
2008	3611939	778106	304359	364226	737321	495478	305466	626983
2009	4153976	811673	367042	429769	867838	576902	370360	730392
2010	4818048	835775	452239	527948	1006823	688148	445597	861518
2011	5046266	870216	487847	577810	976656	745437	462277	926023
2012	5661276	899916	585503	690336	1074381	813272	540307	1057561
2013	6707238	1207651	730716	851677	1292935	922746	638030	1063483
2014	7821018	1338716	915333	1019478	1510210	1030091	737613	1269577

注：自2011年起为固定资产投资，对应之前的限额以上投资。

历年各县市区建筑业总产值

6—2 单位：万元

年份	全市	市本级	柯城区	衢江区	江山市	常山县	开化县	龙游县
1995	99170	39039	12179	11753	13428	7029	6317	9425
1996	146648	39383	22080	11702	23143	15691	16410	18239
1997	144132	46599	20651	14176	23827	9531	15329	14019
1998	157201	58336	20329	14638	22510	7872	16063	17453
1999	186075	76068	21014	14770	32749	6285	13571	21618
2000	221177	95080	20685	23042	34699	10081	14666	22924
2001	410562	167944	45852	36640	44947	23491	40417	51271
2002	383839	138473	43239	38383	43836	18799	42649	58460
2003	495367	210554	40836	41804	53825	25181	61152	62015
2004	486060	188117	45224	42991	68880	27561	52494	60793
2005	545869	202043	45381	51432	90056	28632	63597	64728
2006	758265	224848	70888	85467	108980	81310	96093	90679
2007	1067660	311796	106576	125208	173484	104395	124725	121476
2008	1337729	336988	115067	167296	216836	147563	158833	195146
2009	1644501	383932	161369	219146	278639	174281	192535	234599
2010	2255659	501611	215272	284906	374009	265751	273955	340155
2011	2665594	570675	281531	365386	457225	216964	321306	452506
2012	3000782	645174	335160	416791	508009	222012	386385	487250
2013	3719296	784060	372949	490668	553033	359513	551839	607235
2014	4059795	403355	916046	484137	536625	452923	602844	663865

历年各县市区房地产投资完成情况

6—3 单位：万元

年　份	全　市	市本级	柯城区	衢江区	江山市	常山县	开化县	龙游县
1995	41124	17338	5289	5284	5531	1524	787	5371
1996	39856	13707	7955	2673	6643	2188	1403	5287
1997	34383	18000	5374	883	4688	1273	732	3433
1998	46869	26968	6827		5993	2169	1400	3512
1999	71838	35359	6062	500	18687	5015	1677	4538
2000	86184	40634	6549	444	27509	5121	1292	4635
2001	165520	83843	18917	1235	29798	12574	7757	11396
2002	263504	138931	34102		32047	17612	20376	20436
2003	355283	174682	28172	9567	67049	18943	21056	35814
2004	431757	180633	49178	15886	59839	25274	21388	79559
2005	379240	129098	38046	8469	63308	38222	27656	74441
2006	396347	129053	38609	16637	82591	39980	30602	58875
2007	459108	191432	44422	23142	85882	20395	28770	65065
2008	456189	142617	49735	10274	106561	35664	36248	75090
2009	375893	96912	56707	15489	97225	23945	38092	47523
2010	637122	215642	82520	33959	163971	34311	35207	71512
2011	706611	165028	105932	64616	200239	42998	46270	81528
2012	757880	221293	133275	96143	125570	45948	52353	83298
2013	888211	263723	134843	143634	127691	58814	45181	114325
2014	951665	189297	173743	128220	184862	103792	45571	126180

历年分产业固定资产投资

6—4 单位：万元

年份	全社会固定资产投资				其中：限额以上投资			
	合计	第一产业	第二产业	第三产业	合计	第一产业	第二产业	第三产业
1995	311297	16462	105686	189149	192880	2596	82554	107730
1996	330756	10875	101536	218345	211463	1489	76590	133384
1997	274066	8580	79598	185888	181420	406	65877	115137
1998	321368	11132	78292	231944	210907	334	65964	144609
1999	426020	8277	110694	307049	308499	698	94988	212813
2000	554407	11105	168738	374564	427394	838	145277	281279
2001	828171	21819	256889	549463	648661	2079	203396	443186
2002	1100031	27398	327143	745490	856698	5961	240437	610300
2003	1604214	31568	648638	924008	1345936	8007	545507	792422
2004	2007295	33644	943044	1030607	1742730	12823	831729	898178
2005	2338437	47520	1040518	1250399	2046331	21395	926346	1098590
2006	2734060	90778	1241196	1402086	2457485	29458	1158704	1269323
2007	3169975	152784	1520872	1496319	2856704	97321	1427740	1331643
2008	3611939	120359	1874308	1617272	3263312	67575	1791719	1404018
2009	4153976	155696	2242553	1755727	3809557	104912	2178198	1526447
2010	4818048	158883	2539106	2120059	4468504	110865	2498835	1858804
2011	5046266	101283	2815048	2129935	5046266	101283	2815048	2129935
2012	5661276	152131	3045581	2463564	5661276	152131	3045581	2463564
2013	6707238	268903	3179295	3259040	6707238	268903	3179295	3259040
2014	7821018	217479	3574929	4028610	7821018	217479	3574929	4028610

注：限额以上投资包括房地产开发投资，2001年以前为国有等单位投资(含房地产开发投资)。自2011年起统计范围进行了调整，全社会固定资产投资改为固定资产投资，统计范围调整为计划总投资500万元以上项目，同2010年及以前限额以上投资。

历年工业、基础设施投资

6—5　　　　　　　　　　　　　　　　　　　　　　　　　　　　单位：万元

年份	工业项目投资		基础设施项目投资	
	合计	其中：限额以上	合计	其中：限额以上
1995	104332	82354	57044	56041
1996	100822	76292	106501	99634
1997	78303	63851	74083	69863
1998	77367	64795	94004	87435
1999	109891	94185	129543	124307
2000	168375	144914	241000	230800
2001	253900	200407	306184	288348
2002	326930	235877	369800	343155
2003	630653	527622	419888	409012
2004	933816	824225	550691	524633
2005	1038307	924646	772297	758108
2006	1241126	1158704	890495	873292
2007	1520482	1427740	849203	815949
2008	1872338	1790719	825411	790957
2009	2239968	2175613	990458	951411
2010	2537306	2497035	998653	964658
2011	2805868	2805868	1009952	1009952
2012	3040880	3040880	1276099	1276099
2013	3179295	3179295	2055174	2055174
2014	3572729	3572729	2610416	2610416

注：限额以上项目2001年以前为国有等单位投资。2011年起统计范围进行了调整，工业项目投资和基础设施投项目资统计范围为计划总投资500万元以上，同2010年及以前限额以上工业项目投资和基础设施项目投资。

历年项目投资

6—6

指　　　　　　　标	单位	2014	2013	2012	2011	2010	2009	2008
本年完成投资合计	**万元**	**6869353**	**5819027**	**4903396**	**4339655**	**3831382**	**3433664**	**2807123**
合计中：工业投资	万元	3572729	3179295	3040880	2805868	2497035	2175613	1790719
合计中：基础设施投资	万元	2610416	2055174	1276099	1009952	964658	951411	790957
一、按登记注册类型分：								
内资	万元	6673512	5711497	4781424	4292916	3712043	3357954	2745571
港澳台商投资	万元	10707	23880	41177	16399	66840	25926	28981
外商投资	万元	138232	72250	64325	7859	23468	20704	23256
个体经营	万元	46902	11400	16470	22481	29031	29080	9315
二、按国有控股情况分：								
国有控股	万元	2354262	2186844	1437262	1281136	1065336	1088194	973560
非国有控股	万元	4515091	3632183	3466134	3058519	2766046	2345470	1833563
其中：民间投资	万元	4377744	3521868	3368780	3035120	2677595	2298840	1781326
三、按三次产业分								
第一产业	万元	217479	268903	152131	101283	110865	104912	67575
第二产业	万元	3574929	3179294	3045581	2815048	2498835	2178198	1791719
第三产业	万元	3076945	2370830	1705684	1423324	1221682	1150554	947829
四、按建设性质分								
新建	万元	4067396	3202547	2844877	2308081	1995792	1813044	1721579
单纯建造生活设施	万元	3555	30251	500		560	7876	1500
扩建、改建等	万元	2798402	2586229	2058019	2031574	1835030	1612744	1084044
五、按构成分								
建筑工程	万元	3784280	3241105	2480231	2129432	1900651	1654008	1384591
安装工程	万元	398957	330599	416542	327128	236012	212498	176591
设备工器具购置	万元	1915339	1489159	1376283	1296581	1194749	1168047	925719
其他费用	万元	770777	758164	630340	586514	499970	399111	320222
六、按国民经济行业分组								
A. 农、林、牧、渔业	万元	217479	268903	152131	101283	110865	104912	67575
B. 采矿业	万元	38064	43107	40024	14126	18568	16173	4405

注：2010 年以前为限额以上项目投资，2011 年起改为项目投资。

6—6 续表 1

指　　　标	单位	2014	2013	2012	2011	2010	2009	2008
C. 制造业	万元	3068075	2674944	2719310	2700532	2357598	2030212	1672769
农副食品加工业	万元	91867	60820	48658	36176	24282	30164	18115
食品制造业	万元	104973	38067	73159	40117	25734	26900	38088
饮料制造业	万元	39200	36190	15231	15566	33789	26720	33417
纺织业	万元	187588	114206	112571	140583	161122	117051	92050
纺织服装、鞋、帽制造业	万元	75799	21210	25990	40790	34140	27755	33365
皮革、毛皮、羽毛及其制品业	万元	13931	6298	20020	9861	15400	13693	9019
木材加工及木竹腾棕草制品业	万元	97797	99540	111889	156830	180983	170596	117318
家具制造业	万元	103602	52876	72903	58940	59988	30692	16484
造纸及纸制品业	万元	233078	205604	285784	318190	216397	109765	111849
印刷业和记录媒介的复制	万元	18795	18535	19634	11300	9129	16590	11331
文教体育用品制造业	万元	69122	89185	60695	21644	16812	79276	48192
石油加工、炼焦及核燃料加工业	万元	700					3400	1630
化学原料及化学制品制造业	万元	376153	363238	325570	466712	370644	375927	344597
医药制造业	万元	65793	67849	23511	32231	48988	8533	16844
化学纤维制造业	万元	22690	6472	20850	11540	3130	8600	6980
橡胶和塑料制品业	万元	88819	71625	58849	45430	81472	70600	44265
非金属矿物制品业	万元	144863	143094	198832	160783	139210	164115	141016
黑色金属冶炼及压延加工业	万元	42082	91830	43420	16290	28212	23100	5102
有色金属冶炼及压延加工业	万元	90775	70132	42095	50809	28869	18300	1072
金属制品业	万元	244981	194393	212693	362019	240462	95792	89224
通用设备制造业	万元	235401	195646	160930	159303	161556	166354	134521
专用设备制造业	万元	183117	213166	169484	118402	105596	95959	73734
交通运输制造业	万元	85821	81239	230380	111840	61615	76357	108782
电气机械及器材制造业	万元	274603	262140	225001	215876	186770	181863	121426
通信设备及其他电子设备制造业	万元	82660	98703	127006	50051	49846	35342	22270
仪器仪表及文化办公用机械制造业	万元	24315	31337	16650	12733	7300	9600	3000

6—6 续表 2

指　　标	单位	2014	2013	2012	2011	2010	2009	2008
工艺品及其他制造业	万元	16426	16587	2880	30496	56408	38013	29078
废弃资源和废旧材料回收加工业	万元	50794	22592	13325	6020	9744	9155	
D. 电力、燃气及水的生产和供应业	万元	466590	461243	281546	91210	120869	129228	113545
其中：电力、热力的生产和供应业	万元	403937	422621	253489	58891	89723	101367	95107
E. 建筑业	万元	2200		4701	9180	1800	2585	1000
F. 交通运输、仓储和邮政业	万元	590878	550047	294700	265957	283615	296615	300473
G. 信息传输、计算机服务和软件业	万元	10443	18162	40326	31746	34565	33642	12677
H. 批发和零售业	万元	369486	238131	166981	132171	135462	87415	70865
I. 住宿和餐饮业	万元	126951	118134	142872	91039	61764	44325	10484
J. 金融业	万元	17370	5506	2700	12779	14545	6834	5172
K. 房地产业	万元	240441	250927	186269	151226	101177	116515	97706
L. 租赁和商务服务业	万元	41170	22968	32934	28110	1364	3704	2463
M. 科学研究、技术服务和地质勘查业	万元	19403	21042	19392	8182	5827	1544	5620
N. 水利、环境和公共设施管理业	万元	1305515	880200	556145	520899	448122	434030	314627
其中：水利管理业	万元	193835	165602	87783	63446	84925	123348	71101
公共设施管理业	万元	979720	707277	466172	446243	343819	286170	219659
O. 居民服务和其他服务业	万元	10060	13890	8167	4060	2000	2000	6000
P. 教育	万元	84800	60568	48064	38465	24826	25218	24104
Q. 卫生、社会保障和社会福利业	万元	57253	50177	35288	32506	14831	17152	6241
R. 文化、体育和娱乐业	万元	126305	54903	49395	57697	58262	38691	26921
S. 公共管理和社会组织	万元	76870	86175	122451	48487	35322	42869	64476
本年新增固定资产	万元	4024186	3324002	3650879	4096445	3149876	2745372	1664512
本年施工房屋面积	平方米	13549800	12986490	12517721	12277230	10525705	9840725	9051721
本年竣工房屋面积	平方米	3472250	3838618	4227356	4742792	4458856	4481594	3136854
施工项目个数	个	2429	2124	1820	1970	2012	1864	1530
其中：本年新开工	个	1245	1183	871	987	1054	1085	687
本年投产项目个数	个	1258	761	840	975	933	889	736

各县市区固定资产投资完成情况

6—7

（2014 年）

指　　标	单　位	全　市	市本级	柯城区	衢江区
固定资产投资总计	**万元**	**7821018**	**1338716**	**915333**	**1019478**
其中：　房地产开发投资	万元	951665	189297	173743	128220
其中：　投资项目	万元	6869353	1149419	741590	891258
其中：工业投资	万元	3572729	610303	255610	525083
其中：工业技术改造投资	万元	1776465	437034	127105	181397
其中：基础设施投资	万元	2610416	565688	288265	271979
一、按控股情况分：					
国有投资	万元	2364162	786081	113369	94676
非国有投资	万元	5456856	552635	801964	924802
其中：民间投资	万元	5319509	532635	801964	888855
二、按三次产业分：					
第一产业	万元	217479		26460	26219
第二产业	万元	3574929	610303	257810	525083
第三产业	万元	4028610	728413	631063	468176
三、按城乡分：					
城镇投资	万元	6231627	1282822	720826	831748
农村投资	万元	1589391	55894	194507	187730
本年新增固定资产	万元	4408176	852675	496736	349534
施工项目个数	个	2429	373	246	165
其中：本年新开工	个	1245	136	115	113
本年投产项目个数	个	1258	160	175	76

各县市区固定资产投资完成情况

6—7 续表

(2014 年)

指　　　标	单　位	江山市	常山县	开化县	龙游县
固定资产投资总计	**万元**	**1510210**	**1030091**	**737613**	**1269577**
其中： 房地产开发投资	万元	184862	103792	45571	126180
其中： 投资项目	万元	1325348	926299	692042	1143397
其中：工业投资	万元	769658	462239	240109	709727
其中：工业技术改造投资	万元	447875	131344	69474	382236
其中：基础设施投资	万元	445726	386391	336811	315556
一、按控股情况分:					
国有投资	万元	375506	372380	326733	295417
非国有投资	万元	1134704	657711	410880	974160
其中：民间投资	万元	1123104	657711	410880	904360
二、按三次产业分:					
第一产业	万元	25320	72531	38144	28805
第二产业	万元	769658	462239	240109	709727
第三产业	万元	715232	495321	459360	531045
三、按城乡分:					
城镇投资	万元	1353836	628005	505275	909115
农村投资	万元	156374	402086	232338	360462
本年新增固定资产	万元	1205298	455092	278871	769970
施工项目个数	个	541	407	360	337
其中：本年新开工	个	319	99	179	284
本年投产项目个数	个	400	90	152	205

各县市区项目投资完成情况

6—8 （2014年）

指　　标	单　位	全　市	市本级	柯城区	衢江区
本年完成投资合计	**万元**	**6869353**	**1149419**	**741590**	**891258**
其中：工业投资	万元	3572729	610303	255610	525083
其中：基础设施投资	万元	2610416	565688	288265	271979
一、按建设性质分：					
新建	万元	4067396	597015	408743	675946
扩建、改建等	万元	2801957	552404	332847	215312
二、按登记注册类型分：					
内资	万元	6673512	1129360	738825	858778
港澳台商投资	万元	10707	9207		1500
外商投资	万元	138232	10852		30980
个体经营	万元	46902		2765	
三、按构成分					
建筑工程	万元	3784280	476540	583885	576112
安装工程	万元	398957	127688	46217	16324
设备工器具购置	万元	1915339	374403	76355	183655
其他费用	万元	770777	170788	35133	115167
四、按国有控股情况分：					
国有控股	万元	2354262	776181	113369	94676
非国有控股	万元	4515091	373238	628221	796582
其中：民间投资	万元	4377744	353238	628221	760635
五、按三次产业分					
第一产业	万元	217479		26460	26219
第二产业	万元	3574929	610303	257810	525083
第三产业	万元	3076945	539116	457320	339956

各县市区项目投资完成情况

6—8 续表 1　　(2014 年)

指　　标	单　位	江 山 市	常 山 县	开 化 县	龙 游 县
本年完成投资合计	**万元**	**1325348**	**926299**	**692042**	**1143397**
其中：工业投资	万元	769658	462239	240109	709727
其中：基础设施投资	万元	445726	386391	336811	315556
一、按建设性质分：					
新建	万元	577196	540468	586857	681171
扩建、改建等	万元	748152	385831	105185	462226
二、按登记注册类型分：					
内资	万元	1254611	926299	692042	1073597
港澳台商投资	万元				
外商投资	万元	26600			69800
个体经营	万元	44137			
三、按构成分					
建筑工程	万元	675924	497788	415380	558651
安装工程	万元	62813	56077	48447	41391
设备工器具购置	万元	429955	294726	136446	419799
其他费用	万元	156656	77708	91769	123556
四、按国有控股情况分：					
国有控股	万元	375506	372380	326733	295417
非国有控股	万元	949842	553919	365309	847980
其中：民间投资	万元	938242	553919	365309	778180
五、按三次产业分					
第一产业	万元	25320	72531	38144	28805
第二产业	万元	769658	462239	240109	709727
第三产业	万元	530370	391529	413789	404865

各县市区项目投资完成情况

6—8 续表 2　　(2014 年)

指标	单位	全市	市本级	柯城区	衢江区
六、按国民经济行业分	万元				
A. 农、林、牧、渔业	万元	217479		26460	26219
B. 采矿业	万元	38064			1000
C. 制造业	万元	3068075	492416	227446	445941
农副食品加工业	万元	91867	321	3300	4620
食品制造业	万元	104973	33189	2400	
饮料制造业	万元	39200	4420		1000
纺织业	万元	187588		800	
纺织服装、鞋、帽制造业	万元	75799	2880	3150	2534
皮革、毛皮、羽毛（绒）及其制品业	万元	13931	2911		2600
木材加工及木竹藤棕草制品业	万元	97797	2106	1000	
家具制造业	万元	103602		17582	6220
造纸及纸制品业	万元	233078	5125	10900	61688
印刷业和记录媒介的复制	万元	18795	1110	5000	7722
文教体育用品制造业	万元	69122	4504	1892	7950
石油加工、炼焦及核燃料加工业	万元	700			
化学原料及化学制品制造业	万元	376153	219018	10650	19867
医药制造业	万元	65793	11656		13130
化学纤维制造业	万元	22690	730	5750	1160
橡胶和塑料制品业	万元	88819	201	5818	7050
非金属矿物制品业	万元	144863	12181	14334	34176
黑色金属冶炼及压延加工业	万元	42082	24543		4300
有色金属冶炼及压延加工业	万元	90775	75775		
金属制品业	万元	244981	18342	48435	16978
通用设备制造业	万元	235401	4513	29650	86424
专用设备制造业	万元	183117	38658	4300	74319
交通运输设备制造业	万元	85821	2937	9300	20922
电气机械及器材制造业	万元	274603	10794	42340	24499

各县市区项目投资完成情况

6—8 续表 3 (2014 年)

指　　　标	单　位	江山市	常山县	开化县	龙游县
六、按国民经济行业分	万元				
A. 农、林、牧、渔业	万元	25320	72531	38144	28805
B. 采矿业	万元		32935	1560	2569
C. 制造业	万元	686598	347404	216463	651807
农副食品加工业	万元	26878	39102	11300	6346
食品制造业	万元	12324		2500	54560
饮料制造业	万元	16400		15530	1850
纺织业	万元	18312	21641	11000	135835
纺织服装、鞋、帽制造业	万元	37120	7720	2305	20090
皮革、毛皮、羽毛（绒）及其制品业	万元	1000	2600	4820	
木材加工及木竹藤棕草制品业	万元	84312	6600	538	3241
家具制造业	万元	12513	1500	28700	37087
造纸及纸制品业	万元	15610	18500		121255
印刷业和记录媒介的复制	万元		980	3983	
文教体育用品制造业	万元	10883	6106	27578	10209
石油加工、炼焦及核燃料加工业	万元				700
化学原料及化学制品制造业	万元	54179	16910	42194	13335
医药制造业	万元	7400	3490	10800	19317
化学纤维制造业	万元			7700	7350
橡胶和塑料制品业	万元	28777	15270	2588	29115
非金属矿物制品业	万元	29474	36219	6869	11610
黑色金属冶炼及压延加工业	万元	12693			546
有色金属冶炼及压延加工业	万元			2600	12400
金属制品业	万元	26395	55919		78912
通用设备制造业	万元	34029	61262	2210	17313
专用设备制造业	万元	33230	2050	4300	26260
交通运输设备制造业	万元	37384	8560		6718
电气机械及器材制造业	万元	155327	24850	6363	10430

各县市区项目投资完成情况

6—8 续表 4　　　　　　　　　　（2014 年）

指　　　　标	单　位	全　市	市本级	柯城区	衢江区
通信设备、计算机及其他电子设备	万元	82660	11076	6000	9942
仪器仪表及文化、办公用机械制造	万元	24315		4845	16200
工艺品及其他制造业	万元	16426	1050		2100
废弃资源和废旧材料回收加工业	万元	50794	4376		20540
D. 电力、燃气及水的生产和供应业	万元	466590	117887	28164	78142
其中：电力、热力的生产和供应业	万元	403937	111540	22000	75972
E. 建筑业	万元	2200		2200	
F. 交通运输、仓储和邮政业	万元	590878	264899	53445	71425
G. 信息传输、计算机服务和软件业	万元	10443	5143	400	
H. 批发和零售业	万元	369486	10041	135083	79755
I. 住宿和餐饮业	万元	126951	7535	12980	37778
J. 金融业	万元	17370	346	4900	9400
K. 房地产业	万元	240441	42580	24286	7300
L. 租赁和商务服务业	万元	41170	1220		
M. 科学研究、技术服务和地质勘查业	万元	19403	1787	2719	
N. 水利、环境和公共设施管理业	万元	1305515	116241	146501	107262
其中：水利管理业	万元	193835	14909	32018	14325
公共设施管理业	万元	979720	80818	103483	90837
O. 居民服务和其他服务业	万元	10060			
P. 教育	万元	84800	8707	14460	13200
Q. 卫生、社会保障和社会福利业	万元	57253	11050	15295	6500
R. 文化、体育和娱乐业	万元	126305	43069	36101	1950
S. 公共管理和社会组织	万元	76870	26498	11150	5386
本年新增固定资产	万元	4024186	816939	434953	303324
施工项目个数	个	2429	373	246	165
其中：本年新开工	个	1245	136	115	113
本年投产项目个数	个	1258	160	175	76
房屋施工面积	平方米	13549800	1598994	555231	1530055
房屋竣工面积	平方米	3472250	62069	60383	580049

各县市区项目投资完成情况

6—8 续表 5

(2014 年)

指　　标	单　位	江山市	常山县	开化县	龙游县
通信设备、计算机及其他电子设备	万元	25625	14095	8600	7322
仪器仪表及文化、办公用机械制造	万元			1400	1870
工艺品及其他制造业	万元	2700	1700		8876
废弃资源和废旧材料回收加工业	万元	4033		12585	9260
D. 电力、燃气及水的生产和供应业	万元	83060	81900	22086	55351
其中：电力、热力的生产和供应业	万元	78695	81470	11800	22460
E. 建筑业	万元				
F. 交通运输、仓储和邮政业	万元	48879	25165	113627	13438
G. 信息传输、计算机服务和软件业	万元				4900
H. 批发和零售业	万元	56121	39410	8200	40876
I. 住宿和餐饮业	万元	7599	8680	13714	38665
J. 金融业	万元	2724			
K. 房地产业	万元	68635	21097	47964	28579
L. 租赁和商务服务业	万元	3150	500	16300	20000
M. 科学研究、技术服务和地质勘查业	万元	4310	3100	700	6787
N. 水利、环境和公共设施管理业	万元	274778	244793	190389	225551
其中：水利管理业	万元	30274	42709	15377	44223
公共设施管理业	万元	186861	190127	150236	177358
O. 居民服务和其他服务业	万元	7060	3000		
P. 教育	万元	25635	9594	2854	10350
Q. 卫生、社会保障和社会福利业	万元	9172	5793	8443	1000
R. 文化、体育和娱乐业	万元	7712	27617	4890	4966
S. 公共管理和社会组织	万元	14595	2780	6708	9753
本年新增固定资产	万元	1107109	418309	256677	686875
施工项目个数	个	541	407	360	337
其中：本年新开工	个	319	99	179	284
本年投产项目个数	个	400	90	152	205
房屋施工面积	平方米	3309717	1825200	1778592	2952011
房屋竣工面积	平方米	1676299	279116	42548	771786

各县市区房地产开发投资完成情况

6—9　　(2014 年)

指　　　　标	单　位	全　市	市本级	柯城区	衢江区
一、企业单位数	个	233	57	33	27
二、本年完成投资额	万元	951665	189297	173743	128220
1、按构成分					
建筑工程	万元	531400	123371	86214	93894
安装工程	万元	86915	22591	14487	11771
设备购置及其他费用	万元	333350	43335	73042	22555
其中：　土地购置费	万元	298293	33789	66724	15838
2、按用途分					
住宅	万元	711330	148870	153540	83522
其中：经济适用房	万元				
办公楼	万元	41516	22085	1611	11860
商业营业用房	万元	102903	8823	13217	16969
其他	万元	95916	9519	5375	15869
3、按经济类型分					
国有控股企业	万元	9900	9900		
集体控股企业	万元				
私人控股企业	万元	941765	179397	173743	128220
三、本年新增固定资产	万元	383990	35736	61783	46210
四、本年施工房屋面积	平方米	7761687	1646305	1050533	1558083
其中：住宅	平方米	5659409	1135333	894659	1097881
五、本年竣工房屋面积	平方米	1430117	120350	232664	243518
其中：住宅	平方米	1157861	112633	200067	191150
六、商品房销售面积	平方米	1668144	481956	256898	299093
其中：住宅	平方米	1388394	433944	248514	222913
七、商品房待售面积	平方米	1004158	252939	141255	95521
其中：住宅	平方米	526910	120423	112287	73275

各县市区房地产开发投资完成情况

6—9 续表　　(2014 年)

指　　　标	单　位	江山市	常山县	开化县	龙游县
一、企业单位数	个	41	19	23	33
二、本年完成投资额	万元	184862	103792	45571	126180
1、按构成分					
建筑工程	万元	90330	43595	15161	78835
安装工程	万元	18591	5820	4780	8875
设备购置及其他费用	万元	75941	54377	25630	38470
其中：　土地购置费	万元	72897	50300	25620	33125
2、按用途分					
住宅	万元	121432	62152	44043	97771
其中：经济适用房	万元				
办公楼	万元	5013	0	45	902
商业营业用房	万元	14861	30385	1115	17533
其他	万元	43556	11255	368	9974
3、按经济类型分					
国有控股企业	万元				
集体控股企业	万元				
私人控股企业	万元	184862	103792	45571	126180
三、本年新增固定资产	万元	98189	36783	22194	83095
四、本年施工房屋面积	平方米	1447700	697319	472741	889006
其中：住宅	平方米	951263	498446	446761	635066
五、本年竣工房屋面积	平方米	301704	169975	96509	265397
其中：住宅	平方米	185752	141113	95510	231636
六、商品房销售面积	平方米	257022	88619	91462	193094
其中：住宅	平方米	192078	75100	77263	138582
七、商品房待售面积	平方米	292616	29454	110363	82010
其中：住宅	平方米	61051	16702	93324	49848

全市建筑业企业生产情况

6—10　　(2014年)　　单位：个，万元

指　　标	企业个数	其中：亏损	建筑业总产值	1. 建筑工程	2. 安装工程	3. 其他产值
总　　计	**235**	**25**	**4059795**	**3658982**	**241204**	**159609**
一、按登记注册类型分组						
内资企业	235	25	4059795	3658982	241204	159609
国有企业	1		6156	6156		
集体企业	1	1	722	722		
有限责任公司	23	1	483154	335011	137388	10755
股份有限公司	1		21090	21090		
私营企业	209	23	3548674	3296004	103817	148853
其他						
二、按国民经济行业分组						
房屋建筑业	101	12	2553704	2411947	79172	62585
土木工程建筑业	97	7	1313211	1122819	125338	65054
建筑安装业	10	1	34113		33863	249
建筑装饰业和其他建筑业	27	5	158768	124217	2832	31720
三、按企业资质等级分组						
施工总承包	185	18	3907524	3562522	194593	150410
一级	21		1451745	1383269	16612	51864
二级	74	2	1889296	1725976	128226	35094
三级及以下	90	16	566484	453277	49755	63453
专业承包	50	7	152270	96460	46612	9199
一级	2		27860	26970	890	
二级	14	3	50584	35694	11261	3630
三级及以下	34	4	73827	33797	34461	5569
四、按控股情况分						
国有控股	7	1	114610	90691	23919	
集体控股	5	1	103121	722	102399	
私人控股	221	23	3836253	3562137	114507	159609
其他	2		5811	5432	379	

全市建筑业企业生产情况

6—10 续表　　(2014 年)　　单位：平方米，人

指　　标	房屋施工面　　积	房屋竣工面　　积	计算建筑业劳动生产率的平均人数	年末从业人　　数	其中：工程技术人员	其中：一级建造师
总　　计	**28798226**	**14597600**	**164000**	**171060**	**33693**	**973**
一、按登记注册类型分组						
内资企业	28798226	14597600	164000	171060	33693	973
国有企业			396	403	50	
集体企业			63	63	63	
有限责任公司	2608150	1042686	16402	16415	2568	98
股份有限公司			735	750	385	12
私营企业	26190076	13554914	146404	153429	30627	863
其他						
二、按国民经济行业分组						
房屋建筑业	26160612	13308984	108545	115210	19350	565
土木工程建筑业	2190715	1269142	47785	47234	12422	354
建筑安装业			801	909	348	7
建筑装饰业和其他建筑业	446899	19474	6869	7707	1573	47
三、按企业资质等级分组						
施工总承包	27227631	13978061	158888	166413	32137	923
一级	9062248	3916779	50653	53696	7491	359
二级	14585502	8271437	78751	81626	16787	382
三级及以下	3579881	1789845	29484	31091	7859	182
专业承包	1570595	619539	5112	4647	1556	50
一级	420500	68591	477	678	78	16
二级	724824	544127	1745	1377	418	10
三级及以下	425271	6821	2890	2592	1060	24
四、按控股情况分						
国有控股	86361	43826	1421	3372	416	26
集体控股			3170	1757	496	26
私人控股	28711865	14553774	159039	165721	32411	921
其他			370	210	370	

全市建筑业企业财务情况

6—11　　(2014年)　　单位：万元

指　　标	固定资产合计	资产合计	负债合计	所有者权益合计	营业收入	营业税金及附加
总　　计	**238199**	**1975721**	**1013292**	**962429**	**3593791**	**124354**
一、按登记注册类型分组						
内资企业	238199	1975721	1013292	962429	3593791	124354
国有企业	2	3710	3234	477	4687	139
集体企业		851	250	601	722	25
有限责任公司	34648	315356	224772	90585	446824	12900
股份有限公司	3766	6757	459	6298	20572	706
私营企业	199782	1649046	784578	864469	3120986	110584
其他						
二、按国民经济行业分组						
房屋建筑业	109653	1125547	637408	488139	2208989	76503
土木工程建筑业	114465	727515	325097	402418	1206351	41524
建筑安装业	3766	43691	26098	17593	41941	1888
建筑装饰业和其他建筑业	10316	78968	24689	54279	136510	4439
三、按企业资质等级分组						
施工总承包	214212	1816717	936651	880066	3443153	119805
一级	63122	572907	323455	249452	1191962	41243
二级	100860	883606	448082	435524	1737592	61624
三级及以下	50231	360204	165114	195090	513600	16938
专业承包	23986	159004	76641	82362	150638	4549
一级	3389	16887	6768	10119	29550	634
二级	9299	58212	28765	29448	42918	881
三级及以下	11298	83904	41108	42796	78170	3035
四、按控股情况分						
国有控股	3622	66976	44954	22022	109101	3151
集体控股	8742	78038	57274	20765	93019	2248
私人控股	225530	1823160	905654	917506	3386311	118758
其他	304	7547	5410	2136	5361	197

全市建筑业企业财务情况

6—11 续表　　（2014 年）　　单位：万元

指　　标	管理费用	财务费用	营业利润	利润总额	应付职工薪酬	应收工程款
总　　计	**88930**	**21311**	**98326**	**98538**	**605784**	**342451**
一、按登记注册类型分组						
内资企业	88930	21311	98326	98538	605784	342451
国有企业	182		48	32	801	597
集体企业	59		–32	–32	160	175
有限责任公司	25536	2251	14573	14971	74886	63168
股份有限公司	352	2	202	202	3583	260
私营企业	62802	19058	83535	83365	526355	278252
其他						
二、按国民经济行业分组						
房屋建筑业	34713	14649	43278	43584	398896	199569
土木工程建筑业	45852	5995	42875	42782	176202	121424
建筑安装业	4516	–48	5019	5016	5573	5431
建筑装饰业和其他建筑业	3849	715	7154	7157	25113	16028
三、按企业资质等级分组						
施工总承包	80522	18895	89244	89494	587619	311809
一级	16853	5874	26456	26809	195017	92742
二级	43635	9953	43699	44035	296099	159133
三级及以下	20034	3069	19089	18651	96503	59935
专业承包	8408	2416	9082	9044	18165	30642
一级	734	446	2807	2843	2562	3176
二级	2232	1551	954	916	6019	12720
三级及以下	5442	419	5321	5284	9585	14746
四、按控股情况分						
国有控股	7461	72	4192	3856	22755	14230
集体控股	14383	167	5120	5564	15169	18875
私人控股	66999	21078	88503	88607	566506	308801
其他	88	–6	511	511	1354	545

全市建筑企业生产及财务情况

6—12　　(2014年)

指　标	单　位	全　市	市本级	柯城区	衢江区
企业个数	个	235	24	60	29
建筑业总产值	万元	4059795	403355	916046	484137
总产值中：在外省完成的产值	万元	1361192	177277	303186	156836
总产值中：国有及国有控股	万元	114610		52572	
总产值中：建筑工程	万元	3658982	379554	720492	474645
安装工程	万元	241204	17223	136051	7554
房屋建筑施工面积	平方米	28798226	2083720	6230844	2832559
其中：本年新开工面积	平方米	16456425	1105710	2960432	1439481
房屋建筑竣工面积	平方米	14597600	831280	3215632	1458966
自有机械设备年末总台数	台	26531	1720	6642	2942
自有机械设备年末总功率	千瓦	835388	68550	240073	122170
计算全员劳动生产率平均人数	人	164000	14245	35054	17737
期末从业人员	人	171060	15308	36914	17225
其中：工程技术人员	人	33693	3629	6486	4283
其中：一级建造师	人	973	153	227	159
应付职工薪酬	万元	605784	50553	138810	66382
固定资产原值	万元	328615	40210	57339	63109
资产合计	万元	1975721	258239	510114	256406
负债合计	万元	1013292	120864	304331	95659
所有者权益合计	万元	962429	137375	205783	160747
营业收入	万元	3593791	379248	875197	432439
营业税金及附加	万元	124354	13564	27792	14854
管理费用中的税金	万元	4316	393	1459	821
利润总额	万元	98538	10289	22209	9087
应交所得税	万元	24477	2656	4496	1537

全市建筑企业生产及财务情况

6—12 续表

（2014 年）

指　　标	单　位	江山市	常山县	开化县	龙游县
企业个数	个	41	26	27	28
建筑业总产值	万元	536625	452923	602844	663865
总产值中：在外省完成的产值	万元	170072	211982	231503	110336
总产值中：国有及国有控股	万元		12658		49380
总产值中：建筑工程	万元	522835	408188	532702	620566
安装工程	万元	9126	28569	13844	28838
房屋建筑施工面积	平方米	6708452	2631180	4680296	3631175
其中：本年新开工面积	平方米	2306346	1823235	3384684	3436537
房屋建筑竣工面积	平方米	2057445	1409164	2900645	2724468
自有机械设备年末总台数	台	3199	1018	6367	4643
自有机械设备年末总功率	千瓦	75565	18038	173515	137477
计算全员劳动生产率平均人数	人	27065	19677	25484	24738
期末从业人员	人	30745	18523	25496	26849
其中：工程技术人员	人	5849	3231	4993	5222
其中：一级建造师	人	142	54	131	107
应付职工薪酬	万元	112355	56347	84497	96840
固定资产原值	万元	29114	21976	64648	52220
资产合计	万元	267080	265488	225223	193172
负债合计	万元	143559	198612	70229	80039
所有者权益合计	万元	123521	66876	154994	113133
营业收入	万元	451204	323979	545139	586584
营业税金及附加	万元	15363	11281	23125	18375
管理费用中的税金	万元	548	301	369	425
利润总额	万元	9869	6845	28255	11984
应交所得税	万元	2556	2050	8035	3148

六、固定资产与建筑业主要统计指标解释

全社会固定资产投资：固定资产投资是社会固定资产再生产的主要手段，固定资产投资额是以货币表现的建造和购置固定资产活动的工作量，它是反映固定资产投资规模、速度、比例关系和实用方向的综合性指标。全社会固定资产投资包括项目投资、房地产开发投资、农村私人投资三大部分。

固定资产投资：包括项目投资和房地产开发投资。

限额以上项目投资：包括城镇及农村非农户中计划总投资（或实际需要投资）500万元及500万元以上的项目投资。

项目投资：包括城镇和农村各种登记注册类型的企业、事业、行政单位，以及城镇个体户进行的计划总投资500万元及500万元以上的建设项目。2011年以前，项目投资包括城镇和农村各种登记注册类型的企业、事业、行政单位，以及个体户进行的计划总投资50万元及50万元以上的建设项目。

城镇固定资产投资：指城镇各种登记注册类型的企业、事业、行政单位及个体户进行的计划总投资500万元及500万元以上的建设项目投资。县城及以上区域内发生的投资，县及县以上各级政府及主管部门直接领导、管理的建设项目和企事业单位的投资均为城镇固定资产投资。

农村固定资产投资：指发生在农村区域范围内的非农户固定资产投资项目完成的投资。不包括县及县以上各级政府及主管部门直接领导、管理的建设项目和企事业单位的投资。

基础设施投资：包括:水利、环境和公共设施管理业，电力、燃气及水的生产供应业，交通运输、仓储和邮政业，电信和其他信息传输服务业，教育设施，广播、电视、电影和音像业，文化艺术业，体育设施和卫生设施。

房地产开发投资：包括各种登记注册类型的房地产开发公司、商品房建设公司及其他房地产开发单位统一开发的包括统代建、拆迁还建的住宅、厂房、仓库、饭店、宾馆、度假村、写字楼、办公楼等房屋建筑物和配套的服务设施、土地开发工程，如道路、给水、排水、供电、供热、通讯、平整场地等基础设施工程的投资。

房屋施工面积：指报告期内施工的全部房屋建筑面积。包括本期新开工的面积、上期跨入本期继续施工的房屋面积、上期停缓建在本期恢复施工的房屋面积、本期竣工的房屋面积以及本期施工后又停缓建的房屋面积。多层建筑应填各层建筑面积之和。

房屋竣工面积：指在报告期内房屋建筑按照设计要求已全部完工，达到住人和使用条件，经验收鉴定合格或达到竣工验收标准，可正式移交使用的各栋房屋建筑面积的总和。

建筑业总产值：建筑业总产值是以货币表现的建筑业企业在一定时期内生产的建筑业产品和服务的总和。建筑业总产值包括建筑工程产值、安装工程产值和其他产值三部分内容。

第七篇　国内商业、外贸和外资

历年各县市区社会消费品零售总额

7—1　　　　单位：万元

年份	全市	市本级	柯城区	衢江区	江山市	常山县	开化县	龙游县
1949	2643	659		258	604	126	128	868
1950	3427	1041		397	677	167	171	974
1951	3933	1112		425	779	258	262	1097
1952	4461	1175		456	849	393	348	1240
1953	5700	1441		570	886	456	535	1812
1954	7347	1806		709	1215	584	522	2511
1955	6143	1575		635	1179	530	525	1699
1956	7426	1698		681	1442	637	569	2399
1957	7786	1897		765	1425	626	607	2466
1958	8310	2031		860	1498	687	726	2508
1959	9520	2482		1066	1698	928	915	2431
1960	10161	2607		1140	2221	1040	1103	2050
1961	9527	2609		1133	2074	761	899	2051
1962	9541	2536		1086	1934	1011	982	1992
1963	9294	2417		1092	1731	1004	1112	1938
1964	10148	2677		1281	1926	1061	1077	2126
1965	10472	2718		1331	1997	1130	1126	2170
1966	10872	2791		1456	2346	1291	1225	1763
1967	12130	3266		1529	2472	1422	1453	1988
1968	10694	2937		1337	2122	1286	1223	1789
1969	12013	3166		1486	2614	1459	1356	1932
1970	12202	3266		1591	2712	1391	1254	1988
1971	13232	3431		1740	2942	1490	1504	2125
1972	14716	3896		2015	3028	1704	1660	2413
1973	16329	4435		2182	3203	1897	1897	2715
1974	17337	4906		2241	3384	1878	2008	2920
1975	17520	4967		2238	3482	1875	2031	2927
1976	18338	5043		2297	3840	1967	2224	2967
1977	18194	4981		2374	3666	1970	2181	3022
1978	20212	5213		2699	4450	2149	2359	3342
1979	26059	7143		3547	5271	2659	2951	4488

历年各县市区社会消费品零售总额

7—1 续表　　　　　　　　　　　　　　　　　　　　　　　　　　　　单位：万元

年　　份	全　市	市本级	柯城区	衢江区	江山市	常山县	开化县	龙游县
1980	31392	8569		4152	6439	3086	3712	5434
1981	35210	9527		4612	7104	3762	4411	5794
1982	39833	10705		5134	7944	4253	5060	6737
1983	44204	11998		5622	9328	4630	5584	7042
1984	49283	13721		6300	10208	5065	6061	7928
1985	60754	11468	4766	7157	12340	5946	8802	10275
1986	74460	12223	6247	8842	16295	7486	10997	12370
1987	85663	14635	6959	9342	18878	8965	12184	14700
1988	113901	20011	9346	12205	24253	13969	14525	19592
1989	127391	19971	11332	12889	28515	14388	15551	24745
1990	123702	18276	11064	12793	27530	14434	13673	25932
1991	141618	22538	14485	13771	29698	16878	14909	29339
1992	178892	26731	19665	23417	34258	20555	18235	36031
1993	259564	39525	28931	26233	49534	29223	32135	53983
1994	366009	50121	38586	36989	80315	36328	36833	86837
1995	489146	64983	57758	48494	101160	53471	54053	109227
1996	559851	61877	64921	61623	115777	69197	66056	120400
1997	602093	57345	76480	70628	129871	75152	69551	123066
1998	634893	46218	86559	75234	139704	80585	75765	130828
1999	695774	52002	95115	85386	151845	86637	79301	145488
2000	763074	54723	107532	92431	166973	93093	85922	162400
2001	836656	56561	121192	101007	184928	102867	93826	176275
2002	952557	63627	166534	89805	211034	116805	104799	203328
2003	910526	72892	161088	81110	201087	102725	97624	194000
2004	1178310	137360	210050	101300	226600	118100	130300	254600
2005	1347432	159536	242884	115765	257870	134161	148672	288544
2006	1538557	181558	278831	132559	294620	153614	169815	327560
2007	1794513	212702	325397	154512	343085	179144	197834	381839
2008	2156144	249803	391888	183869	414684	216389	237550	461961
2009	2502501		745657	213328	481407	250795	275082	536232
2010	2908244		901086	238477	552601	284614	325109	606357
2011	3443361		1063614	282596	658228	336223	384738	717962
2012	3963577		1220506	327906	753527	387658	445317	828663
2013	4436693		1358209	371621	845947	435944	504121	920851
2014	5037864		1462178	500903	963769	492745	573500	1044769

注：2003 年是按照国家新的统计口径进行统计；2004 年以后按照经济普查口径统计；2010 年按国家新统计口径进行统计。

历年全市利用外资及进出口情况

7—2　　　　单位：万美元

年　　份	项目数（个）	总投资	协议外资	实际外资	进出口总额	其中：进口	出口
1985	2	129	55	54			
1986	2	85	28	0			
1987							
1988							
1989	2	310	102	91	92		92
1990	8	828	382	174	391		391
1991	15	966	473	235	1429	129	1300
1992	69	21659	6473	147	2036	330	1706
1993	113	14509	7694	1948	3497	1236	2261
1994	45	6885	3157	1289	4197	1020	3177
1995	27	1335	458	1306	5255	423	4832
1996	15	1526	759	1526	5126	675	4451
1997	16	697	608	1465	5688	908	4780
1998	17	3928	2014	1633	6655	1221	5434
1999	11	1123	610	1800	8022	2236	5786
2000	17	2373	1195	1167	12747	3479	9268
2001	28	4708	2338	1206	12533	3205	9328
2002	25	6966	4135	1590	15385	3475	11910
2003	39	11519	5397	2069	22875	5883	16992
2004	28	16199	8083	2080	35080	11422	23658
2005	38	23496	12161	3042	40847	8457	32390
2006	39	24188	12109	3985	63975	17624	46350
2007	31	26294	12615	4056	106083	33896	72187
2008	19	31932	13497	5813	132528	42593	89935
2009	20	31765	14800	6380	118364	45398	72966
2010	24	26900	12084	6237	188920	68459	120461
2011	24	36800	12042	4541	268686	92612	176074
2012	14	7113	4583	5067	301819	115891	185928
2013	13	32853	13254	6616	377607	138584	239023
2014	14	32830	10777	7009	444769	156293	288476

各县市区国内商业、外贸、外资

7—3

（2014年）

指　　　　标	单　　位	全　　市	市本级	柯城区	衢江区
一、社会消费品零售总额	万元	5037864		1462178	500903
按销售地区分					
1、城镇	万元	4328593		1462178	484323
2、乡村	万元	709271			16580
按行业分					
1、批发零售贸易业	万元	4492370		1359329	445790
限额以上	万元	1500721		801995	255753
限额以下及个体户	万元	2991650		557334	190037
2、住宿和餐饮业	万元	545494		102849	55113
限额以上	万元	57680		21953	7019
限额以下及个体户	万元	487814		80896	48094
补充资料：					
亿元以上商品交易市场成交额	万元	2802046		1489873	100140
二、外贸进出口总额	万美元	444769	208362	28055	59449
出口总额	万美元	288476	93997	23825	41075
进口总额	万美元	156293	114364	4230	18373
三、利用外资					
当年新批三资企业数	个	14	2	2	2
新批三资企业合同外资	万美元	10777	2483	3292	1304
当年实际利用外资	万美元	7009	1721	645	996

各县市区国内商业、外贸、外资

7—3 续表

(2014年)

指　　标	单　位	江山市	常山县	开化县	龙游县
一、社会消费品零售总额	万元	963769	492745	573500	1044769
按销售地区分					
1、城镇	万元	777311	366124	285470	953187
2、乡村	万元	186457	126622	288030	91582
按行业分					
1、批发零售贸易业	万元	891533	394180	482613	918925
限额以上	万元	214859	41277	40695	146143
限额以下及个体户	万元	676675	352903	441919	772782
2、住宿和餐饮业	万元	72235	98565	90887	125845
限额以上	万元	9867	7565	5310	5966
限额以下及个体户	万元	62368	91000	85577	119878
补充资料：					
亿元以上商品交易市场成交额	万元	464368	74466	87382	585817
二、外贸进出口总额	万美元	64574	18052	21197	45081
出口总额	万美元	62897	17811	17980	30890
进口总额	万美元	1677	241	3217	14191
三、利用外资					
当年新批三资企业数	个	4	1		3
新批三资企业合同外资	万美元	1104	380		2214
当年实际利用外资	万美元	1049	519		2079

各县市区限额以上批零贸易企业主要财务指标

7—4　　(2014年)　　单位：万元

指标	全市	市本级	柯城区	衢江区
企业个数（个）	313		99	56
流动资产	1449450		703317	203491
其中：存货	267486		130192	36631
固定资产原价	316749		161657	40163
本年折旧	17751		9914	2795
资产合计	1909557		912657	280905
负债合计	1402914		622712	235660
所有者权益合计	506643		289945	45246
其中：实收资本	334305		148286	50191
主营业务收入	4066171		2104667	515140
主营业务成本	3775097		1917061	490722
主营业务税金及附加	29169		23533	689
其他业务利润	11038		4649	187
销售费用	99304		57152	10497
管理费用	79484		49849	10139
财务费用	46536		10164	8901
营业利润	55215		61111	–5451
利润总额	75159		63814	1981
本年应付职工薪酬	56679		33933	6185
本年应交增值税总额	34838		25004	1109

各县市区限额以上批零贸易企业主要财务指标

7—4 续表　　　　(2014 年)　　　　单位：万元

指　　标	江山市	常山县	开化县	龙游县
企业个数（个）	53	27	20	58
流动资产	197025	70554	41608	233455
其中：存货	41147	16149	10303	33065
固定资产原价	58145	14304	8127	34353
本年折旧	2721	607	481	1233
资产合计	280866	94121	52635	288373
负债合计	213574	78418	43369	209182
所有者权益合计	67292	15704	9266	79190
其中：实收资本	44164	19007	10709	61948
主营业务收入	378113	162669	60342	845241
主营业务成本	352210	152763	54305	808035
主营业务税金及附加	1136	303	162	3346
其他业务利润	3814	700	465	1223
销售费用	13338	5616	3011	9689
管理费用	8352	3087	2354	5703
财务费用	7491	3493	1599	14888
营业利润	-3042	-1696	-889	5181
利润总额	2169	67	-854	7982
本年应付职工薪酬	7022	2761	1815	4964
本年应交增值税总额	3017	535	621	4552

全市限额以上批发和零售企业商品销售情况

7—5　　(2014年)　　单位：万元

指　　　标	法人企业(个)	销售额	批发额	零售额
总　计	**313**	**4561484**	**3183447**	**1378037**
一、批发业	173	3212933	2938817	274116
1. 按登记注册类型分组				
内资	170	3189850	2916864	272986
国有	4	680113	631834	48279
集体	2	24206	24206	
有限责任公司	25	300369	295307	5062
国有独资公司	5	38570	38277	293
其他有限责任公司	20	261799	257030	4769
股份有限公司	4	463840	305611	158229
私营企业	134	1717479	1656407	61072
私营有限责任公司	131	1686775	1625990	60786
私营股份有限公司	2	29007	28721	286
2. 按国民经济行业分组				
农、林、牧产品批发业	13	215126	165729	49396
食品、饮料及烟草制品批发业	13	538273	527548	10725
烟草制品批发业	1	365301	364580	721

全市限额以上批发和零售企业商品销售情况

7—5 续表 1　　　　(2014 年)　　　　单位：万元

指　　　　标	法人企业(个)	销售额	批发额	零售额
纺织、服装及家庭用品批发业	13	100877.4	96631.0	4246.4
文化、体育用品及器材批发业	1	3071	3071	
医药及医疗器材批发业	7	116676.4	116676.4	
矿产品、建材及化工产品批发业	98	1999680.8	1798325.2	201355.6
煤炭及制品批发业	24	382005.3	381931.6	73.7
石油及制品批发业	3	499321.6	335404.9	163916.7
金属及金属矿批发业	26	764482.9	743437.4	21045.5
建材批发业	5	46299.6	37299.6	9000
化肥批发业	5	49811.6	49805.0	6.6
机械设备、五金交电及电子产品批发	11	105494.4	101650.6	3843.8
汽车批发	2	12852.2	12852.2	
摩托车及零配件批发业	1	4601.6	4601.6	
其他批发业	14	117317.1	116299.2	1017.9
二、零售业				
1. 按登记注册类型分组				
内资企业	139	1345607.3	244629.4	1100977.9

全市限额以上批发和零售企业商品销售情况

7—5 续表 2　　(2014 年)　　单位：万元

指　　标	法人企业（个）	销售额	批发额	零售额
有限责任公司	33	604592	136149	468444
国有独资公司	6	146290		146290
其他有限责任公司	27	458303	136149	322154
股份有限公司	1	7775	4082	3694
私营企业	105	733240	104399	628841
私营独资	9	25220	5010	20210
私营有限责任公司	95	704630	98963	605667
私营股份有限公司	1	3390	426	2964
2. 按零售行业小类分组				
综合零售业	16	254479	29752	224727
百货零售业	5	149530	2384	147146
超级市场零售业	11	104949	27368	77581
食品、饮料及烟草制品专门零售业	7	9558	3841	5717
文化、体育用品及器材专门零售业	7	18002		18002
图书、报刊零售业	5	16755		16755
医药及医疗器材专门零售业	9	145774	129670	16103
药品零售业	8	145072	129670	15402

全市限额以上批发和零售企业商品销售情况

7—5 续表 3　　(2014 年)　　单位：万元

指　　标	法人企业（个）	销售额	批发额	零售额
汽车、摩托车、燃料及零配件专门零售业	60	705129	42036	663094
汽车零售业	48	542614	13438	529177
机动车燃料零售业	12	162515	28598	133917
家用电器及电子产品专门零售业	23	116583	33470	83113
日用家电设备零售业	15	98904	28254	70649
计算机、软件及辅助设备零售业	5	4175		4175
通信设备零售业	1	2721	2022	699
无店铺及其他零售业	10	31582	4312	27270
3. 按经营方式分组				
独立门店	119	1043326	209237	834089
连锁总店	14	212270	31876	180394
连锁门店	3	85589		85589
4. 按零售业态分组				
有店铺零售	138	1334479	244629	1089849
百货店	5	40308	303	40005
超市	5	26946	8626	18321
大型超市	6	184609	22234	162375
专业店	69	600865	197032	403833
专卖店	40	409443	15091	394353
便利店	4	7114	918	6196

全市限额以上住宿业和餐饮业法人企业经营情况

7—6 (2014 年) 单位：万元

指标	法人企业(个)	营业额	其中：客房收入	餐费收入	商品销售收入	年末住宿和餐饮企业拥有床位数(个)	年末住宿和餐饮企业拥有餐位数(位)
总计	**47**	**58086**	**19682**	**33355**	**1802**	**7623**	**36061**
一、住宿业	21	27091	9752	15261	797	4228	17263
按登记注册类型分组							
内资企业	21	27091	9752	15261	797	4228	17263
国有企业	1	159	88	71		108	120
有限责任公司	9	13282	4868	7034	400	2153	9408
其他有限责任公司	8	11801	4242	6247	400	2020	8608
股份有限公司	1	1498	450	1044		116	800
私营企业	10	12151	4345	7113	396	1851	6935
私营独资企业	2	695	362	333		186	550
私营合伙企业							
私营有限责任公司	8	11456	3984	6780	396	1665	6385
其他企业							
二、餐饮业							
1. 按登记注册类型分组							
内资企业	26	30995	9931	18093	1005	3395	18798
国有企业	1	4723	1636	2810		320	1011
有限责任公司	4	6602	1811	3592	231	537	3060
其他有限责任公司	3	4946	1811	2824	231	537	2760
股份有限公司	1	2858	1348	1479	30	300	600
私营企业	20	16811	5136	10213	744	2238	14127
私营独资企业	3	1174	538	450	102	171	1320
私营合伙企业	1	259		220	39		500
私营有限责任公司	16	15378	4598	9543	603	2067	12307
2. 按餐饮行业小类分组							
正餐服务	26	30995	9931	18093	1005	3395	18798

全市限额以上连锁零售业、住宿业和餐饮业经营情况

7—7 (2014 年)

指标	计量单位	合计		直营店	
		本年	上年	本年	上年
一、门店总数	个	3357	2690	166	159
二、年末零售营业面积	平方米	317886	293874	173233	173853
五、年末从业人员数	人	8450	7690	2329	2647
六、连锁门店商品购进额	万元	259924	192569	193556	132497
其中：统一配送商品购进额	万元	160986	151553	94617	92861
其中：自有配送中心配送商品购进额	万元	133433	124046	80897	77523
非自有配送中心配送商品购进额	万元	27552	24527	13720	12359
七、连锁门店商品销售额	万元	280403	266443	221853	212452
其中：零售额	万元	226571	220188	168021	166197

全市个体经济发展情况

7—8

项目	2014	2013
户数(户)	**93243**	**87585**
农、林、牧、渔业	3148	2127
采矿业	61	73
制造业	4712	4745
电力、燃气及水的生产和供应业	28	33
建筑业	288	273
批发和零售业	64084	60748
交通运输、仓储和邮政业	744	660
住宿和餐饮业	8311	7773
信息传输、计算机服务和软件业	182	176
金融业		1
房地产业	784	734
租赁和商务服务业	1954	1702
科学研究和技术服务业	294	281
水利、环境和公共设施管理业	17	15
居民服务、修理和其他服务业	7912	7611
教育	41	20
卫生和社会工作	284	259
文化、体育和娱乐业	399	354
其他		
从业人员(人)	**212146**	**195630**
农、林、牧、渔业	11768	8005
采矿业	318	396
制造业	24870	23788
电力、燃气及水的生产和供应业	90	100
建筑业	1168	1158
批发和零售业	107345	100236
交通运输、仓储和邮政业	2222	2056
住宿和餐饮业	23523	21833
信息传输、计算机服务和软件业	311	300
金融业		1
房地产业	13287	13202
租赁和商务服务业	4729	4029
科学研究和技术服务业	799	732
水利、环境和公共设施管理业	75	64
居民服务、修理和其他服务业	18280	16893
教育	121	54
卫生和社会工作	708	638
文化、体育和娱乐业	2532	2145
其他		

全市私营经济发展情况

7—9

项目	2014	2013
户数(户)	**22627**	**19392**
农、林、牧、渔业	2287	1867
采矿业	81	85
制造业	5473	5250
电力、燃气及水的生产和供应业	180	168
建筑业	1156	878
批发和零售业	7869	6801
交通运输、仓储和邮政业	628	519
住宿和餐饮业	133	117
信息传输、计算机服务和软件业	445	394
金融业	116	75
房地产业	532	495
租赁和商务服务业	1672	1253
科学研究和技术服务业	1263	871
水利、环境和公共设施管理业	188	155
居民服务、修理和其他服务业	372	281
教育	50	41
卫生和社会工作	43	23
文化、体育和娱乐业	139	119
其他		
从业人员(人)	**304800**	**261273**
农、林、牧、渔业	21550	17813
采矿业	1583	1707
制造业	126387	118038
电力、燃气及水的生产和供应业	2437	2225
建筑业	17359	13951
批发和零售业	71374	58972
交通运输、仓储和邮政业	7646	6298
住宿和餐饮业	2507	2422
信息传输、计算机服务和软件业	3672	3049
金融业	1748	916
房地产业	5715	4970
租赁和商务服务业	17336	12203
科学研究和技术服务业	16414	11966
水利、环境和公共设施管理业	2042	1659
居民服务、修理和其他服务业	4323	3191
教育	723	603
卫生和社会工作	771	303
文化、体育和娱乐业	1213	987
其他		

七、贸易外经主要统计指标解释

社会消费品零售总额：指企业（单位、个体户）通过交易直接售给个人、社会集团非生产、非经营用的实物商品金额，以及提供餐饮服务所取得的收入金额。个人包括城乡居民和入境人员，社会集团包括机关、社会团体、部队、学校、企事业单位、居委会或村委会等。

商品销售额：指对本单位以外的单位和个人出售的商品金额（包括售给本单位消费用的商品，含增值税），在批发和零售业中，本指标反映在国内市场上销售商品以及出口商品的总量。

零售额：指售给城乡居民用于生活消费和社会集团用于公共消费的商品金额。

批发额：指售给国民经济各行业用于生产、经营用的商品金额

主营业务收入：指企业确认的销售商品、提供劳务等主营业务的收入。

利润总额：指企业在一定会计期间的经营成果，是生产经营过程中各种收入扣除各种耗费后的盈余，反映企业在报告期内实现的盈亏总额。

营业额：指住宿和餐饮业单位在经营活动中因提供服务或销售商品等取得的全部收入，包括：客房收入、餐费收入、商品销售额（含增值税）和其他收入。

客房收入：指住宿和餐饮业单位在经营活动中因提供住宿服务取得的收入。

餐费收入：指指本单位为顾客提供就餐服务取得的收入。包括：经烹饪、调制加工后出售的各种食品，如主食、炒菜、凉拌菜等的收入。

商品销售额：指对本单位以外的单位和个人出售的商品金额（包括售给本单位消费用的商品，含增值税）。在住宿和餐饮业中，本指标反映住宿和餐饮业单位出售商品的销售总额（含增值税），不包括法人企业附营的其他行业产业活动单位的商品销售额。

床位数：指本单位供应旅客使用的床位数，不包括临时加床和门店内部工作人员使用的床位。该指标按报告期内正常情况下的实有数统计。

餐位数：指本单位为顾客提供就餐服务时，正常可同时容纳就餐人员的餐位数量，不包括临时加的餐位。该指标按报告期内正常情况下的实有数统计。

年末餐饮营业面积：指住宿和餐饮业企业对外提供餐饮服务的就餐面积和从事食品加工、烹饪、调制的厨房面积，不包括办公用房和仓库等面积。按年末实有建筑面积统计。本指标应与餐费收入统计相匹配。

连锁总店（总部）：负责连锁企业资源（商号、商誉、经营模式、服务标准、管理模式等等）的开发、配置、控制或使用等功能的企业核心管理机构。连锁经营是指经营同类商品或服务，使用统一商号的若干店铺，在同一总店（总部）的管理下，采取统一采购或特许经营等方式，实现规模效益的组织形式。

连锁店包括下列三种形式：

(1) **直营连锁**：是指连锁店铺由连锁公司全资或控股开设，在总部的直接控制下，开展统一经营的连锁经营形式。

(2) **特许连锁**：是指拥有注册商标、企业标志、专利、专有技术等经营资源的企业（特许人），以合同形式将其拥有的经营资源许可其他经营者（被特许人）使用，被特许人按合同约定在统一的经营模式下开展经营，并向特许人支付特许经营费用的连锁经营形式。

(3) **自愿连锁**：是指若干个店铺或企业自愿组合起来，在不改变各自资产所有权关系的情况下，以同一个品牌形象面对消费者，以共同进货为纽带开展的连锁经营形式。

配送中心：是指从事配送业务且具有完善信息网络的场所或组织。配送是指在经济合理区域范围内，根据客户要求，对物品进行拣选、加工、包装、分割、组配等作业，并按时送达指定地点的物流活动。配送中心应基本符合下列要求：(1)主要为特定客户或末端客户提供服务；(2)配送功能健全；(3)辐射范围小；(4)提供高频率、小批量、多批次配送服务。

门店总数：指该连锁企业所拥有的全部门店（包括直营店和加盟店，下同）数量。其中，总店（如果总公司有门店的话）作为一个直营店处理。此外，有的地区分出控股店，控股店按直营店统计。

第八篇　人民生活与价格水平

历年城乡居民收入与价格指数

8—1

年　　份	市区商品零售价格指数(以上年为100)	市区居民消费价格指数(以上年为100)	全市城镇居民	
			人均可支配收入(元)	指数(%)(以上年为100)
1978	100.1		296	
1979	100.4		305	103.0
1980	104.3		314	103.0
1981	100.9		387	123.3
1982	100.6		412	106.5
1983	102.0		399	96.8
1984	103.4		489	122.6
1985	114.9	114.5	730	149.3
1986	106.7	107.1	862	118.1
1987	111.3	111.0	916	106.3
1988	122.9	122.9	1263	137.9
1989	118.0	118.7	1539	121.9
1990	99.5	100.2	1595	103.6
1991	105.5	105.3	1907	119.6
1992	106.4	106.5	2240	117.5
1993	114.2	117.4	3033	135.4
1994	123.3	124.3	4724	142.7
1995	116.7	117.2	5979	124.6
1996	107.2	109.8	6673	112.9
1997	100.0	102.5	6693	109.9
1998	99.9	100.8	6388	100.3
1999	97.6	98.5	6642	104.0
2000	99.3	100.9	7592	114.3
2001	100.4	99.3	8709	114.7
2002	99.3	98.8	9330	117.0
2003	99.7	101.8	10079	108.0
2004	102.6	102.7	11477	113.9
2005	99.2	99.9	13006	113.3
2006	101.2	101.0	14541	111.8
2007	103.2	103.7	16388	112.7
2008	106.7	105.0	18069	110.3
2009	98.7	99.2	19539	108.1
2010	104.9	104.2	21811	111.6
2011	105.1	105.6	24900	114.2
2012	102.1	102.4	28187	113.2
2013	101.3	102.6	30507	108.2
2014	100.5	102.5	30583	109.3

注：1978-2013年城镇居民人均可支配收入为市区收入。

历年城乡居民收入与价格指数

8—1 续表

年份	居民	全市农村居民		
	人均住房使用面积（平方米）	人均纯收入（元）	指数（%）（以上年为100）	人均住房面积（平方米）
1978		132		
1979		158	119.7	
1980		173	109.5	
1981		242	139.9	
1982		346	143.0	
1983		363	104.9	
1984		381	105.0	
1985	11.40	451	118.4	18.30
1986	11.20	474	105.1	19.00
1987	13.60	539	113.7	19.60
1988	14.40	621	115.2	19.80
1989	14.10	727	117.1	20.10
1990	11.91	799	109.9	21.60
1991	12.65	875	109.5	22.90
1992	13.20	812	92.8	23.30
1993	14.08	1018	125.4	23.80
1994	14.02	1411	138.6	23.80
1995	14.51	1896	134.4	28.40
1996	15.37	2259	119.2	28.86
1997	15.76	2495	110.5	28.91
1998	15.95	2660	106.6	30.54
1999	16.35	2860	107.5	32.40
2000	19.84	2949	103.1	39.48
2001	20.42	3250	110.2	42.85
2002	21.2	3595	110.6	45.11
2003	22.3	3980	110.7	47.1
2004	22.76	4414	110.9	48.6
2005	26.7	4850	109.9	48.3
2006	27.52/36.69	5359	110.5	51.1
2007	37.37	6071	113.3	51.9
2008	37.46	6843	112.7	53.2
2009	38.55	7336	107.2	54.6
2010	39.05	8270	112.7	56.6
2011	40.56	9635	116.5	60.0
2012	41.0	10714	111.2	65.0
2013	36.8	11924	111.3	66.7
2014	40.7	15354	111.2	70.3

注：2007年起住房面积为总建筑面积，2013年起住房面积统计范围为全市城镇。

全市城镇住户调查基本情况

8—2

指　　　　标	单　位	2014年	比上年±%
一、调查样本住户数	户	658	9.7
二、期内常住成员数	人	1865	8.8
三、人均现住房建筑面积	平方米	40.7	——
四、人均可支配收入	元	30583	9.3
1. 工资性收入	元	18287	9.5
2. 经营净收入	元	5082	8.2
3. 财产净收入	元	1714	7.1
4. 转移净收入	元	5500	10.2
五、人均生活消费支出	元	18357	8.0
1. 食品烟酒	元	6651	7.2
2. 衣着	元	2046	8.5
3. 居住	元	2715	7.9
4. 生活用品及服务	元	871	3.7
5. 交通通信	元	2521	14.7
6. 教育文化娱乐	元	1784	9.2
7. 医疗保健	元	1199	4.2
8. 其他用品和服务	元	570	1.1

全市城镇住户平均每百户年末主要耐用品拥有量

8—3

指标	单位	2014年	比上年±%
1. 家用汽车	辆	32	23.0
2. 摩托车	辆	19	72.0
3. 助力车	台	87	22.5
4. 洗衣机	台	89	4.0
5. 电冰箱（柜）	台	101	2.0
6. 微波炉	台	58	-7.0
7. 彩色电视机	台	154	4.0
8. 空调	台	140	-7.0
9. 热水器	台	95	2.0
10. 消毒碗柜	台	10	17.0
11. 洗碗机	台	2	——
12. 排油烟机	台	81	——
13. 固定电话	线	59	-2.0
14. 移动电话	部	219	6.0
15. 计算机	台	76	-15.0
16. 摄像机	台	7	-42.0
17. 照相机	台	35	-29.0
18. 中高档乐器	架	4	0.0
19. 健身器材	台	5	-17.0
20. 组合音响	套	10	-29.0

各县市区城镇住户调查基本情况

8—4

指　　标	单　位	全　市	柯 城 区	衢江区
一、调查样本住户数	户	658	179	65
二、期内常住成员数	人	1865	483	215
三、人均现住房建筑面积	平方米	40.7	41.0	63.2
四、人均可支配收入	元	30583	32821	26120
1. 工资性收入	元	18287	19205	14333
2. 经营净收入	元	5082	3174	8554
3. 财产净收入	元	1714	3507	2482
4. 转移净收入	元	5500	6935	751
五、人均生活消费支出	元	18357	19693	14992
1. 食品烟酒	元	6651	7089	4705
2. 衣着	元	2046	1755	1082
3. 居住	元	2715	2973	4155
4. 生活用品及服务	元	871	1246	716
5. 交通通信	元	2521	2147	1785
6. 教育文化娱乐	元	1784	2482	1476
7. 医疗保健	元	1199	1534	857
8. 其他用品和服务	元	570	467	217

各县市区城镇住户调查基本情况

8—4 续表

指　　标	单　位	江山市	常山县	开化县	龙游县
一、调查样本住户数	户	130	101	90	93
二、期内常住成员数	人	375	297	251	244
三、人均现住房建筑面积	平方米	38.3	35.3	60.3	37.0
四、人均可支配收入	元	32022	25899	24532	31424
1. 工资性收入	元	18800	15633	13141	20363
2. 经营净收入	元	5749	3286	3317	3526
3. 财产净收入	元	1594	2123	1685	1595
4. 转移净收入	元	5879	4857	6389	5940
五、人均生活消费支出	元	17004	16021	15745	18852
1. 食品烟酒	元	5550	5547	5592	6687
2. 衣着	元	1910	1303	1331	2337
3. 居住	元	896	3283	3041	1734
4. 生活用品及服务	元	750	1065	743	948
5. 交通通信	元	4348	1926	2208	2953
6. 教育文化娱乐	元	1742	1701	1804	1784
7. 医疗保健	元	1298	915	803	1802
8. 其他用品和服务	元	510	281	223	607

各县市区城镇住户平均每百户年末主要耐用品拥有量

8—5

指　　　　　　　　标	单　位	全　市	柯 城 区	衢江区
1. 家用汽车	辆	32	33	28
2. 摩托车	辆	19	17	28
3. 助力车	台	87	73	129
4. 洗衣机	台	89	90	88
5. 电冰箱（柜）	台	101	100	102
6. 微波炉	台	58	63	43
7. 彩色电视机	台	154	151	156
8. 空调	台	140	159	116
9. 热水器	台	95	98	93
10. 消毒碗柜	台	10	15	3
11. 洗碗机	台	2	7	
12. 排油烟机	台	81	85	68
13. 固定电话	线	59	54	29
14. 移动电话	部	219	204	266
15. 计算机	台	76	77	194
16. 摄像机	台	7	15	2
17. 照相机	台	35	50	11
19. 中高档乐器	架	4	9	3
19. 健身器材	台	5	10	
20. 组合音响	套	10	13	3

各县市区城镇住户平均每百户年末主要耐用品拥有量

8—5 续表

指　　标	单　位	江山市	常山县	开化县	龙游县
1. 家用汽车	辆	35	26	28	53
2. 摩托车	辆	26	12	18	15
3. 助力车	台	85	102	68	87
4. 洗衣机	台	89	86	92	91
5. 电冰箱（柜）	台	100	99	100	100
6. 微波炉	台	74	62	54	57
7. 彩色电视机	台	160	154	180	149
8. 空调	台	135	149	134	127
9. 热水器	台	85	93	98	96
10. 消毒碗柜	台	11	9	9	6
11. 洗碗机	台		1		
12. 排油烟机	台	88	80	71	81
13. 固定电话	线	73	56	42	71
14. 移动电话	部	201	211	247	183
15. 计算机	台	81	88	81	62
16. 摄像机	台	9	1	4	4
17. 照相机	台	35	27	29	38
19. 中高档乐器	架	2	3	4	1
19. 健身器材	台	3	3	1	3
20. 组合音响	套	13	5	2	16

全市农村住户调查基本情况

8—6

指　　标	单　位	2014年	比上年±%
一、调查样本住户数	户	913	-6.5
二、期内常住成员数	人	2604	-6.6
三、人均现住房建筑面积	平方米	70.3	/
四、人均可支配收入	元	15354	11.2
1. 工资性收入	元	8891	11.9
2. 经营净收入	元	4003	9.4
3. 财产净收入	元	378	8.3
4. 转移净收入	元	2082	12.3
五、人均生活消费支出	元	9980	10.0
1. 食品烟酒	元	3837	8.8
2. 衣着	元	915	12.0
3. 居住	元	1515	11.3
4. 生活用品及服务	元	601	2.0
5. 交通通信	元	1209	18.4
6. 教育文化娱乐	元	980	8.8
7. 医疗保健	元	681	5.9
8. 其他用品和服务	元	242	11.0

全市农村住户平均每百户年末主要耐用品拥有量

8—7

指　　　标	单　位	2014年	比上年±%
1. 家用汽车	辆	14	100.0
2. 摩托车	辆	37	27.0
3. 助力车	台	87	35.9
4. 洗衣机	台	51	15.9
5. 电冰箱（柜）	台	92	8.0
6. 微波炉	台	26	18.0
7. 彩色电视机	台	145	5.8
8. 空调	台	66	32.0
9. 热水器	台	76	22.5
10. 消毒碗柜	台	3	/
11. 洗碗机	台		/
12. 排油烟机	台	32	18.5
13. 固定电话	线	53	6.0
14. 移动电话	部	221	10.5
15. 计算机	台	35	2.9
16. 摄像机	台	1	-50.0
17. 照相机	台	10	0.0
19. 中高档乐器	架	1	0.0
19. 健身器材	台	1	/
20. 组合音响	套	5	/

各县市区农村住户调查基本情况

8—8 (2014 年)

指　　标	单　位	全　市	柯城区	衢江区
一、调查样本住户数	户	913	120	149
二、期内常住成员数	人	2604	358	439
三、人均现住房建筑面积	平方米	70.3	69.7	71.0
四、人均可支配收入	元	15354	16134	13789
1. 工资性收入	元	8891	8746	8179
2. 经营净收入	元	4003	6431	3798
3. 财产净收入	元	378	239	35
4. 转移净收入	元	2082	718	17777
五、人均生活消费支出	元	9980	10625	9106
1. 食品烟酒	元	3837	3825	2833
2. 衣着	元	915	587	431
3. 居住	元	1515	2534	2604
4. 生活用品及服务	元	601	546	476
5. 交通通信	元	1209	892	819
6. 教育文化娱乐	元	980	1545	1077
7. 医疗保健	元	681	595	717
8. 其他用品和服务	元	242	101	149

各县市区农村住户调查基本情况

8—8 续表　　　　(2014 年)

指　　标	单　位	江山市	常山县	开化县	龙游县
一、调查样本住户数	户	171	150	160	163
二、期内常住成员数	人	512	432	451	412
三、人均现住房建筑面积	平方米	79.6	70.9	76.5	55.0
四、人均可支配收入	元	16659	13939	11920	15559
1. 工资性收入	元	9680	6940	4914	9631
2. 经营净收入	元	4436	4078	3685	4278
3. 财产净收入	元	229	519	143	226
4. 转移净收入	元	2314	2402	3178	1424
五、人均生活消费支出	元	11415	7072	8066	8903
1. 食品烟酒	元	4138	2715	2317	3362
2. 衣着	元	762	525	525	705
3. 居住	元	2179	1338	1880	1406
4. 生活用品及服务	元	613	481	379	589
5. 交通通信	元	1517	678	1380	1109
6. 教育文化娱乐	元	1012	705	766	840
7. 医疗保健	元	834	557	604	647
8. 其他用品和服务	元	360	73	215	245

各县市区农村住户平均每百户年末主要耐用品拥有量

8—9

（2014年）

指　　标	单　位	全　市	柯城区	衢江区
1. 家用汽车	辆	14	9	11
2. 摩托车	辆	37	36	44
3. 助力车	台	87	102	88
4. 洗衣机	台	51	63	54
5. 电冰箱（柜）	台	92	89	93
6. 微波炉	台	26	25	17
7. 彩色电视机	台	145	124	146
8. 空调	台	66	71	67
9. 热水器	台	76	79	81
10. 消毒碗柜	台	3	4	
11. 洗碗机	台		1	
12. 排油烟机	台	32	41	28
13. 固定电话	线	53	23	36
14. 移动电话	部	221	218	220
15. 计算机	台	35	27	28
16. 摄像机	台	1		2
17. 照相机	台	10	3	7
19. 中高档乐器	架	1	1	
19. 健身器材	台	1		
20. 组合音响	套	5	3	2

各县市区农村住户平均每百户年末主要耐用品拥有量

8—9 续表　　(2014 年)

指　　标	单　位	江山市	常山县	开化县	龙游县
1. 家用汽车	辆	20	11	21	22
2. 摩托车	辆	34	32	37	32
3. 助力车	台	87	79	86	105
4. 洗衣机	台	46	49	53	49
5. 电冰箱（柜）	台	91	90	95	88
6. 微波炉	台	33	30	26	27
7. 彩色电视机	台	139	141	158	147
8. 空调	台	65	57	56	75
9. 热水器	台	68	83	86	73
10. 消毒碗柜	台	2	3	4	3
11. 洗碗机	台				
12. 排油烟机	台	30	33	31	30
13. 固定电话	线	69	59	53	57
14. 移动电话	部	228	211	244	186
15. 计算机	台	48	33	39	35
16. 摄像机	台	3	1		1
17. 照相机	台	12	13	8	14
19. 中高档乐器	架	2	2		2
19. 健身器材	台	3			
20. 组合音响	套	6	9	1	7

历年各县市区城镇职工工资总额

8—10　　　　单位：万元

年份	全市	市本级	柯城区	衢江区	江山市	常山县	开化县	龙游县
1949	469	240			19	60	36	114
1950	543	286			27	52	47	131
1951	669	345			43	74	59	148
1952	857	420			121	75	79	162
1953	1046	508			167	101	93	177
1954	1246	617			200	131	104	194
1955	1488	756			232	176	117	207
1956	1922	931			369	236	166	220
1957	2322	1152			447	272	212	239
1958	3563	2235			477	316	290	245
1959	3725	2076			757	402	225	265
1960	4520	2217			1146	515	340	302
1961	4259	2143			984	456	344	332
1962	3435	1825			674	370	253	313
1963	3232	1817			557	304	240	314
1964	3342	1879			543	303	251	366
1965	3420	1928			541	303	257	391
1966	3494	1931			562	317	251	433
1967	3725	1967			644	389	267	458
1968	3902	2140			649	379	271	463
1969	3863	2052			678	388	269	476
1970	4270	2223			777	448	315	507
1971	4675	2455			805	494	365	556
1972	5305	2775			931	528	435	636
1973	5299	2842			850	519	494	594
1974	5557	3043			851	528	529	606
1975	5497	2913			858	577	542	607
1976	5648	2966			885	598	547	652
1977	5796	3012			915	611	596	662
1978	6819	3478			1068	729	747	797
1979	8043	4266			1171	838	879	889

注：柯城区 1949—1984 年，衢江区 1949—1985 年职工工资总额、平均工资统计在市本级内。

历年各县市区城镇职工工资总额

8—10 续表　　　　单位：万元

年　　份	全　　市	市本级	柯城区	衢江区	江山市	常山县	开化县	龙游县
1980	9809	4986			1575	1029	1119	1100
1981	10374	5104			1815	1060	1245	1150
1982	11028	5531			1862	1138	1280	1217
1983	11179	5433			1975	1204	1343	1224
1984	13294	6455			2393	1300	1596	1550
1985	17615	7886	330		3188	1776	2196	2239
1986	21364	8569	462	1011	3898	2095	2656	2673
1987	24544	9826	586	1222	4388	2369	3005	3148
1988	32817	13387	784	1633	5956	3070	3871	4116
1989	37876	15434	892	1940	6923	3499	4478	4710
1990	41221	16841	934	2211	7029	4076	4885	5245
1991	46412	19659	1092	2624	7626	4350	5263	5798
1992	55750	23547	1391	3219	9223	5249	6115	7006
1993	73084	31946	1917	4270	12674	5973	7597	8707
1994	103292	43978	2527	7134	17797	9182	9498	13176
1995	119869	53322	4049	7553	19099	9908	11499	14439
1996	129827	56125	3747	8648	21695	10927	11989	16696
1997	137437	60461	4661	8427	22013	12124	13252	16499
1998	137121	59783	5290	9205	20589	10777	13935	17542
1999	145617	65529	5234	10268	22871	11173	13673	16869
2000	156894	71559	6761	11548	25026	12200	13762	16039
2001	187818	83586	9987	14348	26667	17099	15771	20360
2002	194997	92453	6822	13457	29037	16137	16736	20354
2003	221203	105819	8359	16009	32673	18871	17526	21946
2004	293326	122994	14623	24814	46543	29252	25985	29114
2005	327142	141945	17082	23399	46916	26085	27273	44442
2006	361093	151921	17616	27604	58200	27822	29941	47989
2007	431859	181511	20184	33391	72703	30646	33701	59724
2008	488287	167740	39420	53576	84644	39179	37078	66650
2009	565292	173617	62248	48365	96899	45920	49676	88567
2010	667858	207468	72103	59827	108232	53743	54543	111942
2011	808260	250618	101760	74133	130898	70696	57845	122309
2012	925074	298390	126048	80646	134918	77448	64034	143590
2013	1083392	384886	135870	92884	149420	84174	75076	161082
2014	1194232	385008	189141	106099	165588	95192	81389	171814

注：本表 2008 以前口径为职工工资总额，2008 年以后口径为在岗职工工资总额，2013 年口径为在岗含劳务。

历年各县市区城镇职工年人均工资

8—11　　　　单位：元

年份	全市	市本级	柯城区	衢江区	江山市	常山县	开化县	龙游县
1949	281	267			150	291	313	354
1950	285	286			170	238	304	354
1951	314	306			203	320	307	407
1952	321	325			255	286	330	399
1953	350	345			301	351	356	429
1954	368	362			351	359	320	462
1955	372	380			323	368	344	442
1956	383	397			352	370	347	441
1957	401	411			380	388	372	444
1958	397	433			334	369	310	422
1959	413	435			396	374	372	413
1960	408	418			399	415	368	404
1961	442	457			451	427	388	411
1962	466	483			488	439	424	403
1963	499	523			502	457	473	437
1964	520	556			513	471	486	439
1965	519	554			520	460	500	436
1966	514	554			509	463	492	429
1967	509	539			522	484	487	425
1968	519	565			512	449	499	432
1969	502	545			515	437	490	404
1970	530	580			546	474	496	414
1971	529	582			523	483	504	416
1972	548	578			555	501	513	487
1973	536	572			518	503	513	463
1974	549	600			513	521	495	464
1975	545	582			512	537	510	477
1976	536	556			519	536	514	494
1977	541	571			523	529	515	486
1978	549	576			509	548	518	523
1979	621	669			583	569	586	554

历年各县市区城镇职工年人均工资

8—11 续表　　　　　　　　　　单位：元

年份	全市	市本级	柯城区	衢江区	江山市	常山县	开化县	龙游县
1980	713	759			660	697	672	663
1981	710	746			674	688	684	669
1982	740	788			708	704	708	667
1983	749	787			724	743	718	682
1984	876	939			857	822	816	782
1985	1107	1172	814		1104	1068	1075	1025
1986	1279	1392	971	1234	1273	1206	1227	1171
1987	1380	1496	1167	1336	1339	1339	1319	1273
1988	1757	1980	1524	1652	1705	1615	1599	1586
1989	2008	2283	1768	1875	1937	1795	1816	1830
1990	2166	2411	1760	2017	2061	2079	2002	2007
1991	2343	2645	2045	2199	2188	2189	2119	2156
1992	2757	3080	2360	2580	2608	2530	2511	2603
1993	3513	4172	2324	3083	3505	3007	3069	3044
1994	4879	5627	3750	4688	4919	4324	3914	4406
1995	5710	6743	5031	4936	5413	4938	4899	5035
1996	6303	7259	5262	5528	6148	5190	5597	5939
1997	7026	7978	6446	5937	6963	6241	6172	6377
1998	7713	8515	7770	6889	7440	6843	6935	7347
1999	8783	9697	8817	7963	8640	7899	7909	7854
2000	10446	11818	10417	9086	9924	9096	9590	9187
2001	13818	14380	14535	13258	13183	13419	13702	13026
2002	15668	16778	16014	16332	15230	14712	14494	13331
2003	18116	20149	19477	14763	18706	17460	15529	14738
2004	21953	23581	27695	19627	20527	24577	21615	17189
2005	25802	27207	33528	26022	21980	27429	23778	24406
2006	28007	29257	35509	26581	26372	28564	25927	26224
2007	32185	33819	38651	31591	29263	32685	29500	31317
2008	35930	36005	41692	43290	32084	38008	33011	34078
2009	39106	37699	41612	43322	38163	42992	43137	35727
2010	44067	43658	46997	50774	40841	47632	50026	39664
2011	50055	51580	51449	54239	47451	50729	55976	44344
2012	54690	56958	57425	56041	51899	53203	60007	49104
2013	57434	60230	60048	59393	56406	59736	56215	49523
2014	63218	66685	64029	69251	61780	67122	62006	53359

注：本表 2008 以前口径为职工平均工资，2008 年以后口径为在岗职工平均工资，2013 年口径为在岗含劳务。

各县市区城镇单位(不含私营)在岗职工工资总额

8—12　　(2014年)　　单位：千元

行业名称	全市	市本级	柯城区	衢江区
总计	**11942319**	**3850083**	**1891406**	**1060994**
一、按机构类型分组				
1. 企业	6638498	3103863	1005693	296823
2. 事业	3004347	319677	721572	366932
3. 机关	2119708	406256	157421	388147
4. 民间非营利组织	47387	19646	467	
5. 其他	132379	641	6253	9092
二、按国民经济行业分组				
1. 农林牧渔业	10418			
2. 采矿业	20778			
3. 制造业	3154610	1929036	45026	135111
4. 电力煤气及水的生产和供应业	488714	231544		3637
5. 建筑业	716031		350636	491
6. 批发和零售业	351359		235435	21526
其中：零售业	103205		54551	16747
7. 交通运输、仓储和邮政业	303402	83241	81642	68678
8. 住宿和餐饮业	59874		23728	
9. 信息传输、软件和信息技术服务业	168803	136743	20088	822
10. 金融业	1132371	737956	71396	72851
其中：银行业	961986	568585	70556	72851
11. 房地产业	51296	16894	7663	4504
12. 租赁与商务服务业	100211		52281	1181
13. 科学研究技术服务与地质勘查	143962		81563	8558
14. 水利环境和公共设施管理业	88428	2189	37811	5051
15. 居民服务和其他服务业	6852			1673
16. 教育	1576854	256632	230256	231701
其中：初等教育	559606	18481	101716	91556
中等教育	829423	136395	97285	130667
17. 卫生社会保障和社会福利业	1039580	743	409488	86299
其中：卫生	1029490		405864	85167
18. 文化体育与娱乐业	127610	28856	40442	2800
19. 公共管理与社会组织	2401166	426249	203951	416111

各县市区城镇单位(不含私营)在岗职工工资总额

8—12 续表　　(2014 年)　　单位：千元

行业名称	江山市	常山县	开化县	龙游县
总计	**1655884**	**951918**	**813890**	**1718144**
一、按机构类型分组				
1. 企业	734865	346556	250989	899709
2. 事业	488133	324896	337888	445249
3. 机关	318976	278726	223618	346564
4. 民间非营利组织	12095	404	55	14720
5. 其他	101815	1336	1340	11902
二、按国民经济行业分组				
1. 农林牧渔业	349		10069	
2. 采矿业				20778
3. 制造业	391746	90728	85745	477218
4. 电力煤气及水的生产和供应业	110442	50026	39025	54040
5. 建筑业	48491	97058	32252	187103
6. 批发和零售业	22479	8788	19406	43725
其中：零售业	6282	4769	1770	19086
7. 交通运输、仓储和邮政业	2003	15916	22871	29051
8. 住宿和餐饮业	9547	25875	724	
9. 信息传输、软件和信息技术服务业	1086	6804	169	3091
10. 金融业	100826	50216	25315	73811
其中：银行业	100826	50216	25141	73811
11. 房地产业	5817	7643	4921	3854
12. 租赁与商务服务业	9798	14281	6420	16250
13. 科学研究技术服务与地质勘查	22006	11401	6123	14311
14. 水利环境和公共设施管理业	14328	10878	7960	10211
15. 居民服务和其他服务业	1210	960	592	2417
16. 教育	291950	155478	174898	235939
其中：初等教育	88327	72255	83183	104088
中等教育	185432	74672	80992	123980
17. 卫生社会保障和社会福利业	204004	88318	106925	143803
其中：卫生	202595	87086	106217	142561
18. 文化体育与娱乐业	20567	11341	13694	9910
19. 公共管理与社会组织	399235	306207	256781	392632

各县市区城镇国有单位在岗职工工资总额

8—13　　(2014 年)　　单位：千元

行业名称	全市	市本级	柯城区	衢江区
总计	**6143782**	**1165204**	**1109686**	**762143**
一、按机构类型分组				
1. 企业	1086024	446402	233081	7064
2. 事业	2915097	311905	715141	366932
3. 机关	2119708	406256	157421	388147
4. 民间非营利组织	5183		212	
5. 其他	17770	641	3831	
二、按国民经济行业分组				
1. 农林牧渔业	10418			
2. 采矿业				
3. 制造业	14557			2104
4. 电力煤气及水的生产和供应业	408931	201095		2271
5. 建筑业	396			
6. 批发和零售业	143203		100208	
其中：零售业				
7. 交通运输、仓储和邮政业	147512	83241	13289	13921
8. 住宿和餐饮业	7959		7235	
9. 信息传输、软件和信息技术服务业	11337		7160	
10. 金融业	259348	191159	2501	
其中：银行业	259348	191159	2501	
11. 房地产业	19610	2458	5184	
12. 租赁与商务服务业	59334		27991	
13. 科学研究技术服务与地质勘查	110202		50484	8558
14. 水利环境和公共设施管理业	61115	2189	24420	5051
15. 居民服务和其他服务业	6781			1673
16. 教育	1406665	229214	230256	231701
其中：初等教育	528680	18481	101716	91556
中等教育	698452	108977	97285	130667
17. 卫生社会保障和社会福利业	978410	743	402165	78238
其中：卫生	968575		398796	77106
18. 文化体育与娱乐业	108263	28856	37264	2800
19. 公共管理与社会组织	2389741	426249	201529	415826

各县市区城镇国有单位在岗职工工资总额

8—13 续表　　　　(2014 年)　　　　单位：千元

行业名称	江山市	常山县	开化县	龙游县
总计	**885923**	**632146**	**630033**	**958647**
一、按机构类型分组				
1. 企业	113856	54335	73893	157393
2. 事业	449081	298681	332522	440835
3. 机关	318976	278726	223618	346564
4. 民间非营利组织		404		4567
5. 其他	4010			9288
二、按国民经济行业分组				
1. 农林牧渔业	349		10069	
2. 采矿业				
3. 制造业			1781	10672
4. 电力煤气及水的生产和供应业	76244	47323	35663	46335
5. 建筑业		396		
6. 批发和零售业	11650	701	12469	18175
其中：零售业				
7. 交通运输、仓储和邮政业		14053	10125	12883
8. 住宿和餐饮业			724	
9. 信息传输、软件和信息技术服务业	1086			3091
10. 金融业				65688
其中：银行业				65688
11. 房地产业	5817	2789	2690	672
12. 租赁与商务服务业	6963	8712		15668
13. 科学研究技术服务与地质勘查	21432	11401	6123	12204
14. 水利环境和公共设施管理业	7067	10878	5539	5971
15. 居民服务和其他服务业	1139	960	592	2417
16. 教育	175680	147996	169532	222286
其中：初等教育	65268	72255	77817	101587
中等教育	99514	67190	80992	113827
17. 卫生社会保障和社会福利业	176876	70725	106925	142738
其中：卫生	175467	69493	106217	141496
18. 文化体育与娱乐业	6757	11341	12415	8830
19. 公共管理与社会组织	394863	304871	255386	391017

各县市区城镇集体单位在岗职工工资总额

8—14　　(2014 年)　　单位：千元

行业名称	全市	市本级	柯城区	衢江区
总计	**139488**		**12120**	**8259**
一、按机构类型分组				
1. 企业	94216		9684	198
2. 事业	31919		2436	
3. 机关				
4. 民间非营利组织				
5. 其他	13353			8061
二、按国民经济行业分组				
1. 农林牧渔业				
2. 采矿业				
3. 制造业				
4. 电力煤气及水的生产和供应业				
5. 建筑业	1411			
6. 批发和零售业	827			198
其中：零售业				
7. 交通运输、仓储和邮政业	9676		8919	
8. 住宿和餐饮业				
9. 信息传输、软件和信息技术服务业				
10. 金融业	72986			
其中：银行业	72986			
11. 房地产业	4108			
12. 租赁与商务服务业	3090		765	
13. 科学研究技术服务与地质勘查	2107			
14. 水利环境和公共设施管理业	1151			
15. 居民服务和其他服务业				
16. 教育	7793			
其中：初等教育	2501			
中等教育				
17. 卫生社会保障和社会福利业	36339		2436	8061
其中：卫生	36339		2436	8061
18. 文化体育与娱乐业				
19. 公共管理与社会组织				

各县市区城镇集体单位在岗职工工资总额

8—14 续表　　　　(2014 年)　　　　单位：千元

行业名称	江山市	常山县	开化县	龙游县
总计	**16867**	**71876**	**24580**	**5786**
一、按机构类型分组				
1. 企业	4391	53143	24580	2220
2. 事业	7184	18733		3566
3. 机关				
4. 民间非营利组织				
5. 其他	5292			
二、按国民经济行业分组				
1. 农林牧渔业				
2. 采矿业				
3. 制造业				
4. 电力煤气及水的生产和供应业				
5. 建筑业	1411			
6. 批发和零售业		274	355	
其中：零售业				
7. 交通运输、仓储和邮政业	644			113
8. 住宿和餐饮业				
9. 信息传输、软件和信息技术服务业				
10. 金融业		48761	24225	
其中：银行业		48761	24225	
11. 房地产业		4108		
12. 租赁与商务服务业	1185	1140		
13. 科学研究技术服务与地质勘查				2107
14. 水利环境和公共设施管理业	1151			
15. 居民服务和其他服务业				
16. 教育	5292			2501
其中：初等教育				2501
中等教育				
17. 卫生社会保障和社会福利业	7184	17593		1065
其中：卫生	7184	17593		1065
18. 文化体育与娱乐业				
19. 公共管理与社会组织				

各县市区城镇其他所有制单位(不含私营)在岗职工工资总额

8—15　(2014 年)　单位：千元

行业名称	全市	市本级	柯城区	衢江区
总计	**5659049**	**2684879**	**769600**	**290592**
一、按机构类型分组				
1. 企业	5458258	2657461	762928	289561
2. 事业	57331	7772	3995	
3. 机关				
4. 民间非营利组织	42204	19646	255	
5. 其他	101256		2422	1031
二、按国民经济行业分组				
1. 农林牧渔业				
2. 采矿业	20778			
3. 制造业	3140053	1929036	45026	133007
4. 电力煤气及水的生产和供应业	79783	30449		1366
5. 建筑业	714224		350636	491
6. 批发和零售业	207329		135227	21328
其中：零售业	103205		54551	16747
7. 交通运输、仓储和邮政业	146214		59434	54757
8. 住宿和餐饮业	51915		16493	
9. 信息传输、软件和信息技术服务业	157466	136743	12928	822
10. 金融业	800037	546797	68895	72851
其中：银行业	629652	377426	68055	72851
11. 房地产业	27578	14436	2479	4504
12. 租赁与商务服务业	37787		23525	1181
13. 科学研究技术服务与地质勘查	31653		31079	
14. 水利环境和公共设施管理业	26162		13391	
15. 居民服务和其他服务业	71			
16. 教育	162396	27418		
其中：初等教育	28425			
中等教育	130971	27418		
17. 卫生社会保障和社会福利业	24831		4887	
其中：卫生	24576		4632	
18. 文化体育与娱乐业	19347		3178	
19. 公共管理与社会组织	11425		2422	285

各县市区城镇其他所有制单位(不含私营)在岗职工工资总额

8—15 续表　　(2014 年)　　单位：千元

行业名称	江山市	常山县	开化县	龙游县
总计	**753094**	**247896**	**159277**	**753711**
一、按机构类型分组				
1. 企业	616618	239078	152516	740096
2. 事业	31868	7482	5366	848
3. 机关				
4. 民间非营利组织	12095		55	10153
5. 其他	92513	1336	1340	2614
二、按国民经济行业分组				
1. 农林牧渔业				
2. 采矿业				20778
3. 制造业	391746	90728	83964	466546
4. 电力煤气及水的生产和供应业	34198	2703	3362	7705
5. 建筑业	47080	96662	32252	187103
6. 批发和零售业	10829	7813	6582	25550
其中：零售业	6282	4769	1770	19086
7. 交通运输、仓储和邮政业	1359	1863	12746	16055
8. 住宿和餐饮业	9547	25875		
9. 信息传输、软件和信息技术服务业		6804	169	
10. 金融业	100826	1455	1090	8123
其中：银行业	100826	1455	916	8123
11. 房地产业		746	2231	3182
12. 租赁与商务服务业	1650	4429	6420	582
13. 科学研究技术服务与地质勘查	574			
14. 水利环境和公共设施管理业	6110		2421	4240
15. 居民服务和其他服务业	71			
16. 教育	110978	7482	5366	11152
其中：初等教育	23059		5366	
中等教育	85918	7482		10153
17. 卫生社会保障和社会福利业	19944			
其中：卫生	19944			
18. 文化体育与娱乐业	13810		1279	1080
19. 公共管理与社会组织	4372	1336	1395	1615

各县市区分行业私营单位在岗职工工资总额

8—16　　(2014 年)　　单位：千元

行　业　名　称	全　市	市 本 级	柯 城 区	衢 江 区
总　计	**7873554**	**595077**	**1016968**	**861971**
一、按机构类型分组				
1. 农林牧渔业	103			
2. 采矿业	2673			2000
3. 制造业	3056086	347758	138162	405392
4. 电力煤气及水的生产和供应业	36083		392	8837
5. 建筑业	4083219	206409	732766	380508
6. 批发和零售业	221011		74741	27887
其中：零售业	141131		37196	13971
7. 交通运输、仓储和邮政业	128965		9783	15151
8. 住宿和餐饮业	49978		20356	2724
9. 信息传输、软件和信息技术服务业	773		332	
10. 金融业	17261		1296	2473
其中：银行业	15884		1296	1749
11. 房地产业	137725	40910	21363	14552
12. 租赁与商务服务业	43793		6935	1836
13. 科学研究技术服务与地质勘查	12271		2878	
14. 水利环境和公共设施管理业	41252			
15. 居民服务和其他服务业	13409		3115	611
16. 教育	10729		1943	
其中：初等教育				
中等教育	4716		1943	
17. 卫生社会保障和社会福利业	12175		1580	
其中：卫生	12175		1580	
18. 文化体育与娱乐业	6048		1326	
19. 公共管理与社会组织				

注：:本表“私营单位”包括规模以上（限额以上）加规模以下（限额以下）100 人以上私营单位。

各县市区分行业私营单位在岗职工工资总额

8—16 续表　　(2014 年)　　单位：千元

行业名称	江山市	常山县	开化县	龙游县
总计	**2070550**	**898684**	**1099820**	**1330484**
二、按国民经济行业分组				
1. 农林牧渔业	103			
2. 采矿业				673
3. 制造业	861982	432100	182984	687708
4. 电力煤气及水的生产和供应业	771	24014		2069
5. 建筑业	994815	362049	856882	549790
6. 批发和零售业	59265	20443	18258	20417
其中：零售业	46989	14416	16220	12339
7. 交通运输、仓储和邮政业	67496	24046	3624	8865
8. 住宿和餐饮业	3275		9965	13658
9. 信息传输、软件和信息技术服务业	301		140	
10. 金融业	3076	8226	1494	696
其中：银行业	3076	8226	841	696
11. 房地产业	22513	11555	8346	18486
12. 租赁与商务服务业	7101	8078	703	19140
13. 科学研究技术服务与地质勘查	6813		1680	900
14. 水利环境和公共设施管理业	28061		9241	3950
15. 居民服务和其他服务业	4623		3437	1623
16. 教育	3869	3641	1276	
其中：初等教育				
中等教育		2773		
17. 卫生社会保障和社会福利业	3554	4532		2509
其中：卫生	3554	4532		2509
18. 文化体育与娱乐业	2932		1790	
19. 公共管理与社会组织				

注：:本表“私营单位”包括规模以上（限额以上）加规模以下（限额以下）100 人以上私营单位。

各县市区城镇单位(不含私营)在岗职工平均工资

8—17 (2014年) 单位：元

行业名称	全市	市本级	柯城区	衢江区
总计	**63218**	**66685**	**64029**	**69251**
一、按机构类型分组				
1. 企业	56334	64053	55634	55192
2. 事业	73679	80869	80184	76636
3. 机关	77793	79487	67389	77941
4. 民间非营利组织	85228	101793	58375	
5. 其他	53250	32050	52108	51954
二、按国民经济行业分组				
1. 农林牧渔业	40855			
2. 采矿业	55705			
3. 制造业	46820	52026	43046	42622
4. 电力煤气及水的生产和供应业	100558	120345		45463
5. 建筑业	48266		51923	15344
6. 批发和零售业	58327		60322	49599
其中：零售业	37258		36174	50903
7. 交通运输、仓储和邮政业	53614	74723	52537	50797
8. 住宿和餐饮业	29336		28622	
9. 信息传输、软件和信息技术服务业	73202	75010	66960	37364
10. 金融业	120044	109635	151263	157006
其中：银行业	130882	121701	152719	157006
11. 房地产业	80781	118972	69664	53619
12. 租赁与商务服务业	38632		40973	90846
13. 科学研究技术服务与地质勘查	60641		61279	77800
14. 水利环境和公共设施管理业	63939	75483	63978	77708
15. 居民服务和其他服务业	72894			64346
16. 教育	69398	84809	69585	77337
其中：初等教育	60807	55167	70343	74496
中等教育	75816	86271	77642	81059
17. 卫生社会保障和社会福利业	81889	92875	89918	79246
其中：卫生	82116		90252	79521
18. 文化体育与娱乐业	70077	70899	78681	87500
19. 公共管理与社会组织	76407	78168	68029	77749

各县市区城镇单位(不含私营)在岗职工平均工资

8—17 续表　　(2014 年)　　单位：元

行业名称	江山市	常山县	开化县	龙游县
总计	**61780**	**67122**	**62006**	**53359**
一、按机构类型分组				
1. 企业	53554	56692	49711	42754
2. 事业	67665	68212	67295	73741
3. 机关	81915	85894	74391	74115
4. 民间非营利组织	82279	80800	55000	72871
5. 其他	55758	23857	27347	49592
二、按国民经济行业分组				
1. 农林牧渔业	87250		40116	
2. 采矿业				55705
3. 制造业	41604	48989	41463	37438
4. 电力煤气及水的生产和供应业	85814	104657	80965	88736
5. 建筑业	49939	44461	45943	44612
6. 批发和零售业	87809	54247	94204	41134
其中：零售业	61588	47218	52059	27422
7. 交通运输、仓储和邮政业	35768	67728	35625	41149
8. 住宿和餐饮业	23808	33344	20686	
9. 信息传输、软件和信息技术服务业	98727	69429	24143	68689
10. 金融业	165832	164643	74896	143322
其中：银行业	165832	164643	77596	143322
11. 房地产业	76539	121317	48245	66448
12. 租赁与商务服务业	48266	71405	36271	22414
13. 科学研究技术服务与地质勘查	63601	66673	65839	44307
14. 水利环境和公共设施管理业	59207	82409	49441	62644
15. 居民服务和其他服务业	71176	87273	84571	73242
16. 教育	59267	63590	68054	68388
其中：初等教育	39538	62021	65654	68165
中等教育	76975	64989	70245	69534
17. 卫生社会保障和社会福利业	77716	71052	71141	85955
其中：卫生	78011	71324	71143	85984
18. 文化体育与娱乐业	76174	61303	56354	58294
19. 公共管理与社会组织	78466	84054	72558	73348

各县市区城镇国有单位在岗职工平均工资

8—18　　(2014 年)　　单位：元

行业名称	全市	市本级	柯城区	衢江区
总计	**77541**	**90193**	**76189**	**77148**
一、按机构类型分组				
1. 企业	88438	113588	70910	63640
2. 事业	73982	80846	80434	76636
3. 机关	77793	79487	67389	77941
4. 民间非营利组织	94236		70667	
5. 其他	71943	32050	79813	
二、按国民经济行业分组				
1. 农林牧渔业	40855			
2. 采矿业				
3. 制造业	46958			61882
4. 电力煤气及水的生产和供应业	112159	141020		50467
5. 建筑业	36000			
6. 批发和零售业	125177		135967	
其中：零售业				
7. 交通运输、仓储和邮政业	70110	74723	69942	50076
8. 住宿和餐饮业	28733		29897	
9. 信息传输、软件和信息技术服务业	71302		69515	
10. 金融业	118967	112117	46315	
其中：银行业	118967	112117	46315	
11. 房地产业	71051	63026	83613	
12. 租赁与商务服务业	30775		28857	
13. 科学研究技术服务与地质勘查	68962		75125	77800
14. 水利环境和公共设施管理业	66574	75483	60296	77708
15. 居民服务和其他服务业	72914			64346
16. 教育	70022	83716	69585	77337
其中：初等教育	62603	55167	70343	74496
中等教育	75362	84282	77642	81059
17. 卫生社会保障和社会福利业	84164	92875	90823	82010
其中：卫生	84429		91133	82378
18. 文化体育与娱乐业	69488	70899	79794	87500
19. 公共管理与社会组织	76935	78168	68875	77885

各县市区城镇国有单位在岗职工平均工资

8—18 续表　　　　(2014 年)　　　　单位：元

行业名称	江山市	常山县	开化县	龙游县
总　计	**74074**	**78333**	**70152**	**74551**
一、按机构类型分组				
1. 企业	85158	104490	70509	76890
2. 事业	67248	69461	67490	73953
3. 机关	81915	85894	74391	74115
4. 民间非营利组织		80800		97170
5. 其他	78627			72563
二、按国民经济行业分组				
1. 农林牧渔业	87250		40116	
2. 采矿业				
3. 制造业			20011	57070
4. 电力煤气及水的生产和供应业	86444	112140	85728	101835
5. 建筑业		36000		
6. 批发和零售业	135465	87625	155863	78004
其中：零售业				
7. 交通运输、仓储和邮政业		85170	59559	68893
8. 住宿和餐饮业			20686	
9. 信息传输、软件和信息技术服务业	98727			68689
10. 金融业				156029
其中：银行业				156029
11. 房地产业	76539	84515	53800	42000
12. 租赁与商务服务业	49035	80667		22130
13. 科学研究技术服务与地质勘查	65945	66673	65839	53762
14. 水利环境和公共设施管理业	67305	82409	55949	71940
15. 居民服务和其他服务业	71188	87273	84571	73242
16. 教育	57281	64374	68470	69378
其中：初等教育	40464	62021	66340	68455
中等教育	75048	66989	70245	69918
17. 卫生社会保障和社会福利业	82575	75400	71141	86403
其中：卫生	83002	75866	71143	86436
18. 文化体育与娱乐业	54056	61303	55673	74202
19. 公共管理与社会组织	79306	84993	73197	73930

各县市区城镇集体单位在岗职工平均工资

8—19　　　　(2014年)　　　　单位：元

行业名称	全市	市本级	柯城区	衢江区
总　　计	**79165**		**63789**	**58162**
一、按机构类型分组				
1. 企业	92641		64132	28286
2. 事业	61501		62462	
3. 机关				
4. 民间非营利组织				
5. 其他	59084			59711
二、按国民经济行业分组				
1. 农林牧渔业				
2. 采矿业				
3. 制造业				
4. 电力煤气及水的生产和供应业				
5. 建筑业	22397			
6. 批发和零售业	34458			28286
其中：零售业				
7. 交通运输、仓储和邮政业	56918		62371	
8. 住宿和餐饮业				
9. 信息传输、软件和信息技术服务业				
10. 金融业	122666			
其中：银行业	122666			
11. 房地产业	216211			
12. 租赁与商务服务业	71860		95625	
13. 科学研究技术服务与地质勘查	21948			
14. 水利环境和公共设施管理业	60579			
15. 居民服务和其他服务业				
16. 教育	58157			
其中：初等教育	58163			
中等教育	60666			
17. 卫生社会保障和社会福利业	60666		62462	59711
其中：卫生			62462	59711
18. 文化体育与娱乐业				
19. 公共管理与社会组织				

各县市区城镇集体单位在岗职工平均工资

8—19 续表　　(2014 年)　　单位：元

行业名称	江山市	常山县	开化县	龙游县
总计	**53208**	**115186**	**75864**	**35067**
一、按机构类型分组				
1. 企业	34575	173104	75864	21980
2. 事业	72566	59095		55719
3. 机关				
4. 民间非营利组织				
5. 其他	58154			
二、按国民经济行业分组				
1. 农林牧渔业				
2. 采矿业				
3. 制造业				
4. 电力煤气及水的生产和供应业				
5. 建筑业	22397			
6. 批发和零售业		54800	29583	
其中：零售业				
7. 交通运输、仓储和邮政业	29273			22600
8. 住宿和餐饮业				
9. 信息传输、软件和信息技术服务业				
10. 金融业		172300	77644	
其中：银行业		172300	77644	
11. 房地产业		216211		
12. 租赁与商务服务业	51522	95000		
13. 科学研究技术服务与地质勘查				21948
14. 水利环境和公共设施管理业	60579			
15. 居民服务和其他服务业				
16. 教育	58154			58163
其中：初等教育				58163
中等教育				
17. 卫生社会保障和社会福利业	72566	57682		50714
其中：卫生	72566	57682		50714
18. 文化体育与娱乐业				
19. 公共管理与社会组织				

各县市区城镇其他所有制单位(不含私营)在岗职工平均工资

8—20　　(2014年)　　单位：元

行业名称	全市	市本级	柯城区	衢江区
总计	**52441**	**59909**	**52053**	**54829**
一、按机构类型分组				
1. 企业	52210	59681	52116	55050
2. 事业	67132	81811	57899	
3. 机关				
4. 民间非营利组织	84240	101793	51000	
5. 其他	50301		33639	25775
二、按国民经济行业分组				
1. 农林牧渔业				
2. 采矿业	55705			
3. 制造业	46820	52026	43046	42413
4. 电力煤气及水的生产和供应业	65719	61143		39029
5. 建筑业	48386		51923	15344
6. 批发和零售业	42695		42712	49948
其中：零售业	37258		36174	50903
7. 交通运输、仓储和邮政业	43195		48676	50984
8. 住宿和餐饮业	29430		28097	
9. 信息传输、软件和信息技术服务业	73342	75010	65624	37364
10. 金融业	120162	108794	164821	157006
其中：银行业	137629	127208	166801	157006
11. 房地产业	81112	140155	51646	53619
12. 租赁与商务服务业	60653		78943	90846
13. 科学研究技术服务与地质勘查	46549		47161	
14. 水利环境和公共设施管理业	58659		71995	
15. 居民服务和其他服务业	71000			
16. 教育	64984	95201		
其中：初等教育	39755			
中等教育	78332	95201		
17. 卫生社会保障和社会福利业	52720		56172	
其中：卫生	52738		56488	
18. 文化体育与娱乐业	73563		67617	
19. 公共管理与社会组织	31387		33639	21923

各县市区城镇其他所有制单位(不含私营)在岗职工平均工资

8—20 续表　　(2014 年)　　单位：元

行业名称	江山市	常山县	开化县	龙游县
总计	**51845**	**45171**	**41685**	**39305**
一、按机构类型分组				
1. 企业	50303	45229	41478	39167
2. 事业	72924	51247	57085	65231
3. 机关				
4. 民间非营利组织	82279		55000	65503
5. 其他	54936	23857	27347	23339
二、按国民经济行业分组				
1. 农林牧渔业				
2. 采矿业				55705
3. 制造业	41604	48989	42427	37145
4. 电力煤气及水的生产和供应业	84440	48268	50939	50032
5. 建筑业	51850	44504	45943	44612
6. 批发和零售业	63700	52436	57737	30783
其中：零售业	61588	47218	52059	27422
7. 交通运输、仓储和邮政业	39971	26614	27004	31235
8. 住宿和餐饮业	23808	33344		
9. 信息传输、软件和信息技术服务业		69429	24143	
10. 金融业	165832	66136	41923	86415
其中：银行业	165832	66136	76333	86415
11. 房地产业		67818	42904	75762
12. 租赁与商务服务业	43421	55363	36271	34235
13. 科学研究技术服务与地质勘查	27333			
14. 水利环境和公共设施管理业	51780		39048	53000
15. 居民服务和其他服务业	71000			
16. 教育	62770	51247	57085	54936
其中：初等教育	37132		57085	
中等教育	79333	51247		65503
17. 卫生社会保障和社会福利业	51938			
其中：卫生	51938			
18. 文化体育与娱乐业	95241		63950	21176
19. 公共管理与社会组织	40110	23857	27900	25234

各县市区分行业私营单位在岗职工平均工资

8—21　　(2014年)　　单位：元

行业名称	全市	市本级	柯城区	衢江区
总计	**36134**	**35987**	**35144**	**38712**
二、按国民经济行业分组				
1. 农林牧渔业	20600			
2. 采矿业	35640			44444
3. 制造业	37201	35737	35281	38976
4. 电力煤气及水的生产和供应业	61158		21778	28785
5. 建筑业	35418	33882	36229	39191
6. 批发和零售业	30872		31103	33318
其中：零售业	29850		33122	28985
7. 交通运输、仓储和邮政业	39475		27558	39871
8. 住宿和餐饮业	26913		24946	22512
9. 信息传输、软件和信息技术服务业	20342		25538	
10. 金融业	74082		51840	79774
其中：银行业	77107		51840	83286
11. 房地产业	46185	57377	41401	40992
12. 租赁与商务服务业	32853		30284	30098
13. 科学研究技术服务与地质勘查	38109		27673	
14. 水利环境和公共设施管理业	32003			
15. 居民服务和其他服务业	31926		24336	32158
16. 教育	35883		35327	
其中：初等教育				
中等教育	44075		35327	
17. 卫生社会保障和社会福利业	31460		20789	
其中：卫生	31460		20789	
18. 文化体育与娱乐业	29793		23263	
19. 公共管理与社会组织				

注：本表“私营单位”包括规模以上（限额以上）加规模以下（限额以下）100人以上私营单位。

各县市区分行业私营单位在岗职工平均工资

8—21 续表　　(2014 年)　　单位：元

行业名称	江山市	常山县	开化县	龙游县
总计	**37833**	**33261**	**34643**	**36291**
二、按国民经济行业分组				
1. 农林牧渔业	20600			
2. 采矿业				22433
3. 制造业	36965	36189	34834	39097
4. 电力煤气及水的生产和供应业	30840	132674		35068
5. 建筑业	39111	28256	34865	33454
6. 批发和零售业	31029	27776	30129	30610
其中：零售业	30025	25425	29331	28171
7. 交通运输、仓储和邮政业	40368	42559	75500	35891
8. 住宿和餐饮业	36389		25421	31183
9. 信息传输、软件和信息技术服务业	15842		23333	
10. 金融业	69909	89413	43941	99429
其中：银行业	69909	89413	49471	99429
11. 房地产业	37273	51816	39183	51637
12. 租赁与商务服务业	34471	27291	30565	36950
13. 科学研究技术服务与地质勘查	49014		40000	24324
14. 水利环境和公共设施管理业	36255		26942	22965
15. 居民服务和其他服务业	36117		36179	32460
16. 教育	36848	47908	20254	
其中：初等教育				
中等教育		53327		
17. 卫生社会保障和社会福利业	22352	46722		45618
其中：卫生	22352	46722		45618
18. 文化体育与娱乐业	31191			
19. 公共管理与社会组织				

注：本表“私营单位”包括规模以上（限额以上）加规模以下（限额以下）100 人以上私营单位。

工 业 品 出 厂 价 格 指 数

8—22 (上年=100)

项　　目	2014年	2013年
全　市	**98.5**	**97.3**
轻工业	**100.1**	**99.6**
以农产品为原料	100.8	99.8
以非农产品为原料	98.8	99.1
重工业	**97.8**	**96.3**
采掘	98.3	98.9
原料	98.8	97.4
加工	97.3	95.6
生产资料	**98.1**	**97.2**
采掘	98.3	98.9
原料	99.0	97.5
加工	97.6	97.1
生活资料	**100.3**	**97.5**
食品	102.4	100.9
衣着	100.4	99.1
一般日用品	98.9	94.3
耐用消费品	99.8	99.7
分部门		
冶金工业	91.3	93.0
电力工业	99.7	99.7
石油工业	96.1	99.5
化学工业	98.0	94.0
机械工业	99.4	98.6
建筑材料工业	105.5	98.8
森林工业	100.3	100.8
食品工业	102.3	100.9
纺织工业	100.0	100.6
缝纫工业	99.9	98.8
皮革工业	102.9	101.5
造纸工业	99.6	98.1
文教艺术品工业	100.0	99.4
其他工业	99.7	100.5

按行业分的工业品出厂价格指数

8—23　　(上年=100)

项目	2014年	2013年
全市	**98.5**	**97.3**
非金属矿采选业	98.3	98.9
农副食品加工业	103.1	101.5
食品制造业	100.3	100.3
酒、饮料和精制茶制造业	102.1	100.3
纺织业	100.2	100.4
纺织服装、服饰业	98.4	98.8
皮革、毛皮、羽毛及其制品和制鞋业	102.7	101.7
木材加工和木、竹、藤、棕、草制品业	100.4	101.0
家具制造业	99.9	99.2
造纸和纸制品业	99.6	98.1
印刷和记录媒介复制业	98.6	98.1
文教、工美、体育和娱乐用品制造业	99.2	99.4
化学原料和化学制品制造业	97.6	93.1
医药制造业	100.6	99.8
化学纤维制造业	97.4	94.9
橡胶和塑料制品业	101.1	100.4
非金属矿物制品业	105.5	98.8
黑色金属冶炼和压延加工业	88.5	90.9
有色金属冶炼和压延加工业	95.7	96.1
金属制品业	100.3	99.2
通用设备制造业	100.6	97.6
专用设备制造业	98.4	98.2
汽车制造业	99.3	99.8
铁路、船舶、航空航天和其他运输设备制造业	98.6	98.2
电气机械和器材制造业	98.2	99.0
计算机、通信和其他电子设备制造业	99.7	100.1
仪器仪表制造业	99.8	98.5
其他制造业	100.0	99.9
金属制品、机械和设备修理业	100.0	100.0
电力、热力生产和供应业	99.7	99.7
燃气生产和供应业	96.1	99.5
水的生产和供应业	100.0	101.5

主要原材料、燃料、动力购进价格分类指数

8—24　　　　（上年=100）

项　　目	2014年	2013年
总指数	**98.0**	**96.9**
燃料动力类	96.7	96.6
黑色金属材料类	93.9	92.5
有色金属材料和电线类	97.1	97.1
化工原料类	100.5	96.2
木材及纸浆类	99.9	98.5
建筑材料类及非金属矿类	105.3	100.9
其他工业原材料及半成品类	98.5	98.0
农副产品类	97.7	99.3
纺织原料类	99.9	98.0

市 区 居 民 消 费 价 格 指 数

8—25 （以上年为100）

指　　　标	2014年	2013年
居民消费价格指数	**102.5**	**102.6**
一、食品类	103.7	104.8
1. 粮食	102.4	100.2
其中：大米	102.3	98.5
2. 淀粉及制品	102.6	103.6
3. 干豆类及豆制品	102.4	98.3
4. 油脂	92.6	98.6
5. 肉禽及其制品	100.6	105.5
其中：猪肉	97.1	101.8
鸡	106.6	106.7
鸭	99.4	112.1
6. 蛋	111.7	106.0
7. 水产品	105.6	107.7
8. 菜	102.9	110.6
9. 调味品	98.0	102.3
10. 糖	103.7	106.5
11. 茶及饮料	102.6	100.4
12. 干鲜瓜果	115.6	106.4
13. 糕点饼干面包	101.0	102.4
14. 液体乳及乳制品	106.8	105.4
15. 在外用膳食品	101.4	102.2
16. 其他食品	102.2	100.9
二、烟酒	99.5	100.0
1. 烟	100.0	100.0
2. 酒	98.3	100.2

市区居民消费价格指数

8—25 续表　　　　（以上年为 100）

指　　　　标	2014 年	2013 年
三、衣着类	101.3	100.8
1. 服装	100.6	101.2
2. 衣着材料	100.0	100.0
3. 鞋袜帽	104.3	99.2
4. 衣着加工费	104.1	102.4
四、家庭设备用品及维修服务类	100.1	101.8
1. 耐用消费品	98.1	99.9
2. 室内装饰品	99.5	101.0
3. 床上用品	99.9	100.0
4. 家庭日用杂品	99.7	101.0
5. 家庭服务及加工维修服务	106.7	110.4
五、医疗保健和个人用品类	100.6	100.6
1. 医疗保健	101.1	101.0
2. 个人用品及服务	98.7	99.5
六、交通和通讯工具类	100.1	100.6
1. 交通	99.1	101.0
2. 通信	102.8	99.5
七、娱乐教育文化用品服务类	102.8	102.8
1. 文娱用耐用消费品及服务	98.8	97.4
2. 教育	100.5	102.7
3. 文化娱乐类	100.4	100.0
4. 旅游	113.2	108.2
八、居住类	103.9	102.0
1. 建房及装修材料	104.2	104.1
2. 住房租金	103.6	103.5
3. 自有住房	105.4	102.3
4. 水、电和燃料	99.4	99.6
其中：水	100.0	100.0
液化石油气	101.4	99.2

八、人民生活主要统计指标解释

职工工资总额：指各单位在一定时期内直接支付给本单位全部职工的劳动报酬总额。工资总额的计算原则应以直接支付给职工的全部劳动报酬为根据。各单位支付给职工的劳动报酬以及根据有关规定支付的工资，不论是计入成本的还是不计入成本的，不论是按国家规定列入计征奖金税项目的，还是未计入奖金税项目的，不论是以货币形式支付的还是以实物形式支付的，均包括在工资总额内。

可支配收入：指调查户在调查期内获得的、可用于最终消费支出和储蓄的总和，即调查户可以用来自由支配的收入。可支配收入既包括现金，也包括实物收入。按照收入的来源，可支配收入包含四项，分别为：工资性收入、经营净收入、财产净收入和转移净收入。计算公式为：可支配收入=工资性收入+经营净收入+财产净收入+转移净收入

消费支出：指住户用于满足家庭日常生活消费需要的全部支出，包括用于消费品的支出和用于服务性消费的支出。根据用途不同，消费支出可划分为食品烟酒、衣着、居住、生活用品及服务、交通通信、教育文化娱乐、医疗保健、其他用品及服务八大类。根据来源不同，消费支出可划分为现金消费支出、实物消费支出（含自产自用、来自单位、来自政府和其他社会组织）。

建筑面积：指调查户现住房的总建筑面积，也包括扩建面积。现住房计算总建筑面积时以房屋产权证或租赁证为准，建筑面积也可按使用面积×1.333 计算得出。

居民消费价格指数：指反映一定时期内城乡居民所购买的生活消费品价格和服务项目价格变动趋势和程度的相对数。编制消费价格指数采用加权算术平均公式计算，抽样代表商品和服务项目为 800 余种，分成八大类：即 1. 食品类、2. 烟酒类、3. 衣着类、4. 家用设备用品及维修服务类、5. 医疗保健和个人用品类、6. 交通和通信类、7. 娱乐教育文化用品及服务类、8. 居住类。计算指数的价格来源于各采价点，权数根据住户调查的居民消费支出构成确定。

第九篇　财政与金融

历年财政金融主要指标

9—1 单位：万元

年　　份	财政总收入	#地方财政收入	财政支出	金融机构人民币存款余额	#城乡居民储蓄存款余额	金融机构人民币贷款余额
1949				24		1
1950	1095		130	90	4	5
1951	1404		249	188	48	19
1952	1464		245	403	89	231
1953	1621		516	519	112	367
1954	1980		498	858	219	784
1955	1815		501	1167	216	1346
1956	1793		721	934	288	1815
1957	2256		742	1100	405	2215
1958	3099		1863	2195	468	3906
1959	2934		2224	2413	704	6219
1960	3768		3363	2521	789	7001
1961	2623		1941	3346	848	5644
1962	2929		1775	3719	603	4976
1963	3024		1941	3275	650	4374
1964	3565		1611	3614	831	4634
1965	3890		1430	4103	875	5935
1966	3428		1496	4370	1003	6217
1967	2667		1803	3783	1024	6138
1968	2560		1718	4751	1087	8241
1969	3779		2357	5051	1189	7590
1970	5126		2919	5697	1226	9280
1971	5464		3098	5950	1434	9865
1972	6218		3013	6683	1672	10213
1973	6562		3149	7047	1903	11169
1974	4881		3225	7933	2160	10418
1975	4138		3169	9361	2391	10542
1976	4138		2878	9860	2411	10860
1977	5859		3148	11404	2616	12484
1978	7644		3906	10769	3122	14376
1979	7922		4189	15534	5533	18369

历年财政金融主要指标

9—1 续表　　　　单位：万元

年份	财政总收入	#地方财政收入	财政支出	金融机构人民币存款余额	#城乡居民储蓄存款余额	金融机构人民币贷款余额
1980	8671		4804	22855	7256	21847
1981	9265		4844	24742	8906	23781
1982	10247		5013	31367	11731	29160
1983	11518		6168	35054	14278	32955
1984	12416		8103	38319	18402	40390
1985	19649		10931	55637	24976	53931
1986	22349		15682	78199	36300	77116
1987	24891		15664	91656	46806	91082
1988	29168		20087	100449	53474	119710
1989	33782		24864	118800	75038	137901
1990	34491		26796	159326	106573	166393
1991	34194		29527	200031	140545	216488
1992	35621		33083	241621	172394	273702
1993	45912	19487	39524	287605	221093	336103
1994	52704	25154	49588	363184	329898	424344
1995	60756	29572	57467	478509	446807	497718
1996	66631	31331	65618	621141	564220	582270
1997	69214	31695	73373	769539	677028	709408
1998	76609	37260	80670	927538	807495	750908
1999	80797	42521	99198	1487985	912511	1078320
2000	103378	58074	116327	1674506	974862	1134531
2001	141527	88773	177539	1922899	1097938	1300644
2002	184820	106736	223156	2459237	1316255	1770567
2003	232139	140382	270400	3085708	1573411	2546668
2004	260155	170761	334849	3257932	1722694	2924071
2005	322014	200177	373183	3732357	1981589	3123341
2006	384185	235250	442275	4299560	2278525	3559815
2007	489113	293530	555057	4894585	2451661	4063104
2008	572979	343893	679319	5745298	3081237	4736953
2009	623398	378521	953945	7508872	3696360	6167801
2010	753543	469780	1070865	9491465	4298528	7704109
2011	950249	575729	1254419	11504501	5110627	9204982
2012	1063893	634154	1388933	12892221	6063780	10643736
2013	1182149	727535	1655099	14814602	7040824	12370166
2014	1268210	803239	1919400	16242871	7900575	14544620

注：自2012年起“地方财政收入”更名为“一般公共预算收入”，下同。

历年各县市区财政总收入

9—2 单位：万元

年份	全市	市本级	柯城区	衢江区	江山市	常山县	开化县	龙游县
1949				统		1950年		
1950	1095	552		计	168	至	107	268
1951	1404	686		在	233	1957年	168	317
1952	1464	719	柯	市	263	统计	179	303
1953	1621	800	城	本	291	在市	187	343
1954	1980	997	区	级	348	本级	190	445
1955	1815	931	财	内	362	内	186	336
1956	1793	880	政		309	1958年至	214	390
1957	2256	1163	收		386	1960年	237	470
1958	3099		支	1591	513	统计	280	715
1959	2934		统	1448	526	在衢	408	552
1960	3768		计	2685	660	县内	423	
1961	2623	1958年	在	1583	567	197	276	
1962	2929	至	市	1687	669	264	309	
1963	3024	1984年	本	1661	676	305	382	统
1964	3565	统	级	2104	725	316	420	计
1965	3890	计	内	2379	761	296	454	在
1966	3428	在		2125	723	241	339	衢
1967	2667	衢		1625	529	223	290	江
1968	2560	江		1387	565	258	350	区
1969	3779	区		2279	777	348	375	内
1970	5126	内		3232	1145	367	382	
1971	5464			3421	1387	311	345	
1972	6218			3722	1597	438	461	
1973	6562			4108	1394	524	536	
1974	4881			3110	880	373	518	
1975	4138			2673	888	118	459	
1976	4138			2689	827	86	536	
1977	5859			3648	1171	401	639	
1978	7644			4675	1533	602	834	
1979	7922			4978	1564	529	851	

历年各县市区财政总收入

9—2 续表　　　　　　　　　　　　　　　　　　　　　　　　　单位：万元

年份	全市	市本级	柯城区	衢江区	江山市	常山县	开化县	龙游县
1980	8671			5349	1829	564	929	
1981	9265			5661	1972	560	1072	
1982	10247			6236	2137	646	1228	
1983	11518			6733	2736	785	1264	
1984	12416			5558	3071	836	1335	1616
1985	19649	10142			4205	1031	2171	2100
1986	22349	9620		1172	5187	1277	2480	2613
1987	24891	10550		1247	5812	1459	2849	2974
1988	29168	12797		1591	6432	1699	3029	3620
1989	33782	14573		2042	7129	2197	3675	4166
1990	34491	14720		2300	7150	2368	3530	4423
1991	34194	13506		2313	7514	2557	3749	4555
1992	35621	14693		2142	7842	2609	4011	4324
1993	45912	17936		3013	10110	3824	5417	5612
1994	52704	20368		3752	11812	4467	6010	6295
1995	60756	22983		4279	13631	5020	6897	7946
1996	66631	24168		5100	14681	5774	8001	8907
1997	69214	28563		5369	14296	5236	7062	8688
1998	76609	33009		5627	15822	5737	7486	8928
1999	80797	32491		6748	17102	6720	7287	10449
2000	103378	38749		9585	21733	9320	9095	14896
2001	141527	49823		12984	29579	14252	13779	21110
2002	184820	71590		15337	37180	19776	17078	23859
2003	232139	74813	15104	20426	44389	27055	18793	31559
2004	260155	86704	17820	22447	51017	29371	18800	33996
2005	322014	118144	22782	25320	60518	32179	24163	38908
2006	384185	145136	22148	28792	73300	36416	30930	47463
2007	489113	187358	27999	34661	90611	45449	42902	60133
2008	572979	221670	33223	36307	103435	55151	48848	74345
2009	623398	251624	37598	41630	107702	56632	48893	79319
2010	753543	307764	49552	55413	129230	64500	57741	89343
2011	950249	398173	60305	72390	160312	85055	62777	111237
2012	1063893	438706	67326	84500	184106	89902	73876	125477
2013	1182149	462630	76062	105567	204417	100045	92134	141294
2014	1268210	455472	100510	129014	220777	107906	97886	156645

主要年份各县市区地方财政收入

9—3 单位：万元

年份	全市	市本级	柯城区	衢江区	江山市	常山县	开化县	龙游县
1993	19487	6689		1705	4837	1661	2180	2415
1994	25154	8610		2395	6390	2015	2739	3005
1995	29572	9896		2651	7364	2231	3338	4092
1996	31331	9046		3311	7893	2638	3872	4571
1997	31695	9659		3460	7445	2720	3703	4708
1998	37260	12522		3887	8457	3180	4012	5202
1999	42521	13500		4621	9408	4045	4406	6541
2000	58074	20026		6305	11889	5283	5692	8879
2001	88773	28448		9248	18595	9327	9200	13955
2002	106736	39174		9479	21073	11298	10378	15334
2003	140382	42563	10225	12070	27110	16082	11538	20794
2004	170761	56915	11911	13730	31214	20595	12530	23866
2005	200177	71713	14473	14732	36518	22140	14810	25791
2006	235250	83770	15570	17316	44335	23600	18200	32459
2007	293530	104492	18815	20926	53703	29566	25533	40495
2008	343893	124785	21622	22806	62121	35539	30028	46992
2009	378521	140828	25670	25564	65879	38056	32513	50011
2010	469780	178153	34027	35693	80392	44921	38473	58121
2011	575729	219927	40713	47395	100218	53116	43419	70941
2012	634154	242528	43908	52909	111408	57160	45735	80506
2013	727535	280156	51392	66144	124000	65063	50779	90001
2014	803239	279893	75147	79872	136610	71903	57685	102129

各县市区财政收入

9—4　　2014年　　单位：万元

指标	全市	市本级	柯城区	衢江区
财政总收入	**1268210**	**455472**	**100510**	**129014**
一、一般公共预算收入	803239	279893	75147	79872
1. 税收收入小计	738719	255628	67697	75752
增值税25%部分	89787	33067	4990	9782
改征增值税	22453	6931	3100	1929
营业税	209816	66050	24401	20896
企业所得税40%部分	87904	29639	4506	11218
个人所得税40%部分	30808	9817	3299	1978
城市维护建设税	42011	16139	4193	4152
土地使用税	47902	18067	3766	5568
耕地占用税	53059	28556	1429	5266
契税	48834	11823	5357	3791
其它地方税收	106145	35539	12656	11172
2. 非税收入小计	64520	24265	7450	4120
排污费收入	5089	2728		
教育费附加收入	17601	3798	3649	1692
行政性收费收入	6855	1254	500	258
罚没收入	25674	10123	1720	1362
国有企业计划亏损补贴	–4073	–3990		
其它收入	13374	10352	1581	808
二、上划中央“四税”收入	464971	175579	25363	49142
(一) 上划中央所得税收入	178070	62556	8337	19793
1. 企业所得税60%部分	131857	45929	5291	16825
2. 个人所得税60%部分	46213	16627	3046	2968
(二) 上划中央“两税”收入	286901	113023	17026	29349
1. 消费税	17540	15378	501	2
2. 增值税75%部分	269361	97645	16525	29347

各县市区财政收入

9—4 续表　　2014年　　单位：万元

指　　标	江山市	常山县	开化县	龙游县
财政总收入	**220777**	**107906**	**97886**	**156645**
一、一般公共预算收入	136610	71903	57685	102129
1. 税收收入小计	127769	64518	54633	92722
增值税25%部分	16207	6857	6658	12226
改征增值税	3781	2800	1187	2725
营业税	38131	16512	19450	24376
企业所得税40%部分	14383	8350	11244	8564
个人所得税40%部分	8307	1927	2211	3269
城市维护建设税	7889	2937	2483	4218
土地使用税	6342	3533	2075	8551
耕地占用税	8878	6068	21	2841
契税	8920	5856	3451	9636
其它地方税收	14931	9678	5853	16316
2. 非税收入小计	8841	7385	3052	9407
排污费收入	640	1027	230	464
教育费附加收入	3120	1592	1398	2352
行政性收费收入	832	1119	663	2229
罚没收入	4063	3489	660	4257
国有企业计划亏损补贴	–83			
其它收入	269	158	101	105
二、上划中央“四税”收入	84167	36003	40201	54516
(一) 上划中央所得税收入	34036	15416	20182	17750
1. 企业所得税60%部分	21575	12525	16866	12846
2. 个人所得税60%部分	12461	2891	3316	4904
(二) 上划中央“两税”收入	50131	20587	20019	36766
1. 消费税	1510	16	45	88
2. 增值税75%部分	48621	20571	19974	36678

各县市区财政支出

9—5　　2014年　　单位：万元

指　　标	全　市	市本级	柯城区	衢江区	江山市	常山县	开化县	龙游县
财政支出合计	**1919400**	**488401**	**153031**	**182769**	**309000**	**214095**	**298987**	**273117**
一、一般公共服务	221203	50165	16007	33054	33892	26255	33458	28372
二、公共安全	113555	43960	5827	5477	17659	13182	12801	14649
三、教育	351888	54318	41515	39535	68010	40963	47185	60362
其中：教育支出	335193	50327	37901	37885	65522	39243	46173	58142
教育费附加支出	16695	3991	3614	1650	2488	1720	1012	2220
四、科学技术	58557	19336	4150	3805	9829	6560	7995	6882
五、文化体育与传媒	34712	7283	2154	2712	6894	5066	4899	5704
六、社会保障和就业	173426	38868	20222	17849	30807	17984	21973	25723
七、医疗卫生	215970	62400	18081	18587	35917	25452	23345	32188
八、节能环保	73230	27039	175	2069	5304	5511	30023	3109
其中：节能环保支出	68120	23773	175	1919	4664	5033	29847	2709
排污费支出	5110	3266		150	640	478	176	400
九、城乡社区及住房保障等支出	99479	49890	10014	3945	12733	6664	8096	8137
十、农林水事务	270447	17241	27102	40652	43367	38810	47267	56008
十一、交通运输	173827	58716	31	8269	31463	17654	41828	15866
十二、资源勘探电力信息等事务	71812	41700	3717	1369	3043	5665	5575	10743
十三、商业服务、粮油物资、储备、金融监管等事务	41582	12701	3990	5446	9313	2670	4215	3247
十四、国土资源等事务	5787	1420	46		769	987	1247	1318
十五、其他支出	13925	3364				672	9080	809
十六、预备费								

历年各县市区城乡居民储蓄存款年末余额

9—6　　　　单位：万元

年份	全市	市本级	柯城区	衢江区	江山市	常山县	开化县	龙游县
1949								
1950	4	3				1		
1951	48	25			9	3	5	6
1952	89	44			16	8	8	13
1953	112	54			21	9	13	15
1954	219	90			63	20	12	34
1955	216	91			78	10	10	27
1956	288	118			93	17	23	37
1957	405	151			116	22	28	88
1958	468	185			156	23	23	81
1959	704	263			191	45	53	152
1960	789	325			224	56	64	120
1961	848	319			172	78	82	197
1962	603	235			114	62	65	127
1963	650	287			133	60	61	109
1964	831	355			172	67	73	164
1965	875	384			191	70	77	153
1966	1003	444			225	84	86	164
1967	1024	445			225	83	102	169
1968	1089	454			219	80	95	241
1969	1187	488			232	86	105	276
1970	1226	518			229	90	103	286
1971	1434	602			265	105	119	343
1972	1672	696			314	126	151	385
1973	1903	791			353	153	180	426
1974	2160	891			396	173	218	482
1975	2391	950			425	172	246	598
1976	2411	978			433	176	252	572
1977	2616	1050			462	187	276	641
1978	3122	1234			577	222	314	775
1979	5533	1822			1760	372	464	1115

注：市本级居民储蓄年末余额包含柯城区，下同。

历年各县市区城乡居民储蓄存款年末余额

9—6 续表　　　　单位：万元

年　　份	全　　市	市本级	柯城区	衢江区	江山市	常山县	开化县	龙游县
1980	7256	2512			2403	526	682	1133
1981	8906	3214			2959	622	845	1266
1982	11731	4628			3410	859	1152	1682
1983	14278	5983			3916	1055	1478	1846
1984	18402	7380			4625	1441	2053	2903
1985	24976	9684			6229	2017	3264	3782
1986	36300	13836			8989	2882	4852	5741
1987	46806	17853			11395	3794	6082	7682
1988	53474	13897			12699	4620	6469	9036
1989	75038	17264			17287	6625	8424	13019
1990	106573	30078			24901	8846	11515	18180
1991	140545	38881			33031	11420	15087	24266
1992	172394	47480			42653	13962	18610	29087
1993	221093	59112			56700	18497	26107	35908
1994	329898	90370			82168	28939	36331	53774
1995	446807	128516			106800	38260	47555	72564
1996	564220	170932			130484	48208	56794	91548
1997	677028	215698			152043	58398	67950	110320
1998	807495	255689			175607	70732	81182	136767
1999	912511	394860			195168	81654	92094	148735
2000	974862	406477			216778	90544	100203	160860
2001	1097938	452424			249114	102358	113517	180525
2002	1316255	562659			288657	121193	126965	216781
2003	1573411	672174			339826	153265	142044	266102
2004	1722694	728571			381111	170241	151463	291308
2005	1981589	842574			444075	188792	181906	324242
2006	2278525	956557			515455	215943	219863	370707
2007	2451661	1010479			553931	237227	254906	395118
2008	3094477	1304991			693447	281921	321362	492756
2009	3711846	1575119			832323	333689	379204	576025
2010	4312926	1857729			928644	403459	442003	681090
2011	5130677	2221110			1130799	475344	513648	789777
2012	6087324	2594803			1371286	568957	623813	928465
2013	7068112	2936613			1637129	662528	721356	1110486
2014	7927338	3210018			1898493	781321	816021	1221485

注：1、衢江区 1950—1987 年、1999—2013 年储蓄存款余额统计在市本级内。

2、从 2008 年起本表城乡居民储蓄存款年末余额为本外币数。

全市金融机构信贷收支情况

9—7　　　　　　　　　　　　　　　　　　　　单位：万元

指　　　标	2014年	比年初增减数	
		今　年	去　年
金融机构本外币存款余额	**16356166**	**1429026**	**1932753**
其中：储蓄存款	7927338	859226	976975
一、金融机构人民币存款余额	16242871	1428268	1923176
1. 单位存款	7723397	459622	917770
其中：活期存款	2746178	9835	386582
定期存款	3155392	297592	300376
通知存款	79271	9	339
保证金存款	508128	8871	48295
2、个人存款	7992136	851305	1042316
储蓄存款	7900575	859751	973245
保证金存款	187	-38	-404
结构性存款	91375	-8407	69476
3、财政性存款	277125	59660	-35437
4、临时性存款	13695	636	2655
5、委托存款	15607	-4409	-8732
6、其他存款	220911	61455	4604
二、金融债券			
三、中长期借款			
四、应付及暂收款	399285	73102	75014
其中：应付利息	260566	54581	54120
五、同业往来（来源方）	11346	-7125	12902
六、系统内资金往来（来源方）			
七、外汇买卖（来源方）	820653	487985	508170
其中：结售汇	820647	487985	508166
八、各项准备	357623	59286	86664
其中：贷款损失准备金	354940	59044	86093
九、所有者权益	721472	141445	107600
其中：实收资本	214121	60012	1627
十、其它	-1929489	-385242	-406622

全市金融机构信贷收支情况

9—7 续表　　　　　　单位：万元

指　　　　标	2014年	比年初增减数	
		今　　年	去　　年
金融机构本外币贷款余额	**14696495**	**2187892**	**1704440**
一、金融机构人民币贷款余额	14544620	2174453	1707615
（一）境内贷款	14544123	2174480	1707465
1、短期贷款	8518081	906234	848273
其中：个人贷款及透支	2964543	401765	452455
单位普通贷款及透支	5300767	593599	440092
普通并购贷款			
银团贷款	44870	9315	-20715
贸易融资	207901	-98446	-23559
境外筹资转贷款			
2、中长期贷款	5760326	1156602	843213
其中：个人贷款	2681140	345927	448401
普通单位贷款	2828796	687485	317425
普通并购贷款	18150	-1850	15700
银团贷款	232240	125040	61686
贸易融资			
境外筹资转贷款			
3、融资租赁			
4、票据融资	250991	105460	17597
其中:贴现	250991	105460	17597
5、各项垫款	14724	6184	-1618
（二）境外贷款	497	-27	150
二、有价证券	222660	17175	20451
三、股权及其他投资	450		-32010
四、应收及预付款	106920	13735	50003
其中:应收利息	52700	8833	15737
五、同业往来		-5000	
六、系统内资金往来	649357	-902065	29234
七、金银占款			
八、外汇买卖	819994	487151	508829
九、固定资产	167511	18367	13723
十、库存现金	112250	-6097	9060
十一、投资性房地产			

全市证券业主要业务情况

9—8

指　　　　　标	单　　位	2014年	2013年
证券机构	个	17	12
证券交易量	亿元	2972.63	1410.09
佣金收入	亿元	1.88	1.11
期末保证金余额	亿元	13.12	6.8
托管市值	亿元	122.87	87.19
利润	亿元	1.21	0.6
新开证券账户	个	11970	8323

全市保险机构主要业务情况

9—9　　2014年

	保险机构（家）	保费（纯保费）收入（万元）	其中：寿险保费收入（万元）	财险保费收入（万元）	支付各类赔款（万元）	其中：寿险业务赔款（万元）	财险业务赔款（万元）
全市合计	105	354306	195169	159137	113803	26234	87569
市本级	30	176275	103364	72911	56179	13575	42604
柯城区							
衢江区							
江山市	23	80416	42507	37909	21364	2148	19216
常山县	16	23763	12685	11078	9381	2720	6662
开化县	13	24129	11378	12750	8567	2891	5676
龙游县	23	49723	25234	24489	18312	4900	13411

九、财政、金融主要统计指标解释

财政预算内收入：是指国家按照一定的计划，通过财政分配渠道，统一筹集并由国家集中掌握的资金。目前，我国财政收入的内容包括税收收入、国有资产收入、债务收入及其他收入等四种。

中央级收入：按照分税制财政体制的原则确定的中央财政收入。主要包括中央预算固定收入和中央与地方共享的收入。报表所指的中央级收入，则是指与原体制比较由地方上划中央的"四税收入（即增值税的75%部分、消费税、企业所得税60%部分和个人所得税60%部分）。"

地方级收入：按照分税制财政体制的原则确定的地方财政收入。包括地方预算固定收入和地方与中央共享的收入。

1997年财政预算内收入改称为财政一般预算收入，即原来口径的基础上不包括教育费附加与排污费收入。

增值税：是以商品生产流通和劳务服务各个环节的增值额为征税对象的一种流转税。按现行财政体制，增值税属于中央与地方的共享税种，其中：中央分享75%，地方分享25%。

财政支出：是国家为实现其政治、经济和社会公共职能，把已集中的财政资金，在国民经济各部门和国家管理各部门进行合理的再分配，它反映国家职能涉及的范围和方向，体现党和国家的方针政策。

1997年财政预算内支出改称为财政一般预算支出，即原来口径的基础上不包括用教育费附加与排污费收入安排的支出。

城乡居民储蓄年末余额：包括城镇居民储蓄和农民个人储蓄两部分的年末余额。不包括工矿企业、部队、机关团体等集体存款。

第十篇　能源消费量与综合利用

各县市区能源综合利用情况

10—1 (2014年)

指标	全市	市本级	柯城区	衢江区
综合能耗（吨标准煤）	7025009'	4110572	53263	296583
万元产值能耗	0.45	0.77	0.08	0.23
消费量	10980579	7408731	54056	525163
#工业生产消费	10955339	7402223	53263	520951
非工业生产消费量	25239	6509	793	4212
主要能源消费量（吨）				
原煤	6403670	3236686	32370	494583
洗精煤	1448381	1448330		51
煤制品	117467	113280	10	4156
焦炭	1598912	1569886		815
高炉煤气（万立方米）	560178	560178		
转炉煤气（万立方米）	43350	43350		
发生炉煤气（万立方米）	1637	1637		
天然气（气态,万立方米）	15678	3227	152	416
液化天然气（液态）	2263	173		3
汽油	4065	1172	148	327
煤油	302	3		4
柴油	14310	3838	1459	1619
燃料油	4895		473	1042
液化石油气	1471	7		17
润滑油	45		1	
石蜡	79			
石油焦	2047			
其他石油制品	1994	1984		
热力（百万千焦）	22269544	13781999	178800	2899157
电力（万千瓦时）	912529	455394	16945	66285
生物质废料用于燃料	84149		2311	3723
余热余压（百万千焦）	12263656	8789363		57703
其它燃料（吨标准煤）	38051		479	23

注：能源综合利用和消费量均为规上工业统计数

各县市区能源综合利用情况

10—1 续表　　(2014 年)

指　　标	江山市	常山县	开化县	龙游县
综合能耗 (吨标准煤)	1237439	678348	91599	557205
万元产值能耗	0.36	0.66	0.09	0.19
消费量	1417730	784613	92607	697678
#工业生产消费	1412986	781760	91599	692558
非工业生产消费量	4744	2853	1008	5121
主要能源消费量 (吨)				
原　煤	1255920	771277	84195	528639
洗精煤				
煤制品				21
焦　炭	26847	1355		9
高炉煤气 (万立方米)				
转炉煤气 (万立方米)				
发生炉煤气 (万立方米)				
天然气 (气态,万立方米)	5353	6098	32	401
液化天然气 (液态)	1664		419	4
汽　油	1756	227	281	155
煤　油	3	293		
柴　油	2293	2816	224	2061
燃料油	850	1400		1129
液化石油气	477	107	863	
润滑油	22	22		
石　蜡	79			
石油焦			2047	
其他石油制品		9		
热力 (百万千焦)	1440241	1840		3967507
余热余压 (百万千焦)	1646624	1431127		338839
其它燃料 (吨标准煤)	37549			

全市工业企业主要能源消费量

10—2 (2014年)

指标	原煤(吨)	气态天然气(万立方米)	液态天然气(吨)	汽油(吨)	柴油(吨)	电力(万千瓦时)
非金属矿采选业	145					723
农副食品加工业	10129	23		49	233	4002
食品制造业	1794	28		142	6	2738
酒、饮料和精制茶制造业	12320	17	4			6044
烟草制品业						
纺织业	11659	103		21	77	31457
纺织服装、服饰业	3400			41	10	2733
皮革、毛皮、羽毛及其制品和制鞋业	2276			33	80	2955
木材加工和木、竹、藤、棕、草制品业	3986			323	185	11281
家具制造业				133	29	2478
造纸和纸制品业	250877	58		243	842	95334
印刷和记录媒介复制业	6926			67	53	2302
文教、工美、体育和娱乐用品制造业	6789			35	18	3245
石油加工、炼焦和核燃料加工业						
化学原料和化学制品制造业	2487125	3013		990	2945	371696
医药制造业	35577			30	2	5365
化学纤维制造业				6	3	2632
橡胶和塑料制品业	3401			179	42	6387
非金属矿物制品业	1751478	217	173	40	5966	149010
黑色金属冶炼和压延加工业	1282850	380		60	1087	89802
有色金属冶炼和压延加工业	4072	341		16	235	10564
金属制品业	2316	8	3	136	341	4960
通用设备制造业	1655	40		226	979	26285
专用设备制造业				64	85	2941
汽车制造业	127			37	7	4263
铁路、船舶、航空航天和其他运输设备制造业				40	92	731
电气机械和器材制造业	3035	28	2083	529	327	17682
计算机、通信和其他电子设备制造业	8			89	50	3360
仪器仪表制造业	60			12		445
其他制造业						4642
废弃资源综合利用业	18				111	1972
金属制品、机械和设备修理业						
电力、热力生产和供应业	521649	11421		497	490	42188
燃气生产和供应业						17
水的生产和供应业				27	14	2294

市本级工业企业主要能源消费量

10—3 (2014年)

指标	原煤(吨)	气态天然气(万立方米)	液态天然气(吨)	汽油(吨)	柴油(吨)	电力(万千瓦时)
非金属矿采选业						
农副食品加工业	1188				7	775
食品制造业						1676
酒、饮料和精制茶制造业		17				2836
烟草制品业						
纺织业					19	2939
纺织服装、服饰业	481					648
皮革、毛皮、羽毛及其制品和制鞋业				33	67	2227
木材加工和木、竹、藤、棕、草制品业	1785					85
家具制造业						
造纸和纸制品业						7061
印刷和记录媒介复制业				18	13	76
文教、工美、体育和娱乐用品制造业						
石油加工、炼焦和核燃料加工业						
化学原料和化学制品制造业	1973020	2790		592	1296	318849
医药制造业	488					553
化学纤维制造业						391
橡胶和塑料制品业						130
非金属矿物制品业		24	173		614	1008
黑色金属冶炼和压延加工业	1258600	198			648	68743
有色金属冶炼和压延加工业		152				5561
金属制品业						475
通用设备制造业	763	40		76	776	11101
专用设备制造业				19	65	1382
汽车制造业						820
铁路、船舶、航空航天和其他运输设备制造业						
电气机械和器材制造业	362	6		22	11	2473
计算机、通信和其他电子设备制造业				3	30	1667
仪器仪表制造业						148
其他制造业						
废弃资源综合利用业						295
金属制品、机械和设备修理业						
电力、热力生产和供应业				381	278	21719
燃气生产和供应业						9
水的生产和供应业				27	14	1746

柯城区工业企业主要能源消费量

10—4 (2014年)

指标	原煤(吨)	气态天然气(万立方米)	液态天然气(吨)	汽油(吨)	柴油(吨)	电力(万千瓦时)
非金属矿采选业						
农副食品加工业				10		314
食品制造业	422					85
酒、饮料和精制茶制造业						
烟草制品业						
纺织业	558					554
纺织服装、服饰业						13
皮革、毛皮、羽毛及其制品和制鞋业						64
木材加工和木、竹、藤、棕、草制品业						
家具制造业				5	9	330
造纸和纸制品业	16650					754
印刷和记录媒介复制业						94
文教、工美、体育和娱乐用品制造业						84
石油加工、炼焦和核燃料加工业						
化学原料和化学制品制造业						803
医药制造业						1298
化学纤维制造业						311
橡胶和塑料制品业	1754			2		550
非金属矿物制品业	10228			8	1308	5004
黑色金属冶炼和压延加工业						457
有色金属冶炼和压延加工业	2630	152			16	1675
金属制品业						
通用设备制造业						1221
专用设备制造业						284
汽车制造业	127					1831
铁路、船舶、航空航天和其他运输设备制造业						
电气机械和器材制造业				122	58	144
计算机、通信和其他电子设备制造业						
仪器仪表制造业						
其他制造业						
废弃资源综合利用业					68	1075
金属制品、机械和设备修理业						
电力、热力生产和供应业						
燃气生产和供应业						
水的生产和供应业						

衢江区工业企业主要能源消费量

10—5　　(2014 年)

指　　标	原　煤 (吨)	气态天然气 (万立方米)	液态天然气 (吨)	汽　油 (吨)	柴　油 (吨)	电　力 (万千瓦时)
非金属矿采选业						
农副食品加工业	1164			8		794
食品制造业						
酒、饮料和精制茶制造业						2120
烟草制品业						
纺织业						373
纺织服装、服饰业						42
皮革、毛皮、羽毛及其制品和制鞋业	1513				14	386
木材加工和木、竹、藤、棕、草制品业						138
家具制造业				19	20	275
造纸和纸制品业	91270	42		225	16	36175
印刷和记录媒介复制业						
文教、工美、体育和娱乐用品制造业						
石油加工、炼焦和核燃料加工业						
化学原料和化学制品制造业	12990	191		10	546	2443
医药制造业	26					998
化学纤维制造业						
橡胶和塑料制品业	660					976
非金属矿物制品业	41193				690	5231
黑色金属冶炼和压延加工业	383	182			96	5515
有色金属冶炼和压延加工业	266					1104
金属制品业			3		83	728
通用设备制造业				43	31	2580
专用设备制造业						110
汽车制造业						633
铁路、船舶、航空航天和其他运输设备制造业					44	189
电气机械和器材制造业	2220			7	37	276
计算机、通信和其他电子设备制造业				15		121
仪器仪表制造业						
其他制造业						155
废弃资源综合利用业	18				43	527
金属制品、机械和设备修理业						
电力、热力生产和供应业	342880					4400
燃气生产和供应业						
水的生产和供应业						

江山市工业企业主要能源消费量

10—6 (2014年)

指标	原煤(吨)	气态天然气(万立方米)	液态天然气(吨)	汽油(吨)	柴油(吨)	电力(万千瓦时)
非金属矿采选业						
农副食品加工业	2567			4	51	795
食品制造业	563			142	6	694
酒、饮料和精制茶制造业	2601					411
烟草制品业						
纺织业	8301			16	50	3135
纺织服装、服饰业	1556			5		794
皮革、毛皮、羽毛及其制品和制鞋业						33
木材加工和木、竹、藤、棕、草制品业				323	94	8252
家具制造业				109		574
造纸和纸制品业	4839					1149
印刷和记录媒介复制业				17		83
文教、工美、体育和娱乐用品制造业				23	9	147
石油加工、炼焦和核燃料加工业						
化学原料和化学制品制造业	324599			336	203	26448
医药制造业				14	2	33
化学纤维制造业				6	3	257
橡胶和塑料制品业				83	32	1528
非金属矿物制品业	895925			7	1057	68511
黑色金属冶炼和压延加工业	12875			20	67	3231
有色金属冶炼和压延加工业	105			12	130	167
金属制品业	772			100	145	1031
通用设备制造业	650			57	41	1139
专用设备制造业				45	20	457
汽车制造业				37	7	689
铁路、船舶、航空航天和其他运输设备制造业				14	46	173
电气机械和器材制造业	442		1664	377	221	12777
计算机、通信和其他电子设备制造业						71
仪器仪表制造业	60					199
其他制造业						
废弃资源综合利用业						
金属制品、机械和设备修理业						
电力、热力生产和供应业	66	5353		9	109	6963
燃气生产和供应业						8
水的生产和供应业						

常山县工业企业主要能源消费量

10—7 (2014年)

指标	原煤(吨)	气态天然气(万立方米)	液态天然气(吨)	汽油(吨)	柴油(吨)	电力(万千瓦时)
非金属矿采选业						
农副食品加工业	3506			27	6	449
食品制造业						
酒、饮料和精制茶制造业						
烟草制品业						
纺织业				5	8	7238
纺织服装、服饰业				15	6	191
皮革、毛皮、羽毛及其制品和制鞋业	628					123
木材加工和木、竹、藤、棕、草制品业	1692				90	2088
家具制造业						54
造纸和纸制品业	15976					1618
印刷和记录媒介复制业						
文教、工美、体育和娱乐用品制造业						
石油加工、炼焦和核燃料加工业						
化学原料和化学制品制造业	115869			4	830	5872
医药制造业	230					41
化学纤维制造业						107
橡胶和塑料制品业						
非金属矿物制品业	628656				1613	42737
黑色金属冶炼和压延加工业	3649			26	49	1253
有色金属冶炼和压延加工业	1071			4	90	1212
金属制品业		8				354
通用设备制造业				41	84	8988
专用设备制造业						50
汽车制造业						74
铁路、船舶、航空航天和其他运输设备制造业						
电气机械和器材制造业		22				133
计算机、通信和其他电子设备制造业				64		490
仪器仪表制造业						
其他制造业						
废弃资源综合利用业						
金属制品、机械和设备修理业						
电力、热力生产和供应业		6068		41	39	4476
燃气生产和供应业						
水的生产和供应业						

开化县工业企业主要能源消费量

10—8 (2014 年)

指标	原煤 (吨)	气态天然气 (万立方米)	液态天然气 (吨)	汽油 (吨)	柴油 (吨)	电力 (万千瓦时)
非金属矿采选业						
农副食品加工业					9	136
食品制造业						7
酒、饮料和精制茶制造业	1930					255
烟草制品业						
纺织业						155
纺织服装、服饰业	210					102
皮革、毛皮、羽毛及其制品和制鞋业	135					83
木材加工和木、竹、藤、棕、草制品业	449					75
家具制造业						93
造纸和纸制品业	169			9		74
印刷和记录媒介复制业				12	32	299
文教、工美、体育和娱乐用品制造业	427			12	9	351
石油加工、炼焦和核燃料加工业						
化学原料和化学制品制造业	46043	32		47	70	14020
医药制造业	34832			16		2443
化学纤维制造业						
橡胶和塑料制品业				93	10	848
非金属矿物制品业						582
黑色金属冶炼和压延加工业				14	26	190
有色金属冶炼和压延加工业						
金属制品业					5	49
通用设备制造业						439
专用设备制造业						
汽车制造业						
铁路、船舶、航空航天和其他运输设备制造业						
电气机械和器材制造业			419			932
计算机、通信和其他电子设备制造业						491
仪器仪表制造业				12		33
其他制造业						
废弃资源综合利用业						
金属制品、机械和设备修理业						
电力、热力生产和供应业				66	64	2720
燃气生产和供应业						
水的生产和供应业						

龙游县工业企业主要能源消费量

10—9　　　　　　　　　　(2014年)

指　　　　标	原　煤 (吨)	气态天然气 (万立方米)	液态天然气 (吨)	汽　油 (吨)	柴　油 (吨)	电　力 (万千瓦时)
非金属矿采选业	145					723
农副食品加工业	1703	23			161	740
食品制造业	809	28				276
酒、饮料和精制茶制造业	7789		4			421
烟草制品业						
纺织业	2800	103				17064
纺织服装、服饰业	1153			22	4	944
皮革、毛皮、羽毛及其制品和制鞋业						38
木材加工和木、竹、藤、棕、草制品业	60					643
家具制造业						1153
造纸和纸制品业	121974	16		9	826	48503
印刷和记录媒介复制业	6926			20	9	1749
文教、工美、体育和娱乐用品制造业	6362					2663
石油加工、炼焦和核燃料加工业						
化学原料和化学制品制造业	14604					3260
医药制造业						
化学纤维制造业						1566
橡胶和塑料制品业	987					2355
非金属矿物制品业	175475	193		25	684	25937
黑色金属冶炼和压延加工业	7344				200	10414
有色金属冶炼和压延加工业		37				845
金属制品业	1544			37	109	2323
通用设备制造业	242			10	48	816
专用设备制造业						658
汽车制造业						217
铁路、船舶、航空航天和其他运输设备制造业				27	2	369
电气机械和器材制造业	11					949
计算机、通信和其他电子设备制造业	8			6	20	520
仪器仪表制造业						65
其他制造业						4487
废弃资源综合利用业						76
金属制品、机械和设备修理业						
电力、热力生产和供应业	178703					1911
燃气生产和供应业						
水的生产和供应业						547

十、原材料和能源主要统计指标解释

能源：是自然界中能够产生能量的一些资源，是人类赖以生存的物质，是发展生产、改善人民生活的物质基础。包括电、热、煤、油、气、太阳能等。

标准煤：亦称煤当量，是将不同品种、不同含热量的能源按各自不同的含热量折合成为一种标准含量的统一计量单位的能源。目前我国采用标准煤为能源计量单位。

能源消费量：是指各需用单位在一定时期内实际消费的各种能源数量。

综合能耗：综合能耗是规定的耗能体系在一段时间内实际消耗的各种能源实物量按规定的计算方法和单位分别折算为一次能源后的总和。

第十一篇　文化、卫生和教育事业

历年全市在校学生数

11—1

年　　份	高等学校 (人)	中等专业学校 (人)	普通中学 (人)	职业学校 (人)	技工学校 (人)	小　　学 (人)
1949		461	2415			46768
1950		395	2099		73	60552
1951		313	2931		205	85102
1952		774	4349		384	90754
1953		756	4983		350	76435
1954		796	5550			76593
1955		648	5906			87759
1956		568	7527			108141
1957		579	8420			105162
1958		766	10534	2330	895	145595
1959		865	14671	2478	934	180352
1960	766	1711	18610	2375	1691	180564
1961	854	1055	13393	68	236	137323
1962	949	926	11610		68	119046
1963	775	91	11475		133	143203
1964	585	270	13596	76	393	209206
1965	566	375	13967	619	729	170878
1966	566	660	14194	1153	860	183926
1967	443	577	12710	428	694	187530
1968	312	194	18029	210	409	189192
1969	151	175	38781	156	108	184465
1970	276		44711	148		202382
1971	154		51904	151		249146
1972	243		45474	201		242053
1973	288		49890	218		287463
1974	465	300	62027	223		287486
1975	525	550	84610	424		284351
1976	472	468	111211	844		286194
1977	495	480	125718	707		282855
1978	689	844	117159	362	150	282104
1979	1006	920	100386	274	390	276551

历 年 全 市 在 校 学 生 数

11—1 续表

年份	高等学校（人）	中等专业学校（人）	普通中学（人）	职业学校（人）	技工学校（人）	小学（人）
1980	120	649	99318	348	390	295806
1981	120	600	101790	616	200	281013
1982		502	81644	1899	509	270392
1983		563	82740	3388	712	271275
1984		589	89238	3955	817	265560
1985	130	619	100348	6312	680	252643
1986	395	932	111782	7787	776	239800
1987	655	1246	116712	7981	1016	218181
1988	397	1377	116573	7903	848	204344
1989	367	1388	99515	6859	832	199069
1990	343	1474	116246	6602	876	194036
1991	349	1514	119043	5947	946	186106
1992	404	1518	115685	6633	849	182469
1993	584	1791	110843	6972	1398	178513
1994	826	2296	114350	8618	1858	175407
1995	955	3056	121820	8186	1977	171166
1996	1344	4014	126495	8163	2056	169451
1997	1175	2105	121560	10522	2015	169301
1998	1078	2337	116126	12940	2917	166727
1999	1206	2602	117263	13319	1950	179880
2000	1520	3760	123158	14327	2044	176883
2001	6458	2787	129642	19416	2944	172637
2002	7162	1685	133502	23864	3499	166921
2003	7160	2337	134197	30882	3814	161926
2004	8183	3558	130613	31521	3908	160806
2005	9633	5417	125832	32623	3905	157980
2006	9182	7315	129540	30743	5061	155499
2007	9621	9143	131982	32420	4353	152293
2008	10211	8087	132472	29258	5064	148897
2009	10186	11546	126748	24068	7047	147208
2010	10213	15991	121599	20322		148317
2011	10917	15087	116940	20767		147920
2012	11687	14960	115700	19452		145607
2013	12937	14203	113838	16732		143575
2014	13664	13512	112016	14874		143009

注：2010 起技工学校已并入中等职业学校统计，下同。

历年全市毕业生数

11—2

年份	高等学校(人)	中等专业学校(人)	普通中学(人)	职业学校(人)	技工学校(人)	小学(人)
1949		82	369			721
1950		133	301			1836
1951		17	463			2705
1952		149	501			2810
1953		345	1063		119	5158
1954		285	1050			4313
1955		491	1677			4460
1956		323	1358			5543
1957		121	1856			7627
1958		74	1481			8143
1959		285	2452		240	6968
1960	236	225	2667	142	365	11295
1961		130	3336	38	796	10556
1962	251	192	2595		98	8915
1963		208	3313			8663
1964	339	79	2280		53	9651
1965	171		3292		97	11935
1966		91	3857		50	17319
1967	123	179	4517	271	156	17352
1968	131	198	6836		284	19864
1969	161	200	2870	57	100	30017
1970	151		10395	159	108	21756
1971	122		16542	104		22585
1972			21199	96		20084
1973	152		18739	105		28420
1974			20843	108		34800
1975	89		24945	110		43249
1976	195	300	33795	99		46884
1977	180	246	45424	142		40424
1978	144	182	50418	366		50125
1979		224	40676	202		43183

历年全市毕业生数

11—2 续表

年份	高等学校(人)	中等专业学校(人)	普通中学(人)	职业学校(人)	技工学校(人)	小学(人)
1980		619	29795	188	150	39541
1981		299	37079	223	240	44403
1982	120	350	27298	149		45174
1983		249	22737	502	200	49866
1984		253	22570	986	287	48523
1985		310	23561	920	314	52470
1986		186	26271	1142	166	51208
1987		185	30144	2154	216	50449
1988	244	367	33472	2418	283	45681
1989	150	446	36264	2884	292	43165
1990	142	377	35031	2200	312	40894
1991	102	507	35142	2331	280	39813
1992	118	490	37537	1760	279	33677
1993	116	479	37298	2394	311	33743
1994	106	434	37914	2777	319	38232
1995	200	701	34758	3552	408	38073
1996	290	617	34857	3570	590	34420
1997	334	627	41530	3231	626	31853
1998	323	777	41675	3610	962	31433
1999	360	667	38135	4592	526	33647
2000	386	862	36605	5194	612	33179
2001	461	338	36564	2344	321	32898
2002	798	424	40272	4518	731	32521
2003	1497	348	41999	6033	1029	29806
2004	1762	392	43571	7007	1308	24650
2005	2717	810	45370	9284	1295	25554
2006	2928	902	43303	10137	1502	30655
2007	2964	1141	41261	9820	1381	29089
2008	2739	2629	41001	10063	1032	27212
2009	3432	4048	45124	8641	2209	24796
2010	3400	3743	43615	8306		24034
2011	3120	4941	41860	6631		23746
2012	3431	5272	39870	7128		24896
2013	2894	4618	38894	6177		24891
2014	3466	4662	37146	6030		23653

各县市区各类学校基本情况

11—3 （2014年）

指　　标	全　市	市本级	柯城区	衢江区
一、学校数（所）	837	16	113	101
高等学校	2	2		
中等职业学校	17	6		1
特殊教育学校	7	1	1	1
普通中学	94	7	9	19
其中：高中	26	6		3
小学	201		30	22
幼儿园	516		73	58
二、教职工数（人）	27043	3144	4062	3434
高等学校	910	910		
中等职业学校	1838	713		164
特殊教育学校	165	73	13	11
普通中学	9704	1448	946	1405
小学	8166		1485	1182
幼儿园	6260		1618	672
其中：专任教师（人）	23212	2577	3405	3069
高等学校	599	599		
中等职业学校	1633	607		157
特殊教育学校	143	66	13	7
普通中学	8580	1167	833	1217
其中：高中	3146	820		403
小学	8401	138	1536	1262
幼儿园	3856		1023	426

各县市区各类学校基本情况

11—3 续表 1　　(2014 年)

指标	江山市	常山县	开化县	龙游县
一、学校数（所）	180	160	111	156
高等学校				
中等职业学校	3	2	2	3
特殊教育学校	1	1	1	1
普通中学	22	13	11	13
其中：高中	7	4	3	3
小学	41	30	42	36
幼儿园	113	114	55	103
二、教职工数（人）	6103	2942	2998	4360
高等学校				
中等职业学校	436	105	164	256
特殊教育学校	29	13	11	15
普通中学	2259	1083	1090	1473
小学	1870	1100	1063	1466
幼儿园	1509	641	670	1150
其中：专任教师（人）	5306	2608	2619	3628
高等学校				
中等职业学校	393	94	164	218
特殊教育学校	28	12	11	6
普通中学	2061	977	1004	1321
其中：高中	705	354	369	495
小学	1912	1058	1034	1461
幼儿园	912	467	406	622

各县市区各类学校基本情况

11—3 续表 2 （2014 年）

指标	全市	市本级	柯城区	衢江区
三、毕业生数（人）	96680	13319	11674	11479
高等学校	3466	3466		
中等职业学校	10692	4231		784
特殊教育学校	144	10	12	4
普通中学	37146	5219	3184	5004
其中：高中	13603	3296		1830
小学	23653	393	4354	3255
幼儿园	21579		4124	2432
四、招生数（人）	97380	13838	12177	12316
高等学校	4338	4338		
中等职业学校	9480	3845		856
特殊教育学校	125	8	13	5
普通中学	36109	4974	3125	4916
其中：高中	12297	3005		1595
小学	22958	673	4267	3651
幼儿园	24370		4772	2888
五、在校学生数（人）	362239	42924	51111	46887
高等学校	13664	13664		
中等职业学校	28386	11114		2519
特殊教育学校	485	119	55	32
普通中学	112016	15308	10283	15236
其中：高中	37810	9540		4906
小学	143009	2719	27012	21245
幼儿园	64679		13761	7855
附：15 年教育普及率（%）	98.15	98.27	98.27	98.46
初中毕业生入高中段比例（%）	96.88	100	96.07	97.51
高中段毛入学率（%）	94.98	96.05	96.05	95.01

各县市区各类学校基本情况

11—3 续表 3

（2014 年）

指标	江山市	常山县	开化县	龙游县
三、毕业生数（人）	23305	10796	11420	14687
高等学校				
中等职业学校	2572	573	1031	1501
特殊教育学校	47	21	27	23
普通中学	9280	4012	4386	6061
其中：高中	3206	1504	1554	2213
小学	6163	2995	2944	3549
幼儿园	5243	3195	3032	3553
四、招生数（人）	21195	10531	11303	16020
高等学校				
中等职业学校	2140	635	640	1364
特殊教育学校	36	18	28	17
普通中学	9183	4223	4277	5411
其中：高中	3064	1361	1371	1901
小学	5236	2828	2938	3365
幼儿园	4600	2827	3420	5863
五、在校学生数（人）	84990	41260	43195	51872
高等学校				
中等职业学校	7003	1622	2497	3631
特殊教育学校	151	70	33	25
普通中学	27844	12976	13635	16734
其中：高中	9027	4061	4252	6024
小学	34843	17842	18516	20832
幼儿园	15149	8750	8514	10650
附：15 年教育普及率（%）	98.44	97.41	98.50	97.62
初中毕业生入高中段比例（%）	96.07	96.17	96.33	97.61
高中段毛入学率（%）	96.32	94.10	95.86	91.94

历年全市卫生基本情况

11—4

年份	卫生机构数(个)	其中：医院(个)	卫生机构床位数(张)	其中：医院(张)	卫生技术人员数(人)	其中：医生(人)
1949	12	5	84	81	572	448
1950	16	5	140	132	649	497
1951	29	7	160	150	677	482
1952	54	16	227	215	983	551
1953	112	20	319	301	1206	670
1954	136	23	369	367	1163	709
1955	156	24	464	441	1202	666
1956	194	41	643	603	1494	755
1957	220	48	685	630	1626	794
1958	241	59	952	861	1684	802
1959	284	60	937	818	2090	810
1960	315	57	1202	1052	2096	848
1961	316	53	1249	1088	2355	947
1962	314	55	1583	1424	2319	979
1963	320	54	1613	1476	2340	1015
1964	328	55	1563	1450	2235	1046
1965	327	55	1617	1506	2346	1183
1966	327	55	1642	1530	2249	1166
1967	303	86	1718	1609	2287	1140
1968	281	88	1459	1375	2291	1170
1969	276	87	1520	1431	2381	1182
1970	278	87	1588	1495	2425	1203
1971	288	140	1865	1715	2552	1381
1972	292	169	2236	2061	2723	1400
1973	303	169	2356	2160	2838	1388
1974	305	169	2426	2215	3027	1453
1975	310	170	2544	2321	3084	1452
1976	325	169	2522	2296	3440	1438
1977	333	170	2798	2533	3281	1377
1978	339	172	3175	2744	3737	1543
1979	378	174	3338	2923	3801	1460

历年全市卫生基本情况

11—4 续表

年　　份	卫生机构数(个)	其中：医院(个)	卫生机构床位数(张)	其中：医院(张)	卫生技术人员数(人)	其中：医生(人)
1980	367	221	3519	3060	4139	1446
1981	386	223	3374	3047	4246	1599
1982	361	223	3337	3070	4348	1648
1983	371	225	3471	3190	4515	1759
1984	389	223	3461	3180	4662	1851
1985	398	222	3682	3302	4829	2014
1986	402	221	3766	3396	4860	1950
1987	424	219	3815	3456	5040	2043
1988	425	216	3991	3642	5121	2566
1989	431	220	4139	3787	5226	2693
1990	419	220	4250	3902	5587	2935
1991	420	222	4455	4087	5769	3038
1992	425	222	4549	4173	5997	3024
1993	422	198	4542	4129	6230	3099
1994	422	222	4836	4726	6532	3222
1995	420	223	4977	4514	5320	2819
1996	240	215	3892	3755	5545	2978
1997	236	208	4150	3975	5718	3014
1998	260	260	4677	4542	6603	3228
1999	236	210	4823	4571	5975	3135
2000	238	213	4849	4587	6207	3332
2001	196	186	4370	4370	6377	3193
2002	242	204	5098	4742	6677	3669
2003	586	175	5139	5125	7259	3876
2004	582	164	5346	5021	7018	3777
2005	619	169	6033	5604	7668	4048
2006	644	160	6164	6056	7916	4091
2007	661	174	6663	6543	8430	4072
2008	623	153	6640	6225	8307	4013
2009	699	162	7012	6618	8653	4135
2010	703	140	7369	6502	9998	4490
2011	785	138	8134	7267	10485	4532
2012	796	136	8893	8011	11296	4731
2013	755	152	9568	8828	12418	4949
2014	735	177	10417	9744	13456	5261

全市卫生基本情况

11—5 (2014年)

指标	卫生机构数(个)	床位数(张)	卫生人员数(人)	卫生技术人员(人)	其他技术人员(人)
总计	**735**	**10417**	**15941**	**13456**	**598**
一、医院合计	63	8583	10653	8841	420
1. 综合医院	38	6239	7952	6670	303
2. 中医医院	6	1152	1553	1328	70
3. 中西医结合医院	1	80	20	20	
4. 专科医院	17	1062	1105	805	46
5、护理院	1	50	23	18	1
二、社区卫生服务中心	81	154	449	388	22
三、卫生院合计	114	1161	2265	2021	65
1. 街道卫生院					
2. 乡镇卫生院	114	1161	2265	2021	65
四、门诊部	18	29	191	171	
五、诊所、卫生所、医务室	420		903	840	
六、疾病预防控制中心	6		226	194	9
七、专科疾病防治院（所、站）	1		14	12	2
八、妇幼保健院（所、站）	6	370	745	630	32
九、急救中心（站）	1		9	8	
十、采供血机构	2		66	51	6
十一、卫生监督所（中心）	7		145	125	
十二、计划生育技术服务机构	4		66	40	11
十三、其他卫生机构	12	120	209	135	31

全 市 卫 生 基 本 情 况

11—5 续表 (2014年)

指标	执业医师 (人)	执业助理医师 (人)	注册护士 (人)	药师（士） (人)	检验师 (人)
总计	**4445**	**816**	**5251**	**852**	**579**
一、医院合计	2700	196	4165	553	344
1. 综合医院	2053	120	3211	379	263
2. 中医医院	426	36	600	116	57
3. 中西医结合医院	10		5	5	
4. 专科医院	206	39	337	53	24
5、护理院	5	1	12		
二、社区卫生服务中心	161	40	102	25	14
三、卫生院合计	667	395	390	163	95
1. 街道卫生院					
2. 乡镇卫生院	667	395	390	163	95
四、门诊部	76	14	52	17	6
五、诊所、卫生所、医务室	467	138	175	48	4
六、疾病预防控制中心	86	14	8	3	47
七、专科疾病防治院（所、站）	5	1	2	3	1
八、妇幼保健院（所、站）	227	14	270	30	42
九、急救中心（站）	1		6		1
十、采供血机构	7	1	23		17
十一、卫生监督所（中心）					
十二、计划生育技术服务机构	18	2	10	4	4
十三、其他卫生机构	30	1	48	6	4

十一、教育和卫生事业主要统计指标解释

普通高等学校：指按照国家规定的审批程序批准举办，通过全国统一招生考试，招收高级中等学校毕业生和具有同等学历者，实施高等教育，培养高等专门人才的学校。包括大学、专门学校和短期职业大学。

中等专业学校：指经国务院各部委或省人民政府批准举办，招收初中（或部分高中）毕业生或具有同等学历者，实施中等专业教育，培养中等专门人才的学校。具体可分为中等技术学校和中等师范学校两类。

技工学校：指招收初中（或部分高中）毕业生或具有同等学历者，实施专业技术培训、培养中级技术工人的学校。包括中央在地方单位办、各级其他部门办和厂矿企业办。其在校学生数不包括培训的在职职工人数。

招生数：指新学年开始时，按照国家招生计划实际招收入学的新生数，不包括留级生和复读生数。

在校学生数：指学年初开学以后，具有学籍的全部在校学习的学生总数。

毕业生数：指上学年度的，具有学籍的学生学完教学计划规定的全部课程，考试及格，获得毕业证书的学生数，不包括结业生和肄业生数。

教职员工数：指在学校中工作的固定教职工人数。包括校本部、科研机构、校办工厂、农（林）场和附属机构的人员，不包括下列人员：离休、退休、退职人员；学校办的集体所有制单位和学校附属机构中，属于集体所有制的职工；代课教师和各种临时工。

专任教师：指主要从事教育工作的人员，包括临时（一年以内）调去帮助做其他工作的教学人员。不包括调离教学岗位，担任行政领导工作或其他工作的原教学人员；不包括兼任教师和代课教师。

医院：指名称为医院，设有固定床位能收容病人住院并能为病人提供医疗和护理服务的医疗机构。包括县及县以上医院、农村乡卫生院、其他医院三部分。

卫生技术人员：指卫生事业机构中现任职务为卫生技术工作的人员。包括执业医师、助理执业医师、注册护师、药剂人员、检验人员、其他卫生技术人员。

医生：指经卫生部门审查合格，从事医疗工作的专业人员。分为执业医师、助理执业医师。

第十二篇　城市建设与环境保护

各县市区城市市政、公用事业情况

12—1　　　　(2014年)

指　　标	单　位	全　市	市　区	江山市	常山县	开化县	龙游县
建成区面积	平方公里	124.05	68.91	15.80	14.01	12.40	12.93
城区（县城）人口	万人	69.99	29.39	13.26	8.50	9.29	9.55
道路长度	公里	1097.17	569.67	146.40	156.32	101.34	123.44
道路面积	万平方米	1985.73	1103.46	344.84	226.70	111.73	199.00
桥梁数	座	185	84	26	16	49	10
供水总量	万立方米	10350.60	5210.60	1831.00	1156.00	880.00	1273.00
人工煤气供应量	万立方米	478.00	478.00				
天然气供应量	万立方米	6233.69	5539.07	17.62	34.00	5.00	638.00
液化气供应量	吨	25501.21	5711.00	6542.00	4600.00	4600.00	4048.21
出租车数量	辆	848	521	100	54	95	78
人均日生活用水量	升	162.68	194.27	129.18	172.84	115.12	145.53
用水普及率	%	100.00	100.00	100.00	100.00	100.00	100.00
燃气普及率	%	93.15	98.99	92.15	89.49	70.71	99.08
人均城市道路面积	平方米	24.27	31.07	20.82	25.36	11.29	18.26
排水管道密度	公里/平方公里	17.78	17.76	18.55	18.34	10.46	23.37
公园个数	个	80	58	4	5	5	8
人均公园绿地面积	平方米	12.82	14.56	11.41	11.19	12.51	10.92
建成区绿地率	%	37.30	36.22	43.21	34.48	37.73	38.51
建成区绿化覆盖率	%	42.11	41.45	45.63	39.97	41.27	44.44
污水处理率	%	87.79	89.26	86.02	87.02	86.66	86.10
生活垃圾处理率	%	100	100	100	100	100	100

全 市 环 境 保 护 情 况

12—2

(2014 年)

指　　标	单位	全　市	市本级	柯城区	衢江区	江山市	常山县	开化县	龙游县
化学需氧量（COD）排放量	吨	53594	5793	6280	8610	13251	3992	2575	13095
氨氮排放量	吨	6869	844	1114	1025	1556	513	477	1340
氮氧化物排放量	吨	48438	13368	1342	1479	11863	7958	491	3540
二氧化硫排放量	吨	49415	24521	2928	2583	6956	4247	3082	5098
工业废水治理设施数	套	526	80	43	33	94	78	69	129
工业废水治理设施处理能力	万吨/日	102.80	15.19	2.51	8.34	39.90	6.09	2.94	27.83
工业废水处理量	万吨	12877.20	1205.67	346.08	1014.41	5607.32	898.90	719.03	3085.79
工业废水排放量	万吨	12478.25	4816.85	859.30	1140.43	569.64	632.86	767.20	3691.97
工业废水中 COD 排放量	吨	11749	3419	925	782	741	1146	758	3978
工业废水中氨氮排放量	吨	618	343	46	13	55	15	82	64
工业废气治理设施数	套	1303	315	37	56	510	209	64	112
工业废气治理设施处理能力	万立方米/时	2862.66	1705.39	21.64	28.05	530.45	176.42	40.07	360.64
工业废气排放量	亿立方米	2047.69	1005.79	77.12	49.90	471.07	282.16	23.14	138.50
工业氮氧化物排放量	吨	39836	13327	1285	1466	11830	7940	472	3516
工业二氧化硫排放量	吨	48069	24266	2508	2485	6827	4115	2945	4921
工业烟（粉）尘产生量	吨	4206090	244803	12301	201321	2252215	1109462	18022	367967
工业烟（粉）尘排放量	吨	67713	33951	594	3383	10405	12485	2007	4889
一般工业固体废物产生量	万吨	512.29	371.79	22.97	38.06	33.37	13.80	5.04	27.26
一般工业固体废物综合利用量	万吨	484.42	365.24	11.97	38.06	33.37	10.70	5.00	20.07
一般工业固体废物处置量	万吨	20.15	4.78	5.00		0.04	3.10	0.04	7.19

注：1、柯城区含市管企业。

2、化学需氧量（COD）排放量、氨氮排放量、氮氧化物排放量、二氧化硫排放量四个指标统计范围为工业源、农业源、城镇生活源、集中式治理设施的排放总量。

第十三篇　全省各市、县主要经济指标

全省各市、县社会经济主要指标(一)

13—1　　(2014年)

地、县市名称	年末总人口(户籍,万人)	年末总人口(常住,万人)	全社会从业人员(万人)	#第一产业从业人员(万人)	第二产业从业人员(万人)	第三产业从业人员(万人)	城镇私营和个体从业人员(万人)	行政区划土地面积(平方公里)
浙江省	**4859.18**	**5508.00**	**3714.15**	**501.73**	**1846.32**	**1366.09**	**1130.10**	**101800**
杭州市	**715.76**	**889.20**	**654.92**	**66.39**	**286.99**	**301.54**	**217.93**	**16596**
市区	525.08	712.28	534.11	31.75	238.42	263.94	197.46	4876
萧山区	125.54	154.20	113.34	11.55	71.54	30.25	16.71	1163
余杭区	92.54	121.17	74.59	7.50	39.65	27.44	17.03	1222
富阳区	66.61	72.82	48.44	9.01	25.12	14.31	8.17	1808
桐庐县	40.84	41.18	31.49	6.09	15.57	9.83	4.82	1780
淳安县	45.90	34.26	23.35	11.25	4.07	8.03	5.18	4452
建德市	50.97	43.83	26.65	9.58	8.90	8.17	3.67	2364
临安市	52.97	57.65	39.32	7.72	20.03	11.57	6.80	3124
宁波市	**583.78**	**781.10**	**511.50**	**19.39**	**273.16**	**218.95**	**186.93**	**9816**
市区	229.64	360.20	266.07	10.00	102.41	153.66	140.91	2462
鄞州区	85.20	138.15	99.77	5.53	27.75	66.49	48.95	1346
余姚市	83.67	102.93	65.90	6.48	33.02	26.40	18.87	1501
慈溪市	104.59	148.91	83.80	10.20	49.70	23.90	6.70	1361
奉化市	48.37	50.02	35.82	6.35	18.53	10.94	10.75	1268
象山县	54.86	51.82	36.34	8.07	17.11	11.16	8.33	1382
宁海县	62.64	67.22	48.10	8.00	22.60	17.50	12.80	1843
温州市	**813.69**	**906.80**	**567.57**	**63.99**	**276.82**	**226.76**	**218.55**	**12065**
市区	152.45		150.49	4.63	79.82	66.03	91.27	1138
瑞安市	123.11		73.09	8.61	39.37	25.11		1350
乐清市	128.73		74.13	11.59	30.52	32.02		1367
洞头县	13.23		4.92	1.05	1.75	2.12		173
永嘉县	97.67		48.55	14.12	20.45	13.98		2677
平阳县	88.40		45.02	12.25	18.25	14.52		1042
苍南县	133.18		62.85	17.44	25.71	19.70		1253
文成县	40.24		16.63	6.14	4.28	6.21		1296
泰顺县	36.68		17.55	5.60	6.46	5.49		1768

全省各市、县社会经济主要指标(一)

13—1 续表 1

(2014 年)

地、县市名称	年末总人口(户籍,万人)	年末总人口(常住,万人)	全社会从业人员(万人)	#第一产业从业人员(万人)	第二产业从业人员(万人)	第三产业从业人员(万人)	城镇私营和个体从业人员(万人)	行政区划土地面积(平方公里)
嘉兴市	**348.14**	**457.00**	**332.29**	**31.21**	**193.36**	**107.71**	**68.49**	**3915**
市区	86.36	122.32	84.56	7.85	43.23	33.48	19.88	968
平湖市	49.14	68.36	44.55	3.49	28.69	12.37	10.59	537
海宁市	67.38	82.31	63.58	5.05	39.05	19.48	10.87	668
桐乡市	68.68	82.76	69.94	5.87	41.92	22.15	17.94	727
嘉善县	38.75	57.04	39.77	4.49	22.97	12.30	5.33	507
海盐县	37.83	44.21	29.88	4.46	17.50	7.92	3.89	508
湖州市	**263.78**	**293.00**	**182.97**	**23.34**	**94.25**	**65.38**	**64.36**	**5820**
市区	110.65	130.95	80.19	9.63	39.67	30.89	24.31	1565
德清县	43.70	49.80	31.52	3.56	18.04	9.92	12.97	938
长兴县	63.05	65.01	41.91	5.34	22.52	14.05	18.93	1431
安吉县	46.38	47.24	29.35	4.81	14.02	10.52	8.15	1886
绍兴市	**443.04**	**495.60**	**345.67**	**46.25**	**179.11**	**120.31**	**101.04**	**8279**
市区	217.78						56.12	2965
诸暨市	108.04		82.04	13.23	46.50	22.31	25.80	2311
嵊州市	73.31		47.04	10.54	24.25	12.25	9.10	1789
新昌县	43.90		27.85	7.01	12.47	8.37	10.02	1214
金华市	**475.07**	**543.70**	**345.51**	**68.36**	**163.59**	**113.56**	**176.84**	**10942**
市区	95.09	109.98	70.24	6.57	36.39	27.28	25.07	2049
兰溪市	66.09	56.33	34.56	9.82	17.52	7.22	8.98	1312
义乌市	76.66	125.10	94.01	5.68	56.53	31.80	67.43	1105
东阳市	83.42	82.34	52.37	9.07	26.37	16.93	28.58	1747
永康市	59.17	74.15	49.29	8.15	29.35	11.79	25.83	1047
武义县	33.85	35.94	20.54	4.97	10.40	5.17	5.67	1568
浦江县	39.61	42.04	30.37	6.65	15.00	8.72	10.37	918
磐安县	21.19	17.82	11.95	5.32	5.10	1.53	4.92	1195

全省各市、县社会经济主要指标(一)

13—1 续表 2

(2014 年)

地、县市名称	年末总人口(户籍,万人)	年末总人口(常住,万人)	全社会从业人员(万人)	#第一产业从业人员(万人)	第二产业从业人员(万人)	第三产业从业人员(万人)	城镇私营和个体从业人员(万人)	行政区划土地面积(平方公里)
衢州市	**255.67**	**212.40**	**134.16**	**52.66**	**30.22**	**51.28**	**37.28**	**8845**
市区	84.13		48.76	19.83	10.30	18.63	18.21	2354
柯城区	43.97		26.61	7.93	5.96	12.72	9.29	607
衢江区	40.16		22.15	11.90	4.34	5.91	5.00	1748
江山市	61.19		28.26	9.44	8.13	10.69	7.20	2019
常山县	34.10		16.33	6.11	3.45	6.44	3.64	1097
开化县	35.82		15.50	6.93	2.57	6.00	3.64	2231
龙游县	40.42		23.47	8.69	5.61	9.17	4.59	1143
舟山市	**97.49**	**114.60**	**74.32**	**10.46**	**30.25**	**33.61**	**12.21**	**1455**
市区	70.90	87.11	55.41	6.29	21.16	27.97	9.54	1034
岱山县	18.79	20.06	12.76	3.10	4.79	4.87	1.39	324
嵊泗县	7.80	7.43	4.60	1.19	0.75	2.66	1.28	97
台州市	**597.10**	**601.50**	**402.15**	**73.59**	**178.56**	**150.00**	**85.81**	**9411**
市区	158.47		123.41	14.92	67.59	40.90	37.93	1536
温岭市	121.80		96.41	18.54	43.82	34.05	8.66	836
临海市	119.04		61.75	16.51	32.55	12.69	11.07	2171
玉环县	43.02		41.70	3.54	26.81	11.35	10.81	378
三门县	44.06		21.81	6.61	9.85	5.35	6.08	1072
天台县	59.84		22.39	8.26	6.54	7.59	5.25	1426
仙居县	50.87		19.94	7.24	7.05	5.65	6.02	1992
丽水市	**265.65**	**213.10**	**140.63**	**51.80**	**37.08**	**51.75**	**35.67**	**17298**
市区	39.99	46.29	28.55	6.60	9.90	12.05	12.37	1502
青田县	53.58	34.38	19.27	6.07	6.57	6.63	3.30	2484
缙云县	46.39	36.18	26.33	9.72	5.95	10.66	3.26	1482
遂昌县	23.23	18.75	12.48	5.17	3.39	3.92	2.33	2539
松阳县	24.06	18.55	13.33	4.81	5.22	3.30	2.67	1406
云和县	11.36	11.14	7.87	2.30	2.83	2.74	3.23	978
庆元县	20.65	13.80	8.28	4.00	2.32	1.96	1.89	1898
景宁县	17.33	10.63	6.10	3.37	0.91	1.82	2.41	1950
龙泉市	29.06	23.38	15.95	6.68	4.24	5.03	4.21	3059

全省各市、县社会经济主要指标(二)

13—2

(2014 年)

地、县市名称	地区生产总值(万元)	第一产业增加值(万元)	第二产业增加值(万元)	其中：工业增加值(万元)	第三产业增加值(万元)	人均生产总值(户籍,元)	人均生产总值(常住,元)	地区生产总值增长率(%)
浙江省	**40173.03**	**1777.18**	**19175.06**	**16771.90**	**19220.79**	**82950**	**73002**	**7.6**
杭州市	**92061634**	**2743492**	**38455759**	**34148954**	**50862382**	**129448**	**103813**	**8.2**
市区	79773702	1563084	32020016	28375206	46190602	153152	112322	8.2
萧山区	17276336	615991	9282655	8526903	7377691	138255	112286	7.9
余杭区	11012328	455424	4412453	4008284	6144452	120439	91279	9.5
富阳区	6014722	399288	3165902	2917814	2449532	90809	82751	8.3
桐庐县	3061292	217828	1721284	1556780	1122181	75188	74484	8.5
淳安县	1920615	301077	762658	582588	856881	41912	56158	8.3
建德市	2989338	286495	1612988	1471828	1089854	58695	68312	7.8
临安市	4316686	375008	2338814	2162550	1602864	81701	75053	8.2
宁波市	**76102816**	**2756982**	**39804092**	**35336797**	**33541742**	**130769**	**98362**	**7.6**
市区	45893046	601232	23403124	20884457	21888690	200743	128863	7.4
鄞州区	12966399	393393	7618244	7103263	4954762	153254	94257	8.5
余姚市	8043565	413400	4677313	4223413	2952852	96227	78650	8.5
慈溪市	11094102	484849	6379252	5879517	4230001	106186	74947	8.4
奉化市	3089895	285034	1405983	1184305	1398878	63877	62083	6.4
象山县	3880832	579451	1806461	1296603	1494920	71052	75495	7.0
宁海县	4101376	393016	2131959	1868502	1576401	65847	62057	6.5
温州市	**43030460**	**1179363**	**20296969**	**17072521**	**21554129**	**53094**	**47118**	**7.2**
市区	16996990	111405	8111730	6533368	8773855	113703		6.7
瑞安市	6768835	189618	3226595	2922616	3352622	55168		7.5
乐清市	7246934	199926	3884521	3635087	3162487	56501		7.7
洞头县	564477	42067	206678	127077	315733	36566		8.8
永嘉县	3122738	99113	1675469	1389542	1348156	32090		6.8
平阳县	3196218	134546	1432776	1193475	1628896	36245		7.3
苍南县	3935998	272537	1697392	1396200	1966496	29662		7.6
文成县	663816	69821	220007	138043	373988	16634		7.6
泰顺县	679527	62087	226918	108354	390522	18622		7.7

注：浙江省地区生产总值、第一产业增加值、第二产业增加值、工业增加值、第三产业增加值单位为亿元。

全省各市、县社会经济主要指标(二)

13—2 续表 1

(2014 年)

地、县市名称	地区生产总值(万元)	第一产业增加值(万元)	第二产业增加值(万元)	其中:工业增加值(万元)	第三产业增加值(万元)	人均生产总值(户籍,元)	人均生产总值(常住,元)	地区生产总值增长率(%)
嘉兴市	**33526045**	**1447666**	**18136694**	**16368752**	**13941685**	**96607**	**73458**	**7.5**
市区	8379061	316222	3959504	3525956	4103335	97527	68706	7.4
平湖市	4782103	164822	2896938	2766302	1720342	97493	69996	6.5
海宁市	6690918	227531	3798051	3299218	2665336	99647	81314	7.2
桐乡市	6143649	291938	3203545	2816207	2648166	89718	74239	8.1
嘉善县	4025938	236548	2241751	2045108	1547639	104043	70396	9.0
海盐县	3506987	210604	2044989	1925724	1251394	92899	79895	7.0
湖州市	**19559985**	**1203392**	**9991006**	**9017605**	**8365588**	**74334**	**66917**	**8.4**
市区	8654954	426051	4251586	3802140	3977316	78477	66251	8.3
德清县	3674969	203296	2062438	1927192	1409236	84226	73973	8.7
长兴县	4380993	317146	2299850	2034566	1763997	69611	67554	8.7
安吉县	2844972	256899	1372762	1249608	1215311	61470	60364	7.2
绍兴市	**42658839**	**1942825**	**22134825**	**19263242**	**18581189**	**96437**	**86136**	**7.5**
市区	25257127	874472	12956002	11168319	11426653	116261		6.8
诸暨市	9811166	490877	5333231	4544677	3987058	90976		8.8
嵊州市	4230375	370080	2128409	1944045	1731886	57681		7.5
新昌县	3337658	207396	1717322	1606341	1412940	75995		8.7
金华市	**32082030**	**1385555**	**15083559**	**13020517**	**15612916**	**67654**	**59056**	**8.3**
市区	6059833	322134	2403986	1964888	3333713	63902	55308	7.6
兰溪市	2735646	236227	1485664	1382700	1013755	41212	48538	8.4
义乌市	9714686	211938	3699334	3165982	5803414	127280	77826	9.5
东阳市	4392522	173752	2151112	1657850	2067658	52767	53487	9.1
永康市	4595106	87782	2816468	2635115	1690856	78078	61899	8.0
武义县	1952815	152514	1068717	951275	731584	57535	54404	7.9
浦江县	1885949	94429	1092890	980329	698630	47718	44419	7.9
磐安县	745474	106779	365386	282379	273308	35308	41923	7.8

全省各市、县社会经济主要指标(二)

13—2 续表 2

(2014 年)

地、县市名称	地区生产总值(万元)	第一产业增加值(万元)	第二产业增加值(万元)	其中：工业增加值(万元)	第三产业增加值(万元)	人均生产总值(户籍,元)	人均生产总值(常住,元)	地区生产总值增长率(%)
衢 州 市	**11150977**	**826352**	**5589001**	**4815747**	**4735624**	**43740**	**52500**	**7.2**
市 区	4676817	286153	2203287	1909141	2187377	55763		5.7
柯 城 区	1494612	83599	355526	226686	1055487	76600		8.3
衢 江 区	1319421	200929	640755	526849	477737	32954		9.5
江 山 市	2501740	207920	1356799	1230604	937021	41051		7.6
常 山 县	1070879	77570	546841	440432	446468	31504		6.9
开 化 县	983900	121277	419874	292234	442749	27538		6.2
龙 游 县	1897185	133432	1043140	924496	720613	46949		8.0
舟 山 市	**10152567**	**1008966**	**4252670**	**3361980**	**4890931**	**104239**	**88746**	**10.2**
市 区	7435391	517174	3136554	2455542	3781663	105072	85567	10.3
岱 山 县	1923332	291326	999869	867617	632100	102167	96143	10.1
嵊 泗 县	781392	200466	122411	44421	458515	100081	104186	10.1
台 州 市	**33873783**	**2156347**	**15788533**	**13747975**	**15928903**	**56876**	**56208**	**7.5**
市 区	12332110	433339	5660806	5030909	6237965	77994		8.2
温 岭 市	7972117	582928	3698581	3155933	3690607	65653		7.0
临 海 市	4393416	385661	2000999	1663068	2006756	36999		3.6
玉 环 县	4236762	269149	2485695	2360161	1481918	98721		6.0
三 门 县	1564290	229206	609870	432739	725213	35595		9.2
天 台 县	1737879	121044	756471	646507	860364	29115		8.3
仙 居 县	1558254	135020	658761	528757	764473	30716		10.9
丽 水 市	**10517517**	**885587**	**5055675**	**4333708**	**4576255**	**39721**	**49459**	**7.0**
市 区	2692860	169564	1048044	839000	1475252	67662	58306	4.6
青 田 县	1817674	75130	1065655	971317	676889	34177	53117	6.4
缙 云 县	1840567	97174	1070348	973397	673045	39829	50992	6.4
遂 昌 县	873674	103720	380871	337670	389083	37586	46596	7.0
松 阳 县	816015	128483	387553	337275	299978	33978	44037	8.5
云 和 县	507829	43017	265151	221231	199661	44718	45627	3.6
庆 元 县	531480	74646	233027	182940	223807	25751	38541	9.2
景 宁 县	419983	64443	134200	84179	221367	24224	39546	5.6
龙 泉 市	1026076	129410	472939	388354	423728	35385	43943	8.2

全省各市、县社会经济主要指标(三)

13—3 (2014年)

地、县市名称	一般公共预算收入(万元)	其中:税收收入(万元)	一般公共预算支出(万元)	年末金融机构本外币存款余额(万元)	#城乡居民储蓄存款(万元)	年末金融机构本外币贷款余额(万元)	保费收入(万元)
浙 江 省	**4121.17**	**3853.11**	**5159.19**	**79241.90**	**31167.48**	**71361.00**	**1258.04**
杭 州 市	**10273169**	**9952111**	**9611771**	**244505093**	**67672009**	**213168315**	**3204138**
市 区	9426504	9154494	8077961	231319628	6075003	202325062	
萧 山 区	1338521	1291990	1201955	31068598	12092617	28495807	
余 杭 区	1488016	1443242	1371185	18217146	8235185	13056117	
富 阳 区	496002	457577	576965	8760736	3547436	8909331	
桐 庐 县	239132	220391	329203	3349711	1752856	2841724	
淳 安 县	138599	130672	435595	2607102	1222485	2048288	
建 德 市	187008	176982	312391	2850761	1819649	2328534	
临 安 市	281926	269572	456621	4377891	2126988	3624707	
宁 波 市	**8606109**	**7957351**	**10008563**	**138901232**	**48196821**	**145697768**	**2069616**
市 区	5975334	5554138	6611346	96398456	26874180	97619621	
鄞 州 区	1662205	1547233	1682225	17526692	7699160	15757406	
余 姚 市	648070	627030	804673	12009163	6127526	12454096	
慈 溪 市	1000151	931554	1078856	17181854	8828280	18394949	
奉 化 市	290233	259390	476853	4454703	2450243	5264479	
象 山 县	331678	291316	527444	4268771	1869017	6125929	
宁 海 县	360643	293923	509391	4588285	2047575	5838694	
温 州 市	**3525253**	**3267466**	**4889810**	**83093376**	**41017261**	**73467606**	**1447660**
市 区	1613144	1532609	1653053	46506758	19230154	37002076	694643
瑞 安 市	484417	460602	553097	10116824	6159692	9456127	212582
乐 清 市	556525	510334	613477	10079505	5509885	10703035	173363
洞 头 县	45021	41667	167861	573294	224613	555812	10787
永 嘉 县	223100	211831	452592	4471262	2785366	4237967	102583
平 阳 县	220002	207053	405822	3546134	2285566	3580182	87661
苍 南 县	256366	238595	494925	4615997	2759958	6168935	126372
文 成 县	64766	32381	273173	1956541	1429298	904544	16318
泰 顺 县	61912	32394	275810	1227061	632730	858928	23353

注:浙江省一般公共预算收入、税收收入、一般公共预算支出、年末金融机构本外币存款余额、城乡居民储蓄存款、年末金融机构本外币贷款余额、保费收入单位为亿元。

全省各市、县社会经济主要指标(三)

13—3 续表 1

(2014 年)

地、县市名称	一般公共预算收入(万元)	其中：税收收入(万元)	一般公共预算支出(万元)	年末金融机构本外币存款余额(万元)	#城乡居民储蓄存款(万元)	年末金融机构本外币贷款余额(万元)	保费收入(万元)
嘉兴市	**3070675**	**2951554**	**3349028**	**56840981**	**27143135**	**46412587**	**966665**
市区	938112	906306	1088806	19586123	7791484	15819252	
平湖市	456780	442547	449179	7266384	3381452	5492241	
海宁市	600260	583528	606845	10806625	5363731	8366092	
桐乡市	491902	461472	524198	8867925	5146511	7408327	
嘉善县	313341	301657	396038	5762193	2988694	4240233	
海盐县	270280	256044	283962	4551731	2471263	5086441	
湖州市	**1678400**	**1563381**	**2245670**	**28137074**	**13748571**	**23630367**	**632260**
市区	644229	616100	944538	14653301	7208143	10986054	
德清县	337070	306577	379230	4735138	2378867	4067024	
长兴县	402255	365462	514130	5301259	2352052	4734385	
安吉县	294846	275242	407772	3447377	1809509	3842904	
绍兴市	**3172705**	**3025635**	**3464437**	**66667288**	**28176910**	**60066961**	**929570**
市区	2011253	1939907	2048234	45973456	17369146	41959214	563674
诸暨市	663386	608593	741445	11586143	5883236	11112401	207958
嵊州市	250538	240859	344500	5100506	3076176	4086748	102575
新昌县	247528	236276	330258	4007183	1848351	2908598	55363
金华市	**2688673**	**2519476**	**3528648**	**66383392**	**32326576**	**57333561**	**1358313**
市区	636948	600350	915494	14057093	5683091	12058141	364161
兰溪市	199533	190596	334858	3586853	1896827	3291304	65779
义乌市	696800	666698	722345	23935598	11768186	19468700	404000
东阳市	414838	386858	480546	8185678	4219262	6432724	174531
永康市	388485	354299	406350	9356879	4644730	9047694	196329
武义县	158001	145453	263081	3166688	1704566	3394604	58865
浦江县	134018	121171	216350	2807822	1794379	2583553	76484
磐安县	60050	54051	189624	1286781	615535	1056842	18163

全省各市、县社会经济主要指标(三)

13—3 续表 2　　　　(2014 年)

地、县市名称	一般公共预算收入(万元)	其中:税收收入(万元)	一般公共预算支出(万元)	年末金融机构本外币存款余额(万元)	#城乡居民储蓄存款(万元)	年末金融机构本外币贷款余额(万元)	保费收入(万元)
衢州市	**803239**	**738719**	**1919400**	**16356166**	**7927338**	**14696495**	**354306**
市区	434912	399077	824201	7853372	3210018	7276978	176275
柯城区	75147	67697	153031				
衢江区	79872	75752	182769				
江山市	136610	127769	309000	3319961	1898493	3053736	80416
常山县	71903	64518	214095	1472730	781321	1254333	23763
开化县	57685	54633	298987	1471048	816021	1086751	24129
龙游县	102129	92722	273117	2239054	1221485	2024697	49723
舟山市	**1010203**	**886227**	**1881904**	**16240523**	**6031358**	**14537019**	**229664**
市区	836590	748724	1385561	13781429	4823211	13011210	185923
岱山县	114443	97120	298684	1797577	841657	1178081	30011
嵊泗县	59170	40383	197659	661517	366489	347729	13730
台州市	**2652092**	**2455313**	**3714666**	**56710259**	**29078941**	**50393663**	**1123907**
市区	1156668	1071615	1405076	26590142	12475054	24062781	563492
温岭市	478388	449904	645088	11778874	6461399	9330180	201490
临海市	352566	322984	513476	6504173	3688575	5456510	117675
玉环县	298358	278319	399668	4637672	2462353	4099057	92484
三门县	127657	116033	253475	1927746	1041450	2768513	32229
天台县	132867	118332	260850	2701439	1519437	2389352	59917
仙居县	105588	98126	237033	2570213	1430675	2287270	56619
丽水市	**809573**	**719594**	**2172733**	**18583640**	**10355917**	**14205623**	**328841**
市区	306237	284271	497743	6115507	2461283	5397558	125609
青田县	128629	99794	292725	4566377	3589630	2087913	41328
缙云县	94876	86822	244622	2205191	1200021	1964934	45045
遂昌县	60016	52757	207846	1086769	624660	950304	25982
松阳县	43818	37552	201380	1011859	612469	754736	24482
云和县	36598	32212	132922	727242	380381	545683	11573
庆元县	30057	25663	184677	768554	404446	738065	13382
景宁县	47961	43717	206842	770303	311197	568822	10588
龙泉市	61381	56806	203976	1331837	771829	1197609	30852

全省各市、县社会经济主要指标(四)

13—4 (2014年)

地、县市名称	规模以上工业企业数(个)	规模以上工业总产值(万元)	主营业务收入(万元)	主营业务成本(万元)	主营业务税金及附加(万元)	本年应交增值税(万元)	利润总额(万元)
浙江省	**40841**	**67039.78**	**64371.53**	**54934.41**	**720.2**	**1844.1**	**3729.13**
杭州市	**6169**	**128530518**	**128337049**	**105599584**	**2329796**	**3989767**	**9046043**
市区	4716	110230328	110569982	90516755	2237746	3419162	7892992
萧山区	1846	41515589	40966141	36138993	213506	846496	2235050
余杭区	1259	14922775	14555009	12140109	73098	448438	762376
富阳区	668	12974658	12939013	11427576	42832	326121	603140
桐庐县	376	4735006	4591158	3960240	24292	173524	309595
淳安县	126	2494147	2440772	2078956	14695	72178	169988
建德市	358	4233162	4092859	3441045	23007	114324	311646
临安市	593	6837874	6642278	5602588	30055	210581	361821
宁波市	**7383**	**140280500**	**132546456**	**113392659**	**3021154**	**3533825**	**6882464**
市区	3461	91816608	86797915	74627889	2716797	2162975	4497107
鄞州区	1763	23619286	22885792	19359409	109519	532230	1448237
余姚市	1193	13354244	12779379	10903657	56797	324550	606148
慈溪市	1323	19831411	18743213	16158302	163351	543433	824292
奉化市	445	3763341	3584924	3036164	26385	102148	107142
象山县	464	5396165	4938831	4147819	23533	154892	339367
宁海县	497	6118732	5702195	4518827	34291	245828	508409
温州市	**4897**	**48440187**	**43868116**	**36540260**	**239589**	**1540261**	**2786332**
市区	1648	16992341	14127642	11838691	83049	521027	739492
瑞安市	1050	8538605	7869811	6708078	34929	266492	428015
乐清市	1086	12272882	11613580	9452793	54722	412365	975068
洞头县	26	481720	502640	443786	18386	19041	13862
永嘉县	359	4141856	3980057	3151851	21033	140445	290135
平阳县	315	2661783	2577566	2215671	12697	91595	139698
苍南县	358	2923217	2823045	2411503	12553	78161	176329
文成县	32	240735	214182	185217	745	6040	12732
泰顺县	23	187049	159594	132671	1476	5097	11002

注：浙江省规模以上工业总产值、主营业务收入、主营业务成本、主营业务税金及附加、本年应交增值税、利润总额单位为亿元。

全省各市、县社会经济主要指标(四)

13—4 续表 1

(2014 年)

地、县市名称	规模以上工业企业数(个)	规模以上工业总产值(万元)	主营业务收入(万元)	主营业务成本(万元)	主营业务税金及附加(万元)	本年应交增值税(万元)	利润总额(万元)
嘉兴市	**5005**	**74637540**	**72327922**	**63182399**	**314494**	**2194056**	**3748437**
市区	1000	17335563	16859147	14655952	72967	354256	801713
平湖市	635	12985665	12943148	11388321	73274	356682	580565
海宁市	1167	14018556	13753986	12059086	50790	521501	631797
桐乡市	1057	13671035	13208242	11709086	45930	416065	702513
嘉善县	679	9240445	8486209	7440333	27094	201312	373053
海盐县	467	7386276	7077191	5929622	44440	344240	658796
湖州市	**2719**	**42013960**	**41028265**	**35332538**	**256345**	**1129392**	**2403265**
市区	996	15528915	15457740	13405739	96900	391947	849980
德清县	680	10189409	9761457	8422863	64367	249769	570622
长兴县	658	11348004	10976614	9474691	58538	280901	670496
安吉县	385	4947632	4832454	4029245	36540	206775	312167
绍兴市	**4231**	**97353042**	**94482483**	**83036156**	**388722**	**2213463**	**5475273**
市区	2446	64135779	62042632	54996011	258833	1446873	3503661
诸暨市	1111	23414036	22804275	19974589	85128	452874	1402620
嵊州市	438	3923254	3756328	3233826	17802	110826	101799
新昌县	236	5879974	5879249	4831731	26960	202891	467193
金华市	**4065**	**45858726**	**43034346**	**36296644**	**234527**	**1283390**	**2537450**
市区	664	6891081	6377477	5432868	29709	173150	238431
兰溪市	466	7642062	7082923	6041233	30155	215806	447562
义乌市	837	8558616	8019324	6691959	42075	214733	541212
东阳市	501	4723127	4357200	3636587	24130	137976	260218
永康市	651	9132757	8896535	7412904	49905	298054	654878
武义县	488	4762777	4338986	3680005	33551	149655	186054
浦江县	321	3412239	3277768	2828106	20804	70448	183909
磐安县	137	736067	684132	572983	4198	23569	25185

全省各市、县社会经济主要指标(四)

13—4 续表 2

(2014 年)

地、县市名称	规模以上工业企业数(个)	规模以上工业总产值(万元)	主营业务收入(万元)	主营业务成本(万元)	主营业务税金及附加(万元)	本年应交增值税(万元)	利润总额(万元)
衢州市	**1024**	**15413972**	**16034001**	**13894326**	**73698**	**474228**	**909299**
市区	324	6928501	8064080	7220992	34077	219528	283980
柯城区	66	691123	673752	604150	3004	29095	18293
衢江区	131	1337770	1257769	1052532	5525	31349	87076
江山市	294	3416011	3300770	2739934	22702	114748	292425
常山县	116	1062232	983182	864988	4308	29134	41338
开化县	81	1040843	969619	800338	2394	28752	64671
龙游县	209	2966385	2716350	2268075	10218	82067	226885
舟山市	**393**	**14977609**	**11146824**	**10357474**	**38289**	**178289**	**34289**
市区	320	11779046	8654161	7958926	32286	160895	109470
岱山县	61	3144751	2442559	2354879	5140	16766	-78111
嵊泗县	12	53812	50104	43669	863	628	2930
台州市	**3804**	**40525239**	**37325896**	**31370358**	**204325**	**1237491**	**2061537**
市区	1159	14770257	14146005	12079710	73589	429580	635462
温岭市	973	7285485	6696300	5684274	36567	219834	386221
临海市	464	6703537	5526259	4663801	24778	215859	307233
玉环县	761	6897510	6469905	5296359	37422	220652	451645
三门县	167	1786106	1589171	1356737	7370	43224	64379
天台县	136	1796775	1696262	1350235	16893	58715	149517
仙居县	144	1285568	1201995	939243	7707	49628	67080
丽水市	**1161**	**18392327**	**17718707**	**14866588**	**80486**	**433358**	**1447421**
市区	218	3972046	4683837	3731597	20750	129297	346723
青田县	193	3795609	3360941	2769070	21069	112221	349074
缙云县	265	3879182	3668712	3092758	16268	75102	363840
遂昌县	52	1699841	1312874	1157851	3343	25745	81656
松阳县	106	1799893	1689567	1504134	6603	35554	114383
云和县	51	707639	673163	599786	1827	18645	49442
庆元县	67	618040	573704	487242	3902	12577	33257
景宁县	37	169506	156047	129146	712	3383	15311
龙泉市	172	1750571	1599863	1395005	6014	20835	93735

全省各市、县社会经济主要指标（五）

13—5

（2014 年）

地、县市名称	铁路旅客运量（万人）	铁路货物运量（万吨）	公路客运量（万人）	公路货运量（万吨）	公路里程（公里）	其中：高速公路里程（公里）	民用汽车拥有量（辆）
浙江省	**13214**	**3548**	**112915**	**117070**	**116367**	**3884**	**10132136**
杭州市	**4689**	**312**	**17431**	**23202**	**16024**	**582**	**2184000**
市区	4689	192	13155	21227	6782	352	1969939
萧山区		43	572	5411	2398	108	372855
余杭区	74	100	393	1845	2318	122	278337
富阳区			1739	770	1933	37	109651
桐庐县			1004	666	1759	29	56000
淳安县		46	833	144	2692	13	24256
建德市		73	1228	636	1900	84	41649
临安市			1211	529	2891	104	92156
宁波市	**3771**	**2364**	**12144**	**21918**	**11045**	**496**	**1597218**
市区	2816	2201	4309	15853	3344	244	874986
鄞州区		27	1096	4385	1942	144	286672
余姚市	713	96	324	1595	1937	42	202880
慈溪市		68	1380	1570	1572	82	252620
奉化市	50		2049	1220	1303	55	90338
象山县			2108	820	1318	22	86611
宁海县	192		1973	860	1572	51	89783
温州市	**1542**	**720**	**20385**	**7681**	**8215**	**297**	**1409532**
市区	940	720	2393	3833	1034	53	497907
瑞安市	136		2988	1105	1359	15	271457
乐清市	147		4494	703	1055	68	190199
洞头县			470	79	177		11867
永嘉县	50		2445	797	1182	110	154624
平阳县	119		2612	543	664	27	90998
苍南县	150		3290	501	873	24	136366
文成县			845	105	809		27370
泰顺县			848	15	1063		28744

全省各市、县社会经济主要指标(五)

13—5 续表 1　　(2014 年)

地、县市名称	铁路旅客运量(万人)	铁路货物运量(万吨)	公路客运量(万人)	公路货运量(万吨)	公路里程(公里)	其中：高速公路里程(公里)	民用汽车拥有量(辆)
嘉兴市	**1149**	**28**	**9594**	**9861**	**8067**	**393**	**791861**
市区	600	22	3214	2740	1632	125	242870
平湖市			1350	2279	1243	46	90896
海宁市	203	3	2353	923	1420	101	135788
桐乡市	182		1003	1199	2012	44	159114
嘉善县	165	3	997	1943	772	37	85521
海盐县			677	776	989	41	77672
湖州市			**6244**	**7463**	**7511**	**289**	**471480**
市区			2577	2887	2159	121	222575
德清县			1188	1139	1136	44	72304
长兴县			950	2290	2133	89	94777
安吉县			1530	1147	2084	35	81824
绍兴市	**1091**	**102**	**9721**	**10091**	**9893**	**420**	**850681**
市区	724		5147	5196	3653	149	490441
诸暨市	124	5	2183	2341	2638	131	216340
嵊州市	26		1380	1383	2278	100	85868
新昌县	33		1011	1171	1325	40	58032
金华市	**1460**	**115**	**11980**	**7811**	**12269**	**354**	**1149667**
市区	599	83	3383	1401	2632	73	214471
兰溪市	16	2	1105	598	1360	15	63821
义乌市	752	25	1830	2279	1423	54	354849
东阳市			1715	830	2342	96	155813
永康市	65	3	2014	1459	1147	58	206886
武义县	27	2	817	449	1364	26	57708
浦江县			771	465	838	13	72989
磐安县			345	329	1164	19	23130

全省各市、县社会经济主要指标(五)

13—5 续表 2

(2014 年)

地、县市名称	铁路旅客运量(万人)	铁路货物运量(万吨)	公路客运量(万人)	公路货运量(万吨)	公路里程(公里)	其中:高速公路里程(公里)	民用汽车拥有量(辆)
衢州市	**259**	**320**	**5112**	**8877**	**8070**	**317**	**244756**
市区	164	56	2060	3460	2274	39	102082
柯城区					644	20	67276
衢江区					1631	19	34762
江山市	67	254	1031	2522	1793	76	60884
常山县			526	939	996	73	22030
开化县			687	627	1514	50	23670
龙游县	27	10	808	1329	1492	80	36090
舟山市			**2895**	**5621**	**1897**	**42**	**110052**
市区			1294	4544	1326	42	95379
岱山县			1196	905	401		11623
嵊泗县			404	172	171		3050
台州市	**695**	**29**	**12931**	**9628**	**12283**	**298**	**1039522**
市区	287	29	1729	4826	2465	34	433259
温岭市	286		4279	1364	1943	11	235620
临海市	77		426	1379	2275	85	138799
玉环县			2803	1002	617		91364
三门县	45		1214	283	1255	21	37087
天台县			1240	426	1916	42	53192
仙居县			1240	349	1812	106	50201
丽水市	**92**	**111**	**4479**	**4915**	**14841**	**396**	**256824**
市区	50	76	1392	2339	1319	69	80987
青田县	24	5	879	369	2208	67	31310
缙云县	19	30	698	358	1409	35	41707
遂昌县			370	329	1715	29	20131
松阳县			212	490	1431	53	17084
云和县			175	182	886	44	12895
庆元县			167	340	1511	21	12652
景宁县			165	129	1896	12	10230
龙泉市			421	379	2466	66	28547

全省各市、县社会经济主要指标(六)

13—6　　(2014年)

地、县市名称	邮政业务收入(万元)	电信业务收入(万元)	固定电话年末用户数(万户)	移动电话年末用户数(万户)	国际互联网用户数(万户)	全社会用电量(万千瓦时)	其中：工业用电(万千瓦时)	居民生活用电(万千瓦时)
浙江省			**1641.91**	**7371.00**	**6371.00**	**3506.39**	**2597.28**	**421.20**
杭州市	**1176704**	**1700825**	**311.14**	**1561.71**	**278.78**	**6401917**	**4200699**	**838607**
市区	1132622	1542894	269.07	1355.31	236.85	5527078	3550615	725608
萧山区	165750	216689	61.57	248.85	45.55	2118482	1779648	135158
余杭区	57061	167820	30.55	192.26	36.79	760810	489009	117653
富阳区	17088	78797	18.59	91.00	19.90	718561	611897	57565
桐庐县	12071	40566	9.96	50.26	10.51	181273	121881	29110
淳安县	4895	23379	8.17	35.09	6.76	95527	56336	16285
建德市	9316	35092	8.66	47.10	9.24	289341	242375	24867
临安市	17800	58894	15.28	73.95	15.42	308698	229492	42736
宁波市	**82629**	**1204763**	**270.00**	**1267.00**	**281.00**	**5767787**	**4352456**	**608304**
市区	41071	738663	147.76	598.60	158.36	571140	233253	297208
鄞州区		181183	55.40	229.17	43.65	770919	542136	106962
余姚市	10685	126373	33.92	161.56	33.83	733023	577211	73560
慈溪市	17321	210879	41.63	285.73	40.89	1116873	896209	113256
奉化市	5438	58511	15.42	64.17	14.25	278991	203297	38463
象山县	3209		16.84	76.90	17.19	195245	115104	40362
宁海县	4905	70338	14.43	80.04	16.48	262049	186342	45456
温州市	**326197**	**1186395**	**210.06**	**1113.34**	**261.48**	**3492657**	**2172936**	**787437**
市区	181066	491074	84.74	419.93	105.44	1282475	779475	250194
瑞安市	43182	170837	30.62	172.30	37.75	636107	442254	134899
乐清市	29863	171108	33.58	161.91	37.37	497785	292386	135063
洞头县	1106	10463	1.73	11.56	2.37	24180	7684	8526
永嘉县	21835	87215	16.86	89.77	19.34	230151	141447	55554
平阳县	16616	81568	12.47	83.74	20.12	258769	160424	64435
苍南县	28214	137182	22.49	131.94	31.69	490314	318414	112811
文成县	2127	14957	4.31	18.02	3.11	38979	18974	11826
泰顺县	2188	21993	3.26	24.18	4.31	33898	11877	14130

注：浙江省全社会用电量、工业用电量、居民生活用电单位为亿千瓦时。

全省各市、县社会经济主要指标(六)

13—6 续表 1

(2014 年)

地、县市名称	邮政业务收入(万元)	电信业务收入(万元)	固定电话年末用户数(万户)	移动电话年末用户数(万户)	国际互联网用户数(万户)	全社会用电量(万千瓦时)	其中:工业用电(万千瓦时)	居民生活用电(万千瓦时)
嘉兴市	**44190**	**810134**	**135.23**	**614.60**	**141.91**	**3964500**	**3288812**	**277883**
市区	13516	280220	39.20	216.78	47.38	1013706	800089	76542
平湖市	6705	95594	16.95	74.68	17.73	571558	489891	35755
海宁市	6541	136039	26.83	97.39	24.10	705905	578002	49479
桐乡市	7504	145452	22.28	112.71	26.20	766418	647695	54219
嘉善县	6565	91647	16.28	66.89	15.29	468038	389425	38350
海盐县	3359	61181	13.69	46.16	11.19	410863	355698	23538
湖州市	**21097**	**308693**	**90.62**	**383.00**	**87.84**	**1916143**	**1477791**	**197405**
市区	8969	164946	46.01	206.63	43.59	780792	561503	87347
德清县	3884	43937	13.86	53.82	15.04	345008	275660	31080
长兴县	5190	53639	15.66	67.25	15.88	572434	487369	44748
安吉县	3053	46171	15.09	55.31	13.34	202276	137627	34228
绍兴市	**50696**	**557053**	**150.94**	**691.63**	**154.13**	**3649320**	**2972695**	**318879**
市区	25468	352289	88.69	409.06	95.88	2501567	2077161	175294
诸暨市	16431	117906	34.92	148.44	31.08	733673	593658	75591
嵊州市	5607	53608	18.06	81.35	16.65	216252	148218	42684
新昌县	3190	33250	9.26	52.77	10.53	178467	134297	25311
金华市	**110476**	**732874**	**136.49**	**918.36**	**194.62**	**2847865**	**2020390**	**385067**
市区	22200	164077	28.59	189.68	45.14	503986	309239	87213
兰溪市	7170	38510	9.32	59.16	12.63	396275	342366	31110
义乌市	34846	250806	43.20	278.25	61.79	747164	477529	93703
东阳市	13218	91955	19.33	121.93	25.00	362664	244423	64004
永康市	13242	93866	17.43	137.70	23.75	389695	298874	55043
武义县	5624	35785	7.26	53.16	10.47	196728	156090	21254
浦江县	12262	45413	8.60	58.24	11.79	197054	153256	24630
磐安县	1915	12463	2.77	20.24	4.05	39356	23669	8110

全省各市、县社会经济主要指标(六)

13—6 续表 2

(2014 年)

地、县市名称	邮政业务收入(万元)	电信业务收入(万元)	固定电话年末用户数(万户)	移动电话年末用户数(万户)	国际互联网用户数(万户)	全社会用电量(万千瓦时)	其中:工业用电(万千瓦时)	居民生活用电(万千瓦时)
衢州市	**14949**	**151148**	**48.04**	**223.48**	**50.60**	**1282967**	**1033404**	**120762**
市区	6512	73282	21.59	93.67	23.27	679802	572386	48958
柯城区								
衢江区								
江山市	2900	26438	9.17	47.84	9.06	212291	161957	25390
常山县	1574	13690	4.37	23.31	4.96	122391	98168	13267
开化县	1585	14434	4.08	23.70	4.98	55978	31928	12709
龙游县	2378	23305	8.84	34.96	8.33	201608	158069	20438
舟山市	**25187**	**143283**	**41.25**	**163.30**	**129.61**	**454339**	**234986**	**76576**
市区	20395	116692	32.74	131.07	104.96	352190	189102	60586
岱山县	3035	17954	5.94	22.05	17.12	61677	39722	11359
嵊泗县	1757	8637	2.57	10.18	7.53	40471	6163	4631
台州市	**56866**	**698860**	**140.55**	**758.62**	**167.67**	**2544168**	**1731691**	**465746**
市区	17352	287809	54.28	273.91	66.83	954879	651513	153237
温岭市	12224	149039	28.65	156.05	33.77	518686	334223	118839
临海市	8990	87309	17.82	127.98	23.37	352248	242177	65738
玉环县	4500	78163	16.83	82.30	18.58	385435	298979	57678
三门县	6236	30099	6.90	34.75	7.92	116322	68530	21156
天台县	4458	34994	9.74	43.55	9.77	108311	64910	27264
仙居县	3106	31446	6.34	40.08	7.42	90004	53075	21835
丽水市	**55141**	**181344**	**46.68**	**289.26**	**51.37**	**784203**	**528954**	**135359**
市区	17173	63727	13.12	77.05	15.78	183421	103027	33085
青田县	7896	26820	7.80	42.96	6.99	128284	83279	26311
缙云县	8266	24431	8.26	44.37	7.50	153588	119099	21548
遂昌县	3088	12982	3.71	23.62	4.44	81492	64259	10137
松阳县	2731	11799	3.65	23.15	3.85	50402	32904	10503
云和县	3917	8639	2.05	16.04	2.74	74603	62129	7188
庆元县	3105	8829	2.40	17.37	2.88	26033	13494	6595
景宁县	2838	7945	1.67	15.50	2.33	17692	7130	5951
龙泉市	6127	16173	4.01	29.18	4.86	52356	27299	14042

全省各市、县社会经济主要指标(七)

13—7

(2014 年)

地、县市名称	社会消费品零售总额(万元)	当年新签三资合同数(个)	当年实际利用外资金额(万美元)	国际旅游者人数(人次)	其中:外国人(人次)	国际旅游收入(万美元)	国内旅游人数(人次)	国内旅游收入(万元)
浙江省	**17835.34**	**1550**	**157.97**	**931.03**	**614.5**	**57.53**	**47875**	**5947**
杭州市	**42014577**	**408**	**633460**	**3261337**	**2254866**	**231811**	**106064300**	**17438800**
市区	37855210	368	587798	3189237	2216840	229135	69152000	14010100
萧山区	5156481	72	125852	395000	262010	11168	17140100	2067700
余杭区	3494348	57	107800	181200	91929	4704	11815600	1219000
富阳区	1707917	18	25681	22000	12137	657	7971200	702300
桐庐县	1173697	15	14020	26200	14923	934	10001100	1023000
淳安县	640460	3	6519	32200	15694	910	10280500	934700
建德市	934093	15	14015	5200	3036	274	6590200	462600
临安市	1411117	7	11108	8500	4373	559	10040500	1008400
宁波市	**29920297**	**468**	**402514**	**1396802**	**778251**	**77832**	**68746000**	**10203104**
市区	16197618	311	286706	772994	513102	35864	10891900	5354083
鄞州区	4049648	91	58874	186672	132660	5509	16590500	1687091
余姚市	3880758	66	39133	172580	129422	21396	11039100	868950
慈溪市	4848567	32	43717	76381	53935	3585	7789600	659649
奉化市	1446516	13	11745	206221	41195	11424	14384000	964874
象山县	1883154	29	10013	105003	11934	2992	15089600	1433800
宁海县	1663684	17	11200	63623	28663	2571	9551800	921748
温州市	**24103624**	**43**	**53267**	**910803**	**628006**	**48132**	**64874000**	**6514259**
市区	12487093	17	28395	425089	291528	25439	20968500	2016174
瑞安市	2989381	4	2016	84497	81387	2509	5639700	569610
乐清市	2733854	4	9258	136924	69021	3713	10808000	1091608
洞头县	201539	2	10	7657	96	236	3975200	401495
永嘉县	1172192	3	70	33519	12739	991	5070500	575751
平阳县	1416436	1	5796	20585	5640	593	6050700	611121
苍南县	2475253	12	7623	35085	1170	1794	5087200	513807
文成县	307046		99	165249	164517	12793	4786200	483406
泰顺县	320831			2198	1908	65	2488000	251288

注:浙江省社会消费品零售总额、国内旅游收入单位为亿元;当年实际利用外资金额、国际旅游收入单位为亿美元;国际旅游者人数、外国人、国内旅游人数单位为万人次。

全省各市、县社会经济主要指标(七)

13—7续表1　　(2014年)

地、县市名称	社会消费品零售总额(万元)	当年新签三资合同数(个)	当年实际利用外资金额(万美元)	国际旅游者人数(人次)	其中:外国人(人次)	国际旅游收入(万美元)	国内旅游人数(人次)	国内旅游收入(万元)
嘉兴市	**13470432**	**246**	**249577**	**706642**	**422715**	**22728**	**53205700**	**5510600**
市区	3701410	80	74605	43436	29307	1301	12315000	1302000
平湖市	1496601	35	45098	16881	14548	2998	5776600	546000
海宁市	3040131	40	44007	125006	59202	3728	13666900	1414600
桐乡市	2686632	33	33123	320880	157912	9813	15952000	1584900
嘉善县	1515116	32	41848	193488	155845	4354	10469300	1045300
海盐县	1030543	26	10896	6951	5901	534	5007200	443700
湖州市	**8711964**	**157**	**98419**	**602847**	**314239**	**22511**	**58964700**	**4894070**
市区	4521114	57	45717	362433	136291	13192	22169000	1840027
德清县	1210263	39	19158	98118	75264	4514	12030700	998548
长兴县	1854684	33	19300	49907	30046	1303	12253100	1017007
安吉县	1125903	28	14244	92389	72638	3502	12511900	1038488
绍兴市	**14871391**	**141**	**67130**	**702142**	**421174**	**24971**	**62548600**	**6367300**
市区	8395942	113	54670	457806	280131	17940	41712000	3995200
诸暨市	3161767	27	10045	108148	54635	2797	14904600	1490500
嵊州市	2056163	1	209	70645	56224	1968	7558500	614400
新昌县	1257518		2206	65543	30184	2265	8988700	753200
金华市	**15926986**	**70**	**27840**	**841864**	**706725**	**47974**	**58978800**	**5905349**
市区	4639520	13	12750	79053	49666	1946	7722081	772982
兰溪市	1064877	2	2275	6882	2478	159	4940976	485700
义乌市	4665765	47	6034	657159	586056	42415	12475800	1249765
东阳市	2088093		2422	36630	23458	1718	15569501	1533596
永康市	1611123	4	2012	40394	31951	1154	4662070	441958
武义县	722465	2	1024	12073	8520	363	6058985	575605
浦江县	881602	1	1253	3188	2319	62	3858846	361955
磐安县	253542	1	70	6485	2277	158	5262525	484150

全省各市、县社会经济主要指标(七)

13—7 续表 2

(2014 年)

地、县市名称	社会消费品零售总额(万元)	当年新签三资合同数(个)	当年实际利用外资金额(万美元)	国际旅游者人数(人次)	其中:外国人(人次)	国际旅游收入(万美元)	国内旅游人数(人次)	国内旅游收入(万元)
衢州市	**5037864**	**14**	**7009**	**116046**	**43185**	**5696**	**37558200**	**2368865**
市区	1963081	6	3362	13564	8649	859	12969600	826464
柯城区	1462178	2	645	5912	3245	589	8323100	577411
衢江区	500903	2	996	7652	5404	270	4646500	249052
江山市	963769	4	1049	37075	14208	1255	8803500	500600
常山县	492745	1	519	4690	1948	206	4992800	279773
开化县	573500			9977	6087	616	5846200	356068
龙游县	1044769	3	2079	50740	12148	2761	8939500	506485
舟山市	**3765820**	**14**	**19962**	**315835**	**191232**	**16227**	**33663800**	**4672535**
市区	2922388	13	15981	264640	140635	13289	27327300	3524306
岱山县	576648	1	850	37889	37406	2313	3307100	451618
嵊泗县	266784		3131	13306	13191	625	3640000	507544
台州市	**16463225**	**40**	**27705**	**155286**	**115129**	**4909**	**62551400**	**6003825**
市区	6644874	17	13648	33181	27211	1218	15686600	1505558
温岭市	4305372	7	5811	3946	3219	89	11289200	1078668
临海市	1838683	3	4110	5689	4216	188	12103500	1157039
玉环县	1419498	4	1092	2640	2155	84	5201500	497260
三门县	705021		1193	1526	1362	57	2693900	257616
天台县	850878	6	610	52888	26936	1421	8226800	794389
仙居县	698901	3	1241	55416	50030	1852	7349900	713294
丽水市	**4763502**	**27**	**17838**	**298334**	**268212**	**72576**	**54565900**	**2949869**
市区	1700838	5	5619	36122	32983	5747	7408200	452623
青田县	688491	4	2841	205317	205221	61133	5593200	521370
缙云县	586442	1	4900	13321	839	1437	12629900	634129
遂昌县	380460	3	760	14560	14335	995	12087400	598526
松阳县	308387	4	950	737	368	116	1885800	80402
云和县	205731	2	652	12467	3669	1507	3502200	144083
庆元县	254956	3	650	809	738	40	1577200	69675
景宁县	223398	1	700	9601	5894	404	5554900	234982
龙泉市	414799	4	766	5400	4165	1196	4327100	214078

全省各市、县社会经济主要指标(八)

13—8

(2014年)

地、县市名称	进口额(万美元)	出口额(万美元)	固定资产投资额(万元)	其中:工业投资(万元)	医院、卫生院数(个)	医院、卫生院床位数(张)	医生数(人)	注册护士(人)
浙江省	**817.20**	**2733.29**	**23554.76**	**7878.82**	**2083**	**228932**	**145698**	**145135**
杭州市	**1883212**	**4916563**	**49527010**	**9133973**	**307**	**51402**	**31977**	**34724**
市区	1828786	4526592	42572154	7100359	182	44677	27675	30528
萧山区	385536	999287	8508518	2887456	45	6501	3835	4244
余杭区	43362	557858	7861506	1341848	10	2751	2469	2655
富阳区	147810	137170	3500717	1403078	19	1732	1691	1518
桐庐县	7524	125868	2096371	682474	19	1485	1036	1113
淳安县	3200	20602	1450503	232068	28	1507	782	692
建德市	7594	86608	1432850	598190	30	1888	1059	1231
临安市	36108	156893	1975132	520882	48	1845	1425	1160
宁波市	**3159502**	**7310904**	**39894626**	**12632245**	**233**	**29652**	**20984**	**20864**
市区	2668298	4953985	22452497	6428683	94	17905	11733	12135
鄞州区	257363	1207326	5933325	1733174	29	3472	3021	2639
余姚市	208899	708408	5156152	2109365	22	2676	2124	2214
慈溪市	198352	937140	6360715	2487525	33	3361	3126	2925
奉化市	41704	253201	1821652	441486	31	2196	1315	1134
象山县	18234	235448	1852034	503656	25	1879	1211	1137
宁海县	24015	222722	2251576	661530	28	1635	1475	1319
温州市	**223068**	**1855115**	**30528120**	**7508804**	**391**	**30864**	**21855**	**19479**
市区	137312	1082919	10407507	2052261	98	15141	8380	9477
瑞安市	37638	337437	4349674	1584358	38	3837	3261	2845
乐清市	7886	214215	4859031	1878852	52	3372	3357	1909
洞头县	20170	6368	823411	44119	8	175	215	146
永嘉县	8396	68496	2411736	472785	53	1589	1674	1141
平阳县	9647	70110	2977883	588251	36	2149	1834	1418
苍南县	1954	68731	3537070	801658	53	3156	2211	1741
文成县	65	3344	565041	48333	14	804	506	403
泰顺县	0	3495	596767	38187	39	641	417	399

注:浙江省进口额、出口额单位为亿美元;固定资产投资额、工业投资单位为亿元。

全省各市、县社会经济主要指标(八)

13—8 续表 1

(2014 年)

地、县市名称	进口额(万美元)	出口额(万美元)	固定资产投资额(万元)	其中:工业投资(万元)	医院、卫生院数(个)	医院、卫生院床位数(张)	医生数(人)	注册护士(人)
嘉兴市	**1008344**	**2365087**	**22212077**	**10008070**	**130**	**19989**	**9280**	**11384**
市区	244205	705918	5847672	1835067	36	7865	3329	4562
平湖市	413963	407706	2972787	1618865	16	2481	1145	1204
海宁市	94801	508467	4481583	2003571	20	3220	1611	2027
桐乡市	122334	306322	3723334	1747931	23	2987	1524	1820
嘉善县	89951	271056	2576319	1208779	17	1967	859	968
海盐县	43091	165618	2610382	1593857	18	1469	812	803
湖州市	**118325**	**880581**	**12429184**	**5696097**	**114**	**11632**	**6819**	**7319**
市区	60899	275684	5390651	2096517	25	5940	3332	3810
德清县	29990	195790	2319746	1254202	26	1367	1108	1022
长兴县	21652	162065	3266141	1543441	30	2504	1387	1526
安吉县	5784	247042	1452646	801937	33	1821	992	961
绍兴市	**493245**	**2975147**	**23046833**	**11060169**	**162**	**20804**	**12012**	**11114**
市区	405452	2139198	14115194	6568688	78	11389	6643	6365
诸暨市	73747	491438	5687691	2527300	35	4580	2998	2543
嵊州市	8543	155035	1921196	1118800	30	2628	1448	1258
新昌县	5504	189476	1322752	845381	19	2207	923	948
金华市	**181618**	**3967096**	**15947862**	**7200138**	**268**	**23154**	**13833**	**13196**
市区	10343	351383	3519063	1462987	69	7338	3720	3882
兰溪市	38865	126121	1501298	981649	36	2019	1336	1030
义乌市	48129	2370934	4381825	1234900	36	3851	2609	2482
东阳市	24207	242972	2194071	1206879	27	3900	2253	1959
永康市	49199	489665	1825167	888175	26	2365	1680	1817
武义县	3242	256619	1124585	656943	24	1057	717	741
浦江县	6327	92651	917074	557071	26	1975	1082	1003
磐安县	1305	36751	484779	211534	24	649	436	282

全省各市、县社会经济主要指标(八)

13—8 续表 2

(2014 年)

地、县市名称	进口额(万美元)	出口额(万美元)	固定资产投资额(万元)	其中：工业投资(万元)	医院、卫生院数(个)	医院、卫生院床位数(张)	医生数(人)	注册护士(人)
衢州市	**156293**	**288476**	**7821018**	**3572729**	**177**	**9744**	**5261**	**5251**
市区	136968	158898	3273527	1390996	58	4696	2429	2702
柯城区	4230	23825	915333	255610	33	3852	2052	2413
衢江区	18373	41075	1019478	525083	25	844	377	289
江山市	1677	62897	1510210	769658	25	1912	1053	962
常山县	241	17811	1030091	462239	18	776	468	422
开化县	3217	17980	737613	240109	39	1024	533	458
龙游县	14191	30890	1269577	709727	37	1336	778	707
舟山市	**655895**	**577574**	**9608783**	**2928521**	**60**	**5050**	**3055**	**2958**
市区	546192	465938	7777748	2219219	41	4312	2482	2472
岱山县	27539	101376	1220219	588504	10	438	392	323
嵊泗县	82164	10260	610816	120798	9	300	181	163
台州市	**272793**	**1935131**	**17659343**	**7200129**	**209**	**21334**	**14266**	**12731**
市区	222005	746168	6015251	1802610	55	7132	4726	4530
温岭市	15011	384573	3396117	1181796	49	4798	2955	2787
临海市	15558	248724	2514391	1266292	42	4174	2642	2172
玉环县	10986	354340	1351492	545361	13	1470	962	1153
三门县	4062	68749	1658844	1213529	14	961	773	554
天台县	2475	64903	1307380	584039	16	1666	1204	835
仙居县	2697	67674	1415868	606502	20	1133	1004	700
丽水市	**27091**	**263696**	**6650781**	**1847597**	**238**	**10724**	**6200**	**6104**
市区	8653	53208	1881729	389179	31	4463	2193	2615
青田县	8871	42170	952539	342210	37	980	707	720
缙云县	1370	70474	919975	252010	23	1693	825	764
遂昌县	7513	14682	479202	161461	23	657	525	415
松阳县	35	24120	482947	201928	30	882	448	401
云和县	235	12516	360282	98963	10	400	309	266
庆元县	1	8124	412342	117006	20	420	400	256
景宁县	301	7257	397104	59487	25	485	269	209
龙泉市	112	31146	764661	225353	39	744	524	458

全省各市、县社会经济主要指标(九)

13—9　　(2014年)

地、县市名称	农村居民人均可支配收入(元)	农村居民人均消费支出(元)	城镇居民人均可支配收入(元)	城镇居民人均消费支出(元)	基本养老保险参保人数(人)	基本医疗保险参保人数(人)	失业保险参保人数(人)	城市居民最低生活保障已保人数(人)
浙江省	**19373**	**14498**	**40393**	**27242**	**3890.14**	**4847.59**	**1210.13**	**64300**
杭州市	**23555**	**17816**	**44632**	**32165**	**5594785**	**8402113**	**3318301**	**9938**
市区					4950039	6622965	3053119	8015
萧山区	26758	23511	47195	32581	1283569	1334948	515009	1871
余杭区	26581	22521	45329	32668	725469	1018312	385070	453
富阳区	22840	16279	39954	25770	365031	681367	186801	241
桐庐县	20627	12149	36366	20971	150186	381482	58086	581
淳安县	13278	9049	30559	18659	93623	419538	43035	531
建德市	18295	10945	35117	27517	174467	462301	74924	529
临安市	21578	16658	37860	29821	226470	515827	89137	282
宁波市	**24283**	**16228**	**44155**	**27893**	**5422266**	**4786997**	**2433876**	**7712**
市区	25815	16363	47190	30674	3232930	3106863	1663595	5303
鄞州区	26682	18697	46324	30307	914737	794148	451148	567
余姚市	24312	17977	41921	27109	634136	577522	205990	698
慈溪市	25041	18118	43526	27714	789502	422141	248479	491
奉化市	22033	13492	38755	28522	252297	259395	99179	575
象山县	22146	12666	40189	18587	239107	199616	107021	407
宁海县	22209	14935	40664	25363	274294	221460	109612	238
温州市	**19394**	**14218**	**40510**	**27186**	**2859679**	**5954093**	**1080893**	**11818**
市区					1138879	825603	482706	6839
瑞安市	21682	17567	43208	28944	501387	792397	160990	1616
乐清市	22668	15119	42610	27473	399290	974537	158953	347
洞头县	16617	14125	31730	20512	31826	101668	6760	35
永嘉县	15404	11469	32330	22512	230892	797226	86728	810
平阳县	15823	10493	33396	19202	225990	700182	78454	626
苍南县	15471	10673	33585	19558	250829	1080124	83875	853
文成县	11943	10191	27419	21553	36845	352345	10895	297
泰顺县	11739	9781	26166	20934	43741	330011	11532	395

注：浙江省基本养老保险、基本医疗保险、失业保险参保人数单位为万人。

全省各市、县社会经济主要指标(九)

13—9 续表 1　　(2014 年)

地、县市名称	农村居民人均可支配收入(元)	农村居民人均消费支出(元)	城镇居民人均可支配收入(元)	城镇居民人均消费支出(元)	基本养老保险参保人数(人)	基本医疗保险参保人数(人)	失业保险参保人数(人)	城市居民最低生活保障已保人数(人)
嘉兴市	**24676**	**16163**	**42143**	**23032**	**2212209**	**3801187**	**1107800**	**4807**
市　区	23689	16727	37673	23766	608191	973369	332100	1521
平湖市	24758	16314	43192	21948	384156	528234	188300	1456
海宁市	25786	15938	44887	23759	371369	754760	198900	676
桐乡市	25195	16280	41438	21854	408995	746341	161700	347
嘉善县	25048	14528	43126	22812	228882	425840	117800	564
海盐县	25101	17238	43618	23935	210616	372643	109000	243
湖州市	**22404**	**14836**	**38959**	**24875**	**1273876**	**2640000**	**616166**	**1375**
市　区					520478	1120000	254727	103
德清县	22820	15409	39516	24141	271755	450000	138220	467
长兴县	22685	14826	39234	24318	254427	610000	122671	
安吉县	21562	15064	37963	26532	227216	460000	100548	805
绍兴市	**23539**	**15632**	**43167**	**26231**	**3450899**	**4831828**	**1165416**	**7765**
市　区					1897329	2625615	777347	6298
诸暨市	25583	16992	45790	24935	798625	1084611	184875	482
嵊州市	20749	12538	41058	20878	485934	712927	112273	677
新昌县	19802	12788	40556	23407	269011	408675	90921	308
金华市	**18544**	**13520**	**39807**	**25627**	**1742728**	**4809265**	**749944**	**2795**
市　区					458044	1016928	237252	1182
兰溪市	13890	11500	29766	17635	150725	596173	71203	643
义乌市	25963	15784	51899	31586	415614	802110	163836	80
东阳市	20466	15622	38105	27421	269054	863173	111955	100
永康市	19849	14637	39432	27926	206584	585641	75631	145
武义县	12429	9782	28126	21294	103109	350724	36200	103
浦江县	15141	10715	32719	22583	90756	384370	36950	352
磐安县	12138	9451	27600	19525	48842	210146	16917	190

全省各市、县社会经济主要指标(九)

13—9 续表 2 (2014年)

地、县市名称	农村居民人均可支配收入(元)	农村居民人均消费支出(元)	城镇居民人均可支配收入(元)	城镇居民人均消费支出(元)	基本养老保险参保人数(人)	基本医疗保险参保人数(人)	失业保险参保人数(人)	城市居民最低生活保障已保人数(人)
衢州市	**15354**	**9980**	**30583**	**18357**	**1767973**	**2426125**	**249213**	**3951**
市区	14736	9720	32305	19331	655866	846684	124727	1270
柯城区	16134	10625	32821	19693	196909	306568	21973	1102
衢江区	13789	9106	26120	14992	270389	358113	19302	168
江山市	16659	11415	32022	17004	389386	570456	46430	472
常山县	13939	7072	25899	16021	214800	309885	21920	937
开化县	11920	8066	24532	15745	223978	331912	20195	528
龙游县	15559	8903	31424	18852	283943	367188	35941	744
舟山市	**23783**	**16217**	**41466**	**27807**	**736575**	**948968**	**210880**	**1854**
市区					535067	704624	173907	1272
岱山县	23894	17920	36723	22208	144977	175312	27154	205
嵊泗县	23012	14127	37103	24050	56531	69032	9819	377
台州市	**19362**	**15307**	**39763**	**26458**	**1811961**	**1954788**	**959460**	**3838**
市区	20544	15788	44082	28698	681440	739468	377250	1039
温岭市	21786	16327	41225	29871	354874	365301	177745	373
临海市	19180	15752	36488	24161	270966	258452	162704	913
玉环县	22950	16512	47761	32113	168057	249497	89857	1001
三门县	17040	12580	31805	18904	85635	88742	41453	166
天台县	15765	12591	32257	21179	161202	152731	57526	247
仙居县	14398	12437	28526	19116	89787	100597	52925	99
丽水市	**13635**	**11483**	**30413**	**21867**	**582244**	**2451608**	**211624**	**3660**
市区	17601	14330	32327	23462	167521	455006	84578	1070
青田县	15546	13028	31256	22911	72391	363201	24913	679
缙云县	13416	12059	29766	22243	86313	449698	32852	83
遂昌县	12908	11339	31478	23096	53594	223951	14276	186
松阳县	12039	8812	26525	18279	38605	226729	9264	251
云和县	12789	10874	28726	18746	29958	111418	9117	90
庆元县	11762	8675	26224	17495	39470	189390	5896	287
景宁县	12432	9656	26152	18652	29788	156142	11344	575
龙泉市	14404	12140	31511	23121	64604	276073	19384	439

第十四篇　闽浙皖赣毗邻十市主要经济指标

闽浙皖赣毗邻十市主要经济指标

14—1

(2014 年)

市名	行政区划土地面积(平方公里)	年末总人口(户籍,万人)	年末总人口(常住,万人)	地区生产总值		第一产业增加值		第二产业
				总额(亿元)	为上年(%)	总额(亿元)	为上年(%)	总额(亿元)
福建省								
南平市	26280	319.19	262.00	1232.56	109.6	271.61	105.2	543.65
浙江省								
金华市	10942	475.07	543.70	3208.20	108.3	138.56	102.3	1508.36
衢州市	8845	255.67	212.40	1115.10	107.2	82.64	101.4	558.90
丽水市	17298	265.65	213.10	1051.75	107.0	88.56	102.5	505.57
江西省								
景德镇市	5256	167.84	162.98	738.21	108.8	55.25	104.5	428.91
鹰潭市	3560	126.90	114.76	606.98	109.7	46.58	104.8	372.25
上饶市	22791	773.09	668.80	1550.24	109.9	213.26	104.5	779.01
抚州市	18799	427.50	397.66	1036.77	109.8	173.74	104.9	534.89
安徽省								
黄山市	9807	147.69	136.30	507.17	107.6	54.60	104.2	234.19
宣城市	12313	279.84	257.40	917.63	109.0	117.92	104.4	471.64

闽浙皖赣毗邻十市主要经济指标

14—1 续表 1

(2014 年)

市　　名	增加值	工业增加值		第三产业增加值		人均地区生产总值	
	为上年(%)	总额(亿元)	为上年(%)	总额(亿元)	为上年(%)	总额(常住，元)	为上年(%)
福建省							
南平市	111.5	403.86	111.4	417.31	109.2	47044	109.8
浙江省							
金华市	107.8	1302.05	107.7	1561.29	109.4	59056	108.0
衢州市	106.3	481.57	106.0	473.56	109.5	52500	107.1
丽水市	106.5	433.37	105.8	457.63	108.4	49459	106.6
江西省							
景德镇市	110.1	376.27	110.5	254.06	107.0	45438	108.1
鹰潭市	111.3	343.80	111.1	188.15	107.4	53011	109.2
上饶市	111.2	646.70	111.8	557.97	110.0	23221	109.5
抚州市	111.1	443.35	111.1	328.14	110.2	26119	109.4
安徽省							
黄山市	107.9	185.55	109.0	218.38	108.0	37306	107.4
宣城市	110.4	400.45	110.9	328.1	108.4	35726	108.6

闽浙皖赣毗邻十市主要经济指标

14—1 续表 2

(2014 年)

市名	农林牧渔业总产值(现价亿元)	规模以上工业总产值(现价亿元)	利税总额(亿元)	#:利润总额(亿元)	社会消费品零售总额(亿元)	出口总额(亿美元)	当年实际利用外资金额(亿美元)
福建省							
南平市	462.86	1655.03	111.80	63.39	451.70	13.02	1.20
浙江省							
金华市	223.0	4585.87	406.3	253.74	1592.70	396.71	2.78
衢州市	138.67	1541.4	145.92	90.93	503.79	28.85	0.70
丽水市	136.39	1839.23	196.44	144.74	476.35	26.37	1.78
江西省							
景德镇市	82.67	1083.53	91.52	48.42	239.88	7.58	1.55
鹰潭市	75.29	2073.92	180.57	106.33	150.65	8.87	2.16
上饶市	347.94	2611.74	384.59	238.03	565.67	36.07	8.39
抚州市	313.14	1464.10	159.87	88.81	379.50	15.40	2.51
安徽省							
黄山市	91.71	565.45	37.63	24.62	253.40	8.20	2.80
宣城市	213.59	1705.52	177.59	119.84	342.26	15.88	6.85

闽浙皖赣毗邻十市主要经济指标

14—1 续表 3 (2014 年)

市名	固定资产投资额(亿元)	财政总收入(亿元)	一般公共预算收入(亿元)	城乡居民储蓄存款余额(亿元)	农村居民人均可支配收入(元)	城镇居民人均可支配收入(元)	居民消费价格指数(上年=100)
福建省							
南平市	1451.07	118.30	80.99	685.21	11252	24074	102.0
浙江省							
金华市	1594.79	461.40	268.87	3232.66	18544	39807	102.4
衢州市	782.10	126.82	80.32	792.73	15354	30583	102.5
丽水市	665.08	135.02	80.96	1035.59	13635	30413	102.6
江西省							
景德镇市	622.54	101.52	82.15	443.60	11547	26625	102.4
鹰潭市	464.23	101.66	73.39	290.82	11350	24591	102.4
上饶市	1343.33	262.61	194.21	1240.87	9102	24656	102.3
抚州市	957.25	150.07	116.38	834.31	10410	23101	103.2
安徽省							
黄山市	551.67	90.24	68.00	504.63	10942	24194	102.1
宣城市	1140.12	174.93	120.22	627.47	11251	26289	101.3

第十五篇　乡镇社会经济发展基本情况

乡镇社会经济发展基本情况(一)

15—1

	行政区域面积(公顷)	村民委员会个数(个)	常住户数(户)	常住人口(人)	第一产业从业人员(人)	第二产业从业人员(人)	第三产业从业人员(人)
柯城区							
信安街道	700	4	21081	44307	2231	1550	2377
白云街道	1770	13	13502	30680	2609	2305	5032
双港街道	1230	6	19692	58986	1841	11797	15856
花园街道	2240	13	43417	104004	3067	17965	14631
石梁镇	11959	21	10623	29748	10060	3012	4423
航埠镇	6640	31	18190	51952	4480	14564	9576
黄家乡	3100	19	7473	18191	3095	5568	3711
七里乡	6020	7	1618	5421	1701	278	1046
九华乡	8120	23	6690	19207	8768	2876	3067
沟溪乡	4450	16	4680	15104	4821	1597	2955
华墅乡	4500	10	5292	15476	5578	1306	2578
姜家山乡	1450	11	3742	11144	4400	651	1690
万田乡	2520	16	7387	19012	5601	1800	3292
石室乡	4260	11	5891	16125	3709	2345	3492
衢江区							
樟潭街道	5280	18	8361	22615	4991	3675	4223
浮石街道	2410	10	4363	12454	4366	1105	2002
上方镇	15750	14	8695	28855	8409	4562	6421
峡川镇	6380	11	4732	13152	6186	1141	1991
莲花镇	7200	23	11024	34749	11462	1175	4312
全旺镇	9810	15	7182	23192	8297	3239	2571
大洲镇	14647	10	5016	14976	3964	3970	1756
后溪镇	6360	15	8036	25179	9110	1770	3197
廿里镇	6130	22	10927	33785	8654	7126	3920
湖南镇	13700	9	3841	10405	4358	942	1592
高家镇	12780	31	16636	51286	16557	4965	9385

乡镇社会经济发展基本情况(一)

15—1 续表 1

	行政区域面积(公顷)	村民委员会个数(个)	常住户数(户)	常住人口(人)	第一产业从业人员(人)	第二产业从业人员(人)	第三产业从业人员(人)
杜泽镇	10690	24	9780	25330	11350	3240	3325
灰坪乡	5360	5	965	2461	991	700	221
太真乡	5070	6	1632	5255	1620	1262	762
双桥乡	3930	6	978	2713	1101	260	629
周家乡	3970	11	4568	14277	4786	850	2364
云溪乡	4620	17	8158	24822	9556	4211	2096
举村乡	7740	7	1320	2695	887	430	260
岭洋乡	15596	11	2218	5451	1355	545	1311
黄坛口乡	14650	7	2548	6860	2329	1081	811
江山市							
双塔街道	7339	20	28413	79856	4125	19865	25678
虎山街道	6256	11	34830	89670	1121	28974	28527
四都镇	4260	8	4414	15009	3588	2749	1599
清湖镇	7150	26	11357	37552	8638	13203	5200
坛石镇	12395	13	7801	25197	5322	6883	2738
大桥镇	8052	15	3631	12596	2471	4662	2581
新塘边镇	4788	19	7791	26498	5039	7611	4055
廿八都镇	18694	9	3054	10431	2688	2335	1695
长台镇	6238	9	5296	16659	3452	4929	2489
上余镇	15457	21	11895	36104	6895	10875	5530
凤林镇	8986	18	11027	37334	7450	10347	6620
峡口镇	20482	18	12268	40573	8617	8472	7906
石门镇	9561	15	10352	33249	7012	9532	4201
贺村镇	13064	45	31946	94159	10946	32830	14030
大陈乡	3071	6	2297	7075	1296	2180	838

乡镇社会经济发展基本情况(一)

15—1 续表 2

	行政区域面积(公顷)	村民委员会个数(个)	常住户数(户)	常住人口(人)	第一产业从业人员(人)	第二产业从业人员(人)	第三产业从业人员(人)
碗窑乡	10535	12	5215	16736	3362	5593	1758
保安乡	7549	7	1552	5377	1097	1486	673
张村乡	10534	9	3193	9941	3180	1475	2735
塘源口乡	27492	11	3154	9552	2761	2357	1157
常山县							
天马街道	7550	12	18954	58378	3322	17887	15410
紫港街道	4130	10	5368	15232	2308	5267	1692
金川街道	5750	14	6187	18918	3457	7085	2213
白石镇	4620	7	2611	9456	2321	1807	1762
招贤镇	6980	18	10158	32622	6422	3714	12699
青石镇	7870	18	10121	33650	7916	6980	5212
球川镇	12950	20	10812	35657	7032	7669	7982
辉埠镇	12710	17	9941	31367	6466	9972	4556
芳村镇	14870	20	7695	25520	7239	6190	3775
何家乡	5690	8	3899	12838	3150	3323	1565
同弓乡	3850	8	3274	10617	2248	2673	1793
大桥头乡	4990	8	4135	13581	3089	2182	3977
新昌乡	11060	10	4706	12909	4058	1902	3059
东案乡	6880	10	4395	14188	3843	1308	3175
开化县							
桐村镇	12320	9	4846	17341	3938	4690	4796
杨林镇	13910	11	4445	15639	3512	2230	1862
苏庄镇	23332	11	5923	16549	5660	2405	6837
齐溪镇	12810	10	2187	7030	3760	1500	500
村头镇	7200	19	5546	17874	2439	7999	3126
华埠镇	43220	61	39985	117189	17869	12750	13102

乡镇社会经济发展基本情况(一)

15—1 续表 3

	行政区域面积(公顷)	村民委员会个数(个)	常住户数(户)	常住人口(人)	第一产业从业人员(人)	第二产业从业人员(人)	第三产业从业人员(人)
马金镇	18554	36	12313	44281	13662	8133	5294
池淮镇	23240	26	6720	25970	16570	2560	1086
中村乡	9460	9	2645	9230	3010	1600	3100
长虹乡	13680	10	3857	10252	5586	1223	2303
何田乡	10790	10	3247	9988	3249	1952	2790
林山乡	16700	13	4710	18094	4800	4000	5300
音坑乡	9960	19	6365	20666	8000	6000	4000
大溪边乡	8450	12	2287	13842	3089	1015	700
龙游县							
龙洲街道	6280	20	37916	84692	3819	14808	22383
东华街道	5400	22	12018	26921	4233	3144	3545
湖镇镇	10164	39	17030	52286	12462	11468	7234
小南海镇	8360	18	10927	30446	9072	4293	4952
詹家镇	5589	21	9865	26114	7444	4802	5110
溪口镇	11300	14	8580	23858	4879	4300	5191
横山镇	8920	20	10879	30460	10583	3167	4294
塔石镇	8020	26	13428	39550	13059	6320	10790
罗家乡	5800	10	3409	9729	4100	1500	1300
庙下乡	8090	13	4504	12986	4051	2581	2462
石佛乡	6800	10	5167	17863	5301	3140	1590
社阳乡	9600	8	3321	9011	3278	1887	549
大街乡	4480	8	2216	6503	1903	1585	1303
沐尘畲族乡	8070	10	3304	9575	3362	2057	894
模环乡	7730	23	10970	29836	8906	5470	3085

乡镇社会经济发展基本情况(二)

15—2

	耕地面积 (公顷)	设施农业占地面积 (公顷)	有效灌溉面积 (公顷)	农作物播种面积 (公顷)	其中:粮食作物播种面积 (公顷)	农业技术服务机构个数 (个)	农业技术服务机构从业人员数 (人)
柯城区							
信安街道	92.5	0	87.2	151	41.8	1	3
白云街道	90.3	0	0	150.2	1.2	0	0
双港街道	211	0	211	304	82	1	3
花园街道	252	20	212	671	209.4	1	4
石梁镇	483	50	311	1414	354	1	2
航埠镇	568.4	15	486.67	1340	472	1	8
黄家乡	577	5	577	545	267	1	5
七里乡	116	0	17	633	236	1	2
九华乡	1721	0	630	1632	630	1	3
沟溪乡	790	70	150	1505	327	1	4
华墅乡	409.69	0	133.27	787.73	345.33	1	1
姜家山乡	140	13.3	83.1	505.7	135.2	18	18
万田乡	664	0	469	918	432	1	5
石室乡	755	17	580	1240	653	1	2
衢江区							
樟潭街道	465	0	46	2220	1060	5	30
浮石街道	615.4	100	278	1922.2	702.53	2	9
上方镇	775	25	627	2772	1582	2	12
峡川镇	605.6	25	415.3	1540	766	1	8
莲花镇	2082	416.4	1953.4	6849.3	3134	1	26
全旺镇	1964.2	256	1010	3433.26	2073.06	1	4
大洲镇	599.3	100	410	1368.3	653.4	1	6
后溪镇	1440	1250	1413.3	3033.2	1819.8	1	37
廿里镇	1321.5	15	1242	3390	1938	1	17
湖南镇	373	35	333	1162	538	1	3
高家镇	3614.87	67	2574.33	9234.2	5173	2	31

乡镇社会经济发展基本情况(二)

15—2 续表 1

	耕地面积 (公顷)	设施农业占地面积 (公顷)	有效灌溉面积 (公顷)	农作物播种面积 (公顷)	其中:粮食作物播种面积 (公顷)	农业技术服务机构个数 (个)	农业技术服务机构从业人员数(人)
杜泽镇	1349.1	198	1327	6425	2506	1	5
灰坪乡	80.6	0	8.7	153	92.8	1	3
太真乡	62		23	308	183	2	4
双桥乡	56	0	29	316	158	2	2
周家乡	657.33		633	2050.93	1164.47	1	5
云溪乡	1454	100	1270	4262	2181	1	8
举村乡	130.5	0	80.5	150.5	80.5	1	1
岭洋乡	172.4	0	104	430	219	1	2
黄坛口乡	194.33	2	143.33	575	281	1	3
江山市							
双塔街道	953	120	900	3500	1739	6	31
虎山街道	726	36	628	2136	1178	12	26
四都镇	1003.22	0	855.9	2249.4	1326	1	4
清湖镇	1320	25	1108	3664	2237	1	7
坛石镇	1106.2	21	1091.2	3686.13	2342.2	1	8
大桥镇	1159.2	68.3	813.2	2876	1842.2	1	3
新塘边镇	1394	5	970	3131	1888	1	5
廿八都镇	504	2.53	452	1513	946	3	8
长台镇	867.93	1.5	578	2106.33	1407.93	5	15
上余镇	2304.4	40	1320	4384	2607.27	1	4
凤林镇	2186.8	0.4	1260	5030	3442	1	12
峡口镇	1777.8	12	1467	4418.4	2803.4	2	19
石门镇	2196.74	1742	1757	4310	2482	4	15
贺村镇	3211	41.11	2891	9774	6327	1	16
大陈乡	338.2	0	140	797	483	1	4

乡镇社会经济发展基本情况（二）

15—2 续表 2

	耕地面积（公顷）	设施农业占地面积（公顷）	有效灌溉面积（公顷）	农作物播种面积（公顷）	其中:粮食作物播种面积（公顷）	农业技术服务机构个数（个）	农业技术服务机构从业人员数（人）
碗窑乡	712.3	8.1	433.3	1995.2	1284.3	1	14
保安乡	330	12	244	788.1	512.2	1	5
张村乡	676	0	90.67	1185.67	786.07	0	0
塘源口乡	601.8	2	301.5	1691	1182	1	4
常山县							
天马街道	588	90	391	1327	673	1	20
紫港街道	568	7.5	400	1056	566	1	10
金川街道	1010	70	673	2014	1015	1	9
白石镇	627	16	510	1280	649	1	5
招贤镇	957	1	483	747	447	4	24
青石镇	1077	0.03	870	1351	829	1	18
球川镇	1974	26	1381.8	2901	1725	1	25
辉埠镇	1394	65	1115.2	2616	1552	1	26
芳村镇	760	15	507	1725	1013	1	13
何家乡	623	156	536	1488	802	1	6
同弓乡	745	5	635	1453	647	1	5
大桥头乡	513.5	30	430	599	380	1	15
新昌乡	409	29	376	826	579	1	18
东案乡	502	0	418	696	348	1	8
开化县							
桐村镇	1704.1		648.7	1749.4	956	1	2
杨林镇	916	14	600	2262	1000	2	4
苏庄镇	741.5	53.5	593.6	1462.8	1100	4	15
齐溪镇	185		41.3	1046.8	610	2	3
村头镇	681		409	1786	834	1	2
华埠镇	2897.27	53.3	2070.2	5822.6	2627.63	8	10

乡镇社会经济发展基本情况（二）

15—2 续表 3

	耕地面积（公顷）	设施农业占地面积（公顷）	有效灌溉面积（公顷）	农作物播种面积（公顷）	其中:粮食作物播种面积（公顷）	农业技术服务机构个数（个）	农业技术服务机构从业人员数（人）
马金镇	1602	1083	1268	4050	2176	1	126
池淮镇	1200.4	0.1	1031.8	2434.13	1291.27	1	35
中村乡	478.3		396	1371	758.7	1	2
长虹乡	557		470	1658.53	788.33	1	2
何田乡	500.1		220	1611.9	935.7	5	21
林山乡	509		442.7	1357.5	837.5	1	2
音坑乡	1142	53	927	2681	1421	7	12
大溪边乡	673.9		673.9	1200	673.9	1	8
龙游县							
龙洲街道	1340.1	255	944.8	2487.33	1703.27	1	6
东华街道	1227		670	2569		1	6
湖镇镇	4400	20	4400	7244	4274	1	7
小南海镇	2424	365	1939.2	4764.6	3444.13	1	5
詹家镇	2569.3	120	2193.3	4330.9	2730.2	1	5
溪口镇	1039.67	13.33	665.78	1986.3	1327.4	1	4
横山镇	2142.6	13.33	2074.33	5771.87	2666.6	1	4
塔石镇	2852.6	125	2852.6	6989	4799	1	7
罗家乡	521	0	159	809	578	1	3
庙下乡	567	221	151.2	873.1	608.7	1	4
石佛乡	1068	0	599	2634	1801	1	4
社阳乡	525	5	112	917.07	671	1	2
大街乡	336.7	4	220	550.7	308.7	1	2
沐尘畲族乡	590.2	56.1	362.4	1390.9	769.7	1	6
模环乡	2578	1	2537	4173	2280	1	6